Hänen sylinsä suojassa

Hänen sylinsä suojassa

Matkani pimeydestä valoon

Mata Amritanandamayin kanssa

kirjoittanut
Gretchen Kusuma McGregor

Mata Amritanandamayi Center, San Ramon
Kalifornia, Yhdysvallat

Hänen sylinsä suojassa
Matkani pimeydestä valoon
kirjoittanut Kanssa Gretchen Kusuma Mcgregor

Julkaisija:
Mata Amritanandamayi Center
P.O. Box 613
San Ramon, CA 94583
Yhdysvallat

———————— *In the Shelter of Her Arms (Finnish)* ————————

Ensimmäinen painos MA Centerin: huhtikuu 2016

Saatavissa myös: www.amma.fi

Intiassa:
www.amritapuri.org,
www.embracingtheworld.org
inform@amritapuri.org

Omistus

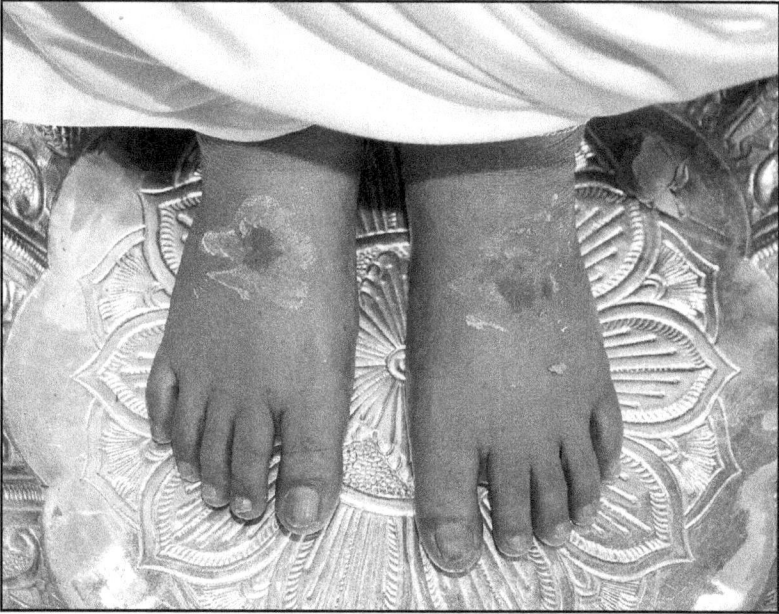

Tämä kirja on nöyrästi omistettu
Adi Para Shaktille, ikiaikaiselle korkeimmalle
Jumalalliselle Äidille,
Joka on tullut tänne
Sri Mata Amritanandamayin,
Suloisen Autuuden Äidin,
hahmossa ja kaikille hänen rakkaille lapsilleen
jotka ovat juosten tulleet hänen luokseen.

Sisällysluettelo

Alkusävelet

Elokuu 1981
Kööpenhamina

Voiko kukaan meistä tarkalleen sanoa, milloin tietoinen matkamme kohti heräämistä alkaa. Usein vasta vuosien kuluttua, katsellessamme taaksepäin voimme osoittaa sen täsmällisen hetken, kun Totuuden ensimmäinen välähdys osui silmiimme. Kun joku henkilö tai tapahtuma sai meidät tietoiseksi maailmasta sellaisena kuin se todella on, emmekä siitä hetkestä eteenpäin enää koskaan nähneet sitä kuten ennen. Minulle se tapahtui kirjakaupassa, lähellä Kööpenhaminan Tivoli Gardenia. Päivä oli Pohjois-Euroopan ilmasto-olosuhteisiin nähden sietämättömän kuuma ja olin paennut sitä "Mytologia"-nimiselle hyllyriville. Kävin läpi kirjojen nimiä nähdäkseni, mikä olisi hyvää luettavaa junamatkalle takaisin Norjaan, missä opiskelin tuona kesänä. Oslon yliopisto isännöi kahdeksanviikkoista maailmanrauhan kesäkurssia, jota johti Oslon rauhantutkimus-instituutti. Vähänpä tiesin, että lyhyt viikonloppureissuni Tanskaan tulisi muuttamaan elämäni lopullisesti.

Hyllyjä selatessani eräs kirja putosi takanani olevalta hyllyltä sananmukaisesti syliini. Kumartuessani poimimaan sen, jotta voisin palauttaa sen paikalleen, kirjan nimi osui silmiini: "Kun Jumala oli nainen." Kirjoittanut Merlin Stone. Hmmmmm. Koska olin kasvanut antaumuksellisen "uskonnottamassa" protestanttisessa perheessä, yksi suurimmista peloistani oli, että jonakin päivänä joku kysyisi minulta, mitä ajattelin Jumalasta. Eikä minulla olisi siihen mitään sanottavaa. Olin asian suhteen täysin tietämätön. Joten ajattelin "Miksipä ei". Koska olin intellektuelli, minulle tuttu lähestymistapa oli lukea kirja aiheesta, josta halusin tietää enemmän. Se, että Jumala olisi nainen, todella käänsi asiat päälaelleen. Ostin kirjan ja myös luin sen. Vai lukiko kirja minut? Avaamishetkestä alkaen kirja tempaisi minut mukaansa. En voinut laskea sitä käsistäni ennen kuin olin lukenut viimeisimmänkin sivun ja kaikki alaviitteet. Sitten aloitin sen uudestaan. Lumoutuneena luin kuinka kirjailija kertoi Suuren Äidin palvonnan historiaa aina kaikkein muinaisimmasta menneisyydestä alkaen, käsitellen jokaista maankolkkaa. Tästä muinaisten Jumalallisen Äidin palvontaan perustuvien uskontojen tutkielmasta nousi esiin syvä myötätunto ja pyhä voima. Mielikuvat Jumalallisesta Äidistä säteilivät syvällistä totuutta Suuresta Äidistä Jumalana.

Minuun suurimman vaikutuksen teki se, että näinkin laajalle levinneet muinaisen kulttuurin perinteet olivat pysyneet nykyihmisiltä niinkin hyvin piilossa. Olin hyvin koulutettu ja matkustanut paljon, opiskelin ympäristötieteitä Californian Berkeley-yliopistossa ja olin osallistujana arvostetussa PRIO-kesäseminaarissa. Kuinka näin kiehtova osa-alue ihmiskunnan historiaa oli jäänyt minulle tuntemattomaksi? Olinko täysin "nukahtanut rattiin" vai olinko vain oman kulttuurini kasvatti, kulttuurin joka vaikutti kumpuavan unohtuneesta historiasta? Mitä tahansa se sitten olikin, sydämessäni oli palava ajatus Suuresta Äidistä! Jos häntä oli ennen muinoin palvottu, niin missä hän oli nyt, kun maailma tarvitsi häntä eniten? Omasta näkökulmastani katsottuna rauhan ja oikeudenmukaisuuden tarve ei ollut koskaan ollut suurempi; eläminen sopusoinnussa luonnon kanssa oli tämän hetken suurin tarve. Vaikka olin vasta 20-vuotias, vaikutti siltä, että jos ihmiskunnalla oli vähänkään toivoa päästä näin suuriin päämääriin, mikä auttaisikaan asiaa enemmän kuin saada Jumalallisen Äidin tuulta siipiemme alle?

Kirjan lukeminen muutti koko elämänkatsomukseni. Olin saanut tiedon Äidistä kaiken lähteenä ja päätin tavoitella häntä. Aloin rukoilla. En ollut koskaan elämässäni rukoillut, mutta välittömästi tuntui käsittämättömällä tavalla luonnolliselta kutsua Suurta Äitiä. Olin säveltänyt Äidille lauluja, oikeastaan pieniä säkeitä. Palattuani Berkeleyhin loppukesästä perustin "henkisen piirin" joidenkin ystävieni kanssa. Tapasimme punapuumetsässä tai Tyynen valtameren rannalla, lauloimme laulujamme, pyörimme kehässä dervissien tapaan ja sen jälkeen istuimme hiljaisuudessa tavalla, jonka myöhemmin tajusin meditaatioksi. Yritimme visualisoida Suuren Äidin ja pyytää hänen johdatustaan. Joskus itkin, ajatellen kuinka paljon maailma, ihmiset ja eläimet tarvitsivat Suurta Äitiä muistamaan ja auttamaan heitä. Muistan vieläkin yhden kirjoittamani laulun:

Maailman jumalatar, sinun tarinasi on kertomatta,
kuinka voimasi tuhottiin, varastettiin,
mysteerisi on paljastamatta!
Meitä on monta voimakasta naista,
maan tyttäriä,
jotka kokoontuvat yhteen
rikomme kahleet, jotka sitovat meitä,
pitävät meitä hallussaan ja hallitsevat meitä
Hengen piiri anna meille voimaa
paljastukoon mysteeri, paljastukoon mysteeri...

Meidän kaikkien kokema yhteys Suureen Jumalattareen oli käsin kosketeltava, mutta nykymaailmassa meillä ei ollut mitään ulkoista kohdetta, joka olisi voinut vakuuttaa meidät hänen läsnäolostaan. Kaikki ympärillämme oleva perustui materialismiin, valmentaen meitä hyviksi kuluttajiksi, hammasrattaiksi koneistoon, sotilaiksi sotaan. Ronald Reagan valittiin presidentiksi.

9

Jokaisen miehen oli jälleen pakko rekisteröityä sitä varten, että heidät tarpeen vaatiessa voitiin kutsua armeijaan. Three Mile Islandin ydinvoimalassa oli tapahtunut onnettomuus, jossa voimalan reaktori suli. Me valmistuimme oppilaitoksistamme ja menimme omia teitämme etsimään amerikkalaista unelmaa, mikä se sitten olikin.

MAALAISTYTTÖ

Pohjois-Kalifornia
Kesäkuu 1982

Seuraava pysäkkini oli toimia 6 kuukautta harjoittelijana luomutilalla Covelo-nimisessä pikkukaupungissa Pohjois-Kaliforniassa. Ajatuksenani oli päästä pois kaupunkiympäristöstä, joka tuntui saasteiselta ja häritsevältä ja oppia käytännön elämää maaseudulla. Minun saattaisi olla paljon helpompaa löytää yhteys Suureen Äitiin, jos eläisin läheisemmässä yhteydessä Luontoäidin kanssa. Olin tähän saakka ollut läpeensä kaupunkilaistyttö, lukuun ottamatta isoisäni kanssa tehtyjä viikonloppureissuja Laurel-vuorille läntisessä Pennsylvaniassa, missä vartuin. Nyt olin vakuuttunut siitä, että oli aika murtaa yksi minua selkeimmin rajoittaneista kahleista: täydellinen tietämättömyyteni siitä, miten suurin osa maailmaa eli ja uurasti. Unelmakseni oli tullut kehittää intuitiotani ja päästä rukousteni ohjaamana Jumalallisen Äidin syliin. Suunnittelin myös tekeväni jotakin maailman parantamiseksi.

Yksi monista tehtävistäni farmilla oli hakea aikaisin aamulla laitumelta kaksi lypsylehmää ja lypsää ne käsin. Muistan istuneeni lypsypallilla käsivarret kipeinä lypsettyäni yli 20 litraa maitoa, ja siinä välissä ajatellen "Daisy kiltti, älä potkaise ämpäriä nurin" ja "Jollakin tavalla tämän täytyy liittyä Suureen Äitiin." Tapasin istua siinä tilanteessa ja ajatella intensiivisesti Jumalallista Äitiä:

"Missä olet? Missä olet," ajattelin yhä uudelleen ja uudelleen. Ajatus Suuresta Äidistä juurtui pysyvästi mieleeni.

Kuuden kuukauden navettapiian pestini lähestyessä loppuaan minulla ei ollut mitään käsitystä siitä, mitä tekisin seuraavaksi. Itärannikolla asuvalla perheelläni kyllä oli: Mene töihin! Suuren Äidin etsintäaikani oli päättynyt, ja nyt minun oli pistettävä pääni päivittäisen työelämän silmukkaan. Pystyin ainakin päättämään itse sen, missä halusin asua. Paras tapa saada se selville vaikutti itsestään selvältä: tekisin "visio-retken." Ajoin siis pyörälläni Covelo Valley-laakson korkeimmalle kukkulalle, paikkaan johon intiaaniheimo Pomo oli menneinä aikoina hakeutunut kokemaan yhteyttä maaäitiin.

Oli vuoden 1982 kiitospäivä. Visiomatkallani olin jättänyt kaiken Suuren Äidin haltuun, vai mitä? No, istuin istumistani tuolla yksinäisellä kukkulalla; rukoilin ja itkin vähän, näin tunnit kuluivat. Melkein koko päivän kestänyt tihkusade oli muuttunut rankkasateeksi. Olin todella nälkäinen, ja maatilalla odotti kiitospäivän juhla-ateria. Mutta en ollut saanut vielä visiota. Mietin kuinka kauan sitä pitäisi odottaa. Nyt kun olin kylmissäni ja nälissäni, eikö sen pitäisi olla hienovarainen muistutus Jumalalliselle Äidille tulla avukseni? Ilta oli tummumassa. Selvittäen pääni yritin viimeisen kerran kevyesti ohjata mieleni tarpeeseeni tietää "Missä? Missä? Missä? Sitten se tuli minulle, täysin tyhjästä, selkeästi kuin kellon kumahdus: Uuden Meksikon vuoret…viisas nainen on siellä. Kiitos, kiitos, Suuri Äiti! Se riitti minulle tietääkseni, mikä seuraava askeleeni tulisi olemaan. Pyöräilin vimmatusti takaisin maatilalle päivän viimeisessä valossa.

"Muutat Meksikoon! Ethän sinä edes puhu espanjaa." Se oli perheeni reaktio uutisiini. "*Uuteen* Meksikoon" toistin, kuvitellen sen rauhoittavan heitä. Ja "Ei, en ole saanut töitä.

Vielä." Ei kovin vakuuttavaa. Mutta he tiesivät, että vanhinta itsepäistä tytärtä ei voinut estellä. Saavuin Taosiin, Uuteen Meksikoon uuteen vuoteen mennessä.

VUORISTOTYTTÖ
Tammikuu 1983

Olin 22 ja kaikki oli taianomaista. Olin avaamassa elämäni Suurelle Äidille. Vuorista ja kanjoneista ja Rio Grande- joesta tulivat inspiraationi lähde. Siellä oli helppo tuntea Jumalallisen Äidin läsnäolo. Hän oli läsnä lähes kaikkialla: myöhäisiltapäivän sateenkaarissa, salviantuoksuisessa ilmassa, missä aavikkokaktukset kukkivat heti hetken päästä elintärkeän vesisateen jälkeen ja keskiyön läpitunkevassa kojoottien ulvonnassa. Kaiken sen taustalla kohosivat yli kolmen ja puolen kilometrin korkeuteen Pueblo-intiaaniheimon pyhänä pitämät Sangre de Cristo- vuoret.

Viikon sisällä olin saanut töitä pikaruokaravintolan kokkina. Ei aivan sitä, mitä minulla oli ollut mielessä, mutta joka tapauksessa töitä. Ensimmäinen vanhempieni viidestä lapsesta hankki oman toimeentulonsa, eivätkä he halunneet väittää sitä vastaan. Omalta osaltani olin ehkä hiukan ylikoulutettu työhöni, mutta olin täysin varma muutostani. Minut oli johdatettu tänne, eikä ollut muuta valinnanvaraa kuin odottaa kärsivällisesti.

Läpi talven uskollinen polkupyöräni kuljetti minua yli kolmen kilometrin työmatkan ennen auringonnousua. Jääkylmä ilma tunkeutui keuhkoihini kahden kilometrin korkeudessa, pyörän renkaat ratisivat jäisillä teillä ja naapuruston koirat näykkivät kantapäitäni varmistaakseen ettei tiellä ollut luvattomia läpikulkijoita. Iltapäivisin laskettelin hurjasti alas Taos Ski Valleyn laskettelurinnettä. Ja rukoukseni jatkuivat. Vuodatin sydäntäni.

Yksi usein toistamani säe oli:

12

Me kaikki tulemme Äidistä,
Häneen me palaamme
kuin sadepisarat,
virraten valtamereen...

JOKITYTTÖ

Kesä 1983
Pilar, Uusi Meksiko

Sinä kesänä otin vastaan kahvilan kokin paikan Pilarissa, 200 asukkaan kylässä Taosista etelään. Nykyisin se tunnetaan lempinimellä Pilar Yacht Club Cafe, koska se sijaitsee Rio Granden koskenlaskijayhteisön läheisyydessä. Ajatukseni oli, että joen lähellä asuminen auttaisi virittäytymään paremmin Suurelle Äidille. Kävi niin, että tapasin paikallisen perheen, joka tarjosi minulle ilmaisen majoituksen pikkuruisessa, aivan joen rannalle pysäköidyssä asuntovaunussa. Sattui vielä niin, että perheen äiti oli nimeltään Meadow (niitty). Hänellä oli kaksi tyttöä, Ajna ja Riversong. Meadow tyttärineen oli saanut tietää miten suurta vetoa tunsin Suurta Äitiä kohtaan ja heillä itsellään oli samankaltaisia taipumuksia. En tiennyt vielä silloin, miten suuri Meadowin lahja tulisi olemaan.

Uiminen korvasi laskettelun kesäajan viihteenä; tapasin sukeltaa raikkaaseen Del Norten lumesta sulaneeseen lähteeseen, vain kokeakseni henkeni salpautuvan. Sinä hetkenä tuntui lähes vaivattomalta olla yhteydessä Suureen Äitiin; vaipua unenkaltaiseen tilaan risti-istunnassa istuen smaragdinvihreällä niityllä, virtaavan joen varrella. Siellä joen rannalla istuessani en voinut olla miettimättä, milloin tapaisin "viisaan naisen," joka oli kutsunut minut tänne, ja mitä tapahtuisi sitten kun tapaisimme. Kestäisikö kohtaloni tämän osuuden paljastuminen vuosia? Jatkuisiko kykyni tuntea Suuren Äidin johdatus?

13

Löytäisinkö häntä koskaan tästä maailmasta? Istuessani joen rannalla auringonlaskun aikaan, toistin tunnettua säettä Jumalattarelle ja joskus kyyneleet tulivat silmiini: ...*Isis, Astarte, Diana, Hecate, Demeter, Kali, Inana...*

Nämä olivat eri nimiä ikiaikaisille jumalattarille, joista olin lukenut. Päätin pitää toiveeni siitä, että hän ehkä kuulisi kutsuni.

BINGO!
Elokuu 1983
Kahvio Pilarissa

"Tapasin juuri miehen joka näki Jumalallisen Äidin Intiassa. Ja hänellä on kuvia!" kertoi Meadow eräänä iltapäivänä. "Hän on vasta muuttanut kylään. Sinun täytyy tavata hänet." En koskaan eläessäni tule unohtamaan tuota hetkeä. Seisoin tiskin takana kahviossa ylläni lempiuimapukuni ja puolipitkä farkkuhame ja niiden päällä esiliina, joka oli pahoin tahriintunut punaisesta chilikastikkeesta. Vasta vuosien kuluttua oivalsin, että hänen julistuksensa oli seuraava käänteentekevä hetki elämässäni. Se oli yksi niistä hetkistä, jolloin "klikkaa" ja tiedät, että jotain suurta on juuri tapahtunut tai on tapahtumaisillaan. Se on tunne siitä, kun avain kääntyy sulavasti lukossa ja ovi aukeaa. Kun kitaran kieli on viritetty täydelliseen nuottiin. Kun nuoli osuu maaliinsa.

Pilar oli pieni kylä, eikä mennyt montaakaan päivää ennen kuin uusi tulokas poikkesi kahvioon syömään. Melkein hyppäsin tiskin yli ottamaan hänen tilauksena. Palatessani hänen ruokansa kanssa, yritin kuulostaa välinpitämättömältä kysyessäni " Sinäkö olet tavannut Jumalallisen Äidin?" Hän vastasi silmäkulmastaan vilkaisten ja bassoäänellä "Kyllä olen." Saatoin tuskin hillitä innostustani. Sen täytyi näkyä sillä hän lisäsi "Jos

14

sinua kiinnostaa, niin pidän lauantaina diaesityksen." Esittelin itseni ja kysyin hänen nimeään. "Greg McFarland", hän vastasi.

KANI DARSHAN: ENSIMMÄINEN DARSHAN

Odotin lauantaita kärsimättömästi ja viimein saapui dia-esityksen ilta. Pyöräilin pienelle joen äärellä sijaitsevalle savitiilimökille. Sinä iltana taivas oli ikimuistoinen, kaikkine kesäisen auringonlaskun väreineen, joista Georgia O'Keefen maalaukset olivat maailmankuuluja. Yllättävää kyllä, mutta ketään muuta ei tullut paikalle katsomaan dia-esitystä, olin yhden hengen yleisö. Kun näin ensimmäisen diakuvan "Ammachista" istuin mykistyneenä. Hänen silmistään lähtevä valo poltti pois sumun, joka oli ympäröinyt minua tietämättäni koko elämäni ajan.

Ammachin välitön läsnäolo oli kiistämätön. Tarkoitan, että hän oli siellä, siinä huoneessa meidän kanssamme. Tiesin, että minun oli mentävä tapaamaan häntä. Syvää kunnioitusta tuntien katsoin hiljaa loput diakuvat, enkä muista juurikaan mitä Greg sanoi. Kun projektori sammui, sain sanottua "Minä aion mennä sinne." "Mutta et sinä voi noin vain mennä sinne," Greg vastasi. "Siellä ei ole mitään, vain Amman perheen koti ja joitakin majoja. Ei ole mahdollista vain mennä, sinun täytyy ensin kirjoittaa Ammalle."

RAKAS AMMA

Ja niin tein. Heti seuraavana päivänä kirjoitin siniselle lentopostipaperille :

Rakas Amma,
Haluaisin tulla tapaamaan sinua. Luulen että sinulla
on vastaus kaikkiin kysymyksiini. Saisinko luvan tulla
vierailulle?
Gretchen

15

Passihakemukseni lähti jo samana päivänä. Elämässäni oli tapahtunut selkeä muutos, enkä saanut Amman säkenöiviä silmiä pois mielestäni. Useamman kerran päivässä ajattelin:"Voi, olen matkalla tapaamaan Jumalallista Äitiä!" Sain tilaisuuden tehdä ilmaisen lauttamatkan alas suunnatonta Colorado-jokea. Koska olin pikaruokakokki, minusta olisi paljon hyötyä kolmen viikon ja lähes viidensadan kilometrin mittaisella seikkailulla Grand Canyonin läpi. Joten ajattelin että "Miksikäs ei?" Kestäisi vähintään kuukauden, ennen kuin kirjeeni tavoittaisi Intian ja saisin Ammalta vastauksen. Mikä hyvä tilaisuus viettää aikaa luonnossa sillä aikaa.

KOSKENLASKUA

Colorado-joen kanssa ei ole leikkimistä. Se virtaa 17 000 kuutiometrin nopeudella sekunnissa. Maa tärisee, kun vesimassat myllertävät joenrantoja vasten Lee´s Ferryssä Arizonassa, paikalla missä nousimme lauttaan. The New Wave Rafting Company Santa Festä tarjosi retken työntekijöilleen. Lauttaani ohjasi Greg McFarland. Kokonaisen kolmen viikon ajan sain kuulla hänen tarinoitaan siitä, kun hän vuotta aiemmin kävi tapaamassa Ammaa! Eräänä päivänä hän kertoi Amman antaneen hänelle mantran, jonka hän voisi puolestaan antaa kenelle tahansa, joka vaikutti Amman lapselta.

En tiennyt mitään mantroista, mutta mitä enemmän hän kertoi, sitä paremmalta se kuulosti. Joten hän kirjoitti mantran paperinpalaselle ja selitti kuinka sitä käytetään. Keksin tavan käyttää sormiani siten, että saatoin laskea 108 mantran settejä. Mantrojen toiston vaikutus aamuisin ja päivän eri aikoina oli erilainen kuin mikään mitä olin kokenut aiemmin. Mielessäni tapahtui hienovarainen muutos, joka sai minut tuntemaan itseni erittäin rauhalliseksi. Tulin hyvin vastaanottavaiseksi ympäröivälle luonnolle. Mantran värähtelyt kulkivat lävitseni sitä mukaa kun *japa* (mantran toisto) jatkui. Olin hyvin onnellinen istuessani tuolla pienellä kumilautalla, toistaessani tätä uutta asiaa, mantraa ja katsoessani majesteettista Grand Canyonia laskiessamme sen läpi. Pian mieleni täyttivät toistuvat unelmat Amman tapaamisesta. Palattuani Santa Fehen lokakuun puolivälissä, menin ensitöikseni postilaatikolle. Siellä ei yleensä ollut paljon mitään. Tirkistelin pienen postilaatikossa olevan lasi-ikkunan läpi ja olin hyvin jännittynyt, kun siellä oli aivan selvästi nähtävissä sininen lentokirje pientä pakettia vasten: passini! Sydämeni jätti lyönnin väliin nähdessäni kirjeen lähettäjän osoitteen ja avasin sen varovasti. Kirjoitusta, jollaista en ollut koskaan ennen nähnyt: viattomalla, pikkutyttömäisellä käsialalla kirjoitetut kirjaimet kulkivat sivun poikki. Sen täytyi olla Amman käsialaa! Alla oli käännös:

Rakas tyttäreni,
Milloin olet tulossa? Olet aina tervetullut tänne.
Amma odottaa sinun tapaamistasi. Tule pian, rakas tyttäreni.
Suukkoja, suukkoja.

Olin todella innoissani! Olen menossa tapaamaan Ammaa! Sinä iltana puhuin Pennsylvaniassa olevan perheeni kanssa. Keskustelu oli suurin piirtein seuraavanlainen:
"Äiti, olen menossa Intiaan."
"Olet menossa Indianaan?"
"Ei, vaan Intiaan," vastasin.
"Minkä ihmeen takia?"
"Tapaamaan Ammaa, intialaista pyhimystä…"
"Mutta miksi?"

"Koska minusta tuntuu siltä, että minun pitää mennä ja tavata hänet. Älä huolehdi, minulla on rahat matkalippuun; siitä ei tule kustannuksia sinulle tai isälle."

Mitä he olisivat voineet sanoa? Itse asiassa, luulen että he olivat iloisia että yksi "lensi pois pesästä," kuten sanotaan. He tunsivat minut tarpeeksi hyvin tietääkseen, että kun olin kerran päättänyt jotakin, ei kannattanut yrittää saada minua luopumaan ajatuksesta.

1. LUKU

Kerjäläisenä "Herran" huoneessa

L ähdimme marraskuun alussa. Oli vuosi 1983. Greg McFarland halusi matkustaa Amman luo uudelleen ja ottaa mukaansa 15-vuotiaan tyttärensä Floran saamaan Amman siunauksen. Laskeuduimme Chennaihin ja seuraavana päivänä lähdimme yöjunalla Kollamiin. Töyssyinen riksamatka vei meidät Vallikkavun venelaiturille ja sitten olimme perillä. Tuijottaessani joen toisella rannalla olevaa tiheää, vihreää kasvustoa, tajusin lopulta, että Amma oli joen toisella puolella. Odotuksen tunne ja hermostuneisuuden aalto pyyhkäisivät ylitseni vuorotellen.

Viimeiset kaksi vuotta olin kutsunut ikiaikaista Jumalatarta, jonka uskoin olevan jossakin päin maailmaa. Sen mikä oli olemassa silloin, täytyi olla myös nyt, olin vakuuttunut siitä. Oliko hän nyt vain venematkan päässä? Miksikäs ei? Kööpenhaminasta lähtien jokaista askeltani oli ohjattu, samalla kun laulaminen ja rukoilu olivat avanneet sydäntäni yhä enemmän. Olinko valmis astumaan veneeseen ja ylittämään joen? Mikä odottaisi minua toisella puolella? Tunsin itseni todella hermostuneeksi.

Venemiehen sauvoessa venettä pitkällä kepillä, mantra tuli helposti huulilleni. Hengitykseni kiihtyi kavutessamme veneestä ja raahatessamme laukkujamme pienellä, kapealla kujalla. Katsoin alaspäin ja silmiini osui jotakin mutaan uponnutta, paksulle mustalle kivelle kaiverrettua. Pysähtyessäni katsomaan sitä, väristys kulki selkärankaani pitkin. Täydellinen ympyrä, läpihalkaisijaltaan noin 12 cm, keskellä selkeä esiin työntyvä piste, symboli jonka tunnistin erehtymättömästi monen monista unistani. Oliko se vain sattumaa, tämä muinainen jumaläidin symboli? Adrenaliinin puuska kulki lävitseni ja vahvisti uskoani siihen, että olin oikealla tiellä tapaamaan etsimääni "viisasta naista".

Kuljettuamme hetken kookospalmut harvenivat ja esiin tuli hiekkainen aukio, missä pieni joukko ihmisiä istui hiljaa. Ei epäilystäkään, Amma oli siellä! Hän hohti valoa jo matkan päästä. Lähestyessämme kaikki nousivat seisomaan, ja Amma astui eteenpäin. Hän halasi Gregiä ja sitten Floraa. Kääntyessään minuun päin Ammalla oli 1000 watin hymy. Hänen silmänsä olivat läpitunkevat tähdet. Olin nyt Amman halauksessa ja sydämeni purkautui kuin pato. Tunne oli lähes kestämätöntä, ylitsepursuavaa iloa kuin voimakas, käsittämätön onnen virta olisi virrannut jaloista päälaelle. Tunsin kuumien kyynelten virtaavan silmistäni. Amma istui vetäen minut mukanaan alas ja asetti pääni syliinsä.

Sain elämäni ensimmäisen sisäisen näyn; kaksinkertainen kierre kuin DNA-ketju: loistava, pehmeän monivärinen. Tietoisuus siitä, että Amma oli nauhan toisessa päässä ja minä toisessa. Olimme kietoutuneet toisiimme niin kauas menneisyyteen kuin oli nähtävissä, ja aivan yhtä kauas tulevaisuuteen. Yhtymäkohtana oli tämä jälleentapaamisen hetki. Tuo kohta sykki voimakasta valoa. Siinä hetkessä tiesin, että olin löytänyt Jumalallisen Äidin tässä elämässä. Että kaikki se, mitä oli tapahtunut tähänastisessa elämässäni, oli tarkoitettu tuomaan minut takaisin hänen luokseen. Että olin aina tuntenut hänet, tuntisin hänet jälleen nyt ja yhä uudelleen tulevaisuudessa. En osaa sanoa, kuinka kauan aikaa kului, mutta sitten me kaikki nousimme ja Amman hame oli kastunut märäksi kyyneleistäni.

Kun pääsin jaloilleni, oli kuin olisin leijunut maan pinnan yläpuolella. Sanonta "kuin seitsemännessä taivaassa" tuli mieleeni.

Aivan kuin joku olisi ottanut 20 kiloa painavan repun, jota en tiennyt kantavani, pois selästäni. Myöhemmin sain tietää, että kun tapaamme Gurumme, karmisessa lastissamme tapahtuu muutos. Guru keventää taakkaamme. Tunne siitä oli välitön. Nuori länsimaalainen nainen toi Ammalle puhtaan hameen hymyillen ystävällistä tervetuliaishymyä. Amma halusi viedä meidät kierrokselle. Hänen naurunsa oli täyteläinen, luonnollinen ja päihdyttävä. Ensimmäinen pysähdyspaikka oli pieni temppeli, Kalari, minkä takana Amma oli tullessamme istunut. Temppelin ovet olivat kiinni, ja me istuimme sen edessä olevalle kuistille. Amma kysyi nimeäni. "Gretchen", sanoin. "Mikä?" kysyi kääntäjä. "Gretchen." Hiljaisuus. Siirryimme laulamiseen. Amma halusi minun laulavan jotakin. Olin onneton laulaja. Taisin punastua, sillä laulua "Rain, Rain, Go Away" ehdotettiin. Joten lauloin sen ja minua neuvottiin että yrittäisin pitää nuotit vakaina. Sitä yritettyäni, en kovinkaan menestyksekkäästi, kierros jatkui.

Kalarin vasemmalla puolella oli yksinkertainen, suorakaiteen muotoinen maja, jossa oli kolme ovea. Amma avasi reippaasti ensimmäisen oven. Hän sanoi "Poikani. Hän meditoi kaiken päivää." Länsimaalainen mies, joka istui täydessä lootusasennossa selkä oveen päin, pysyi liikkumatta syventyneenä mietiskelyyn. Seuraava ovi lensi auki Amman voimakkaasta työnnöstä ja hän sanoi "Poikani ei voi oikein hyvin. Hän lepää nyt." Amma silitti häntä lohduttavasti. Myös hän oli länsimaalainen. Hänen kasvonsa loistivat rauhaa, mutta hänen olemuksensa oli laiha ja kalpea. Hän nousi kivuliaasti istumaan tervehtiäkseen Ammaa. Hän hymyili meille sanoen, että voisimme tavata myöhemmin samana päivänä.

Viimeinen ovi heilahti auki ja sisällä oli yksinkertainen vuode ja lattialla joitakin kaislamattoja. Amma otti käsistäni kiinni, ja käänsi ne kämmenet ylöspäin. Hän tutki yhtä ja sitten toista. Hän ei näyttänyt tyytyväiseltä, joten hän kysyi: "Kumpi naisille?" Kenelläkään ei ollut siitä selkeää mielipidettä, joten hän otti vasemman käteni. Tiesin ettei kädessäni ollut elämänviivaa, ei ainakaan paljon. Ehkä Amma oli tutkinut sitä. Seuraavaksi Amma painoikin jo omalla peukalonkynnellään pitkään kohtaa, missä elämänviivani hiipui. Hän piti peukalon kynttään siinä pitkään ja sitten päästi irti kädestäni. Seuraavien viikkojen kuluessa huomasin uuden, hennon viivan muodostuvan kohtaan, jota Amma oli painanut. Lyhyt, vino viiva yhdistyi toiseen sen lähellä ja pidensi huomattavasti elämänviivaani. Tuo viisto, yhdistävä viiva on yhä tänä päivänäkin nähtävissä vasemmassa kämmenessäni.

Sitten alkoi laulutunti. Aluksi Amma halusi minun yrittävän laulaa "Hamsa Vahana Devin", mutta säe ...*akhila loka kala devi amba saraswati*...oli selvästikin minulle liikaa. Amma vaihtoi välittömästi lauluun "Devi, Devi, Devi, Jagan Mohini." Nuo sanat hallitsin jotenkuten. Jälleen minua kehotettiin pitäytymään nuoteissa eikä antaa ääneni vaihdella niin paljon. Se oli kaikista todella hauskaa. Vaikka minua nolottikin vähän, yleisesti ottaen tunsin välitöntä hyväksyntää ja itseni lämpimästi tervetulleeksi. Nämä olivat ystävällisiä ihmisiä, miellyttäviä ja rentoja.

Nyt oli lounasaika. Amma vei meidät Kalarin yhteydessä olevaan perheensä taloon. Lisää ihmisiä oli tullut lounaalle, mutta mahduimme kaikki mainiosti talon päähuoneeseen. Lautasia ja kuppeja asetettiin esille, olkimattoja levitettiin lattialle, ja Amma kulki ympäriinsä jakamassa riisiä ja daalia jokaisen lautaselle. Pieni annos vihanneksia jaettiin huolellisesti. Kuppeihin kaadettiin lämmintä, vaaleanpunaista yrttiteetä ja joku sanoi "karangali vellum," kuvitellen että se merkitsisi jotakin minulle.

Sitten alkoi kaunis resitointi joka kesti joitakin minuutteja. Lopuksi kaadettiin vähän vettä oikeaan kämmeneen ja samalla lausuttiin lyhyt säe. Sitten vettä ripoteltiin lautasen ympärille myötäpäivään. Se sai minut tuntemaan oloni rauhalliseksi. Ateria oli yksinkertainen ja herkullinen, mutta en ollut koskaan syönyt niin paljon riisiä niin vähällä kastikkeella. En halunnut pyytää enempää kastiketta, sillä kattila näytti pieneltä ja jo melkein tyhjältä. Amma istui kanssamme, mutta ei syönyt. Hän puhui hyvin eloisasti. Jossain vaiheessa hän tuli luokseni ja veti minua jostakin syystä oikeasta korvasta. Sitä seurasi suuri naurunpuuska. En voinut uskoa, miten mukavaksi tunsin oloni näiden muukalaisten keskuudessa, jotka kaikki nauroivat kustannuksellani. Itse asiassa nauroin itsekin, sillä ilo oli tarttuvaa. Onneksi joku tajusi kääntää "Amma sanoo että sinun kasvosi ovat hänelle tutut. Korvassasi oleva merkki on jälki viime kerrasta, siitä kun hän veti sinua korvasta tehtyäsi jonkin kujeen. " Hmmmm." Mitä se "viime kerralla" voisi tarkoittaa? Se on totta, oikeassa korvassani on syntymästä saakka ollut eräs erityinen piirre.

Ilman sen kummempaa syytä mieleeni tuli unohtunut muisto. Ollessani lapsi, halusin aina aamupalaksi riisiä voinokareen kanssa. Kaikki muut siskoni ja veljeni söivät muroja, mutta äitiparkani piti keittää riisiä minulle. Asiat alkoivat osua kohdalleen. Ateria päättyi, ja Amma poistui.

ENSIMMÄINEN ARCHANA

Nukuin lähes 14 tuntia ennen kuin heräsin kellon kuminaan. Matkakelloni näytti neljää aamulla. Huoneen seinällä olevassa aikataulussa luki: 4:30-*Archana*. Mitä tahansa se olikin, tahdoin mennä sinne. Kun olin peseytynyt kaatamalla raikasta vettä

23

ämpäristä päälleni, suuntasin ulos viileään, pimeään auringonlaskua edeltävään aamuun.

Meditaatiosali oli Amman huoneen alapuolella. Se oli noin 4,5 x 6 metriä. Ikkunasta saatoin nähdä tusinan verran hahmoja istumassa hiljaa. Näytti siltä kuin siellä olisi ollut juuri tarpeeksi tilaa minulle istua oven vieressä häiritsemättä ketään. Hiivin sisään ja yritin istua näkemälleni paikalle, kun huomasin että kaikki siirtyivät tehdäkseen minulle tilaa. Olivatpa nämä munkit kohteliaita. Hetkessä koko sisääntulon oikeanpuoleinen seinä oli täysin tyhjä. He olivat järjestäytyneet uudelleen hyvin tiiviisti huoneen toiselle puolelle. Nyt minun käytössäni oli yli neljännes huoneesta! Koska olin ainoa läsnä oleva naispuolinen henkilö, vaikutti siltä että he olivat tehneet tilaa ashramissa asuvalle kahdelle muulle tytölle. En tiennyt, että olin vallannut heidän tilansa. Täysin tietämättömänä asetuin paikalleni, ristin jalkani puolilootukseen ja yritin istua siveästi yksinkertaisessa mekossani. Oli selvää ettei kukaan katsonut minun suuntaani, joten oli helppo rentoutua ja keskittyä.

Sanksriitinkielinen resitaatio alkoi. Se oli minulle täysin uutta, kuten myös muodollinen meditaatio. Olin kuitenkin innokas oppimaan kaiken, joten istuin silmät suljettuina ja antauduin rytmikkään toiston aiheuttamien värähtelyiden vietäväksi. Mieleni alkoi rauhoittua virkistävästi, kun huomasin archanassa tapahtuvan selkeän voimistumisen ja keskittyneisyyden tunteen.

Syvä ja vivahteikas ääni oli juuri liittynyt mukaan. Raotin silmiäni. Se oli Amma! Miten suloista, että myös hän teki archanaa! Eikä kirjaa, kuten muilla oli. Hän tiesi sen ulkoa. Kukaan ei ollut kertonut minulle odottaa Amman tuloa, joten oli jännittävää nähdä hänet yllään silkkimäinen, valkoinen, maahan saakka ulottuva vaate, joka oli solmittu niskan takaa. Hänen hiuksensa olivat nutturassa päälaella. Hän uhkui energiaa istuessaan yksinkertaisen maton päälle lattialle ryhmän pariin. Äkisti huone oli täynnä energiaa. Jotta en olisi häirinnyt tunnelmaa, suljin silmäni ja syvennyin äänteiden värähtelyyn. Ilman mitään sen kummempaa syytä, silmäni täyttyivät kyynelistä ja sydämeni valtasi rakkaudellinen, lämmin tunne. Sieluni tunnisti Jumalallisen Äidin 1000 nimeä kuin ystävän kaukaa menneisyydestä.

NIMIÄ AAMIAISEKSI

Archanan jälkeen kaikki hajaantuivat kookospalmujen sekaan meditoimaan pidemmäksi aikaa. Löysin hiljaisen paikan, ja yritin sitä itsekin. Koska en ollut koskaan saanut meditaatioopetusta, kuvittelin sen olevan vaikeaa, mutta Amman siunaus oli varmaankin läsnä, sillä mieleni vajosi kuin kivi syvään hiljaisuuteen. Mieleni kietoutui täydellisen tyyneyden tilaan ja tietoisuuteni terävöityi. En tiedä kuinka kauan istuin. Sitten kello soi ja aistini aktivoituivat. Nousin seisomaan, pyyhin pois hiekat ja menin takaisin perheen taloon. Siellä odotti padallinen riisivelliä, jota tarjoiltaisiin metallivadeilta. Sivummalla oli pieni kulho suolaa. Se oli aamupala, joka toi mieleen lapsuuteni.

Astioiden pesun jälkeen länsimaalainen naisasukas tuli luokseni. Hän oli hyvin ystävällinen. Hän pyysi Floraa viemään Amman aamiaistarjottimen yläkertaan. Siispä menimme. Ovi oli auki, ja Amma istui lattialla hiukset levällään ja näytti äärimmäisen säteilevältä. Hänestä virtasi ylenpalttisesti loistoa! Hän katsoi ylöspäin meihin ja kääntyi sitten parin muun henkilön puoleen, jotka olivat hänen kanssaan ja sanoi:" Kusuma ja Kushula!" Kaikki keikuttivat päätään puolelta toiselle tunnistamisen merkiksi ja yksi munkeista käänsi: "Amma sanoo

että sinä olet 'Kusuma'"osoittaen minua ja "sinä olet 'Kushula'
osoittaen Floraa. Sitten hän selitti, että nämä kaksi nimeä ovat
peräkkäin archanassa. "Ne ovat teidän uudet nimenne!" hän
sanoi. Kaikki näyttivät onnellisilta, ja Amma viittoi meitä
liittymään seuraan. Panin merkille, ettei Amman aamiainen
näyttänyt kovinkaan erilaiselta kuin meidän. Ainoastaan yksi
ylimääräinen kulho keitettyjä tapiokan juuria ja pieni astia
kirkkaan punaista chutney-kastiketta. Amma alkoi jakaa tapio-
kaa kaikille ja jatkoi sitten puhumista aiheesta, jonka meidän
saapumisemme oli keskeyttänyt. Tunnelma oli rento ja eloisa.

Myöhemmin samana aamuna minua pyydettiin rekiste-
röitymään "toimistoon" eli istumaan pieneen sivuhuoneeseen
Amman perheen talossa, kirjoittamaan nimeni suureen kan-
sioon ja näyttämään passi ja viisumi. Munkki, joka nykyisin
tunnetaan nimellä Swami Purnamritananda, auttoi minua.
Hän kysyi: "Kuinka kauan aiot olla täällä?". Vastasin töksähtä-
västi: "Ikuisesti!". Hän katsoi minua aluksi ymmällään, mutta
puisti sitten päätään tietävästi."Mutta nyt vain puolen vuoden
turistiviisumin loppuun saakka." Hän teki siitä merkinnän ja
palautti sitten passini hymyillen.

Toimiston vieressä sijaitsevasta toisesta pienestä huoneesta oli
tehty kirjasto. Sen täytti poikkeuksellisen harvinainen kokoelma
ihmeellisiä kirjoja. Monet niistä oli lahjoittanut Nealu, nykyisin
Swami Paramatmananda, laiha mies, jonka olimme tavanneet
hänen majassaan edellisenä päivänä. Kirjastoapulaisena toimi-
va munkki auttoi minua löytämään *Sri Lalita Sahasranaman*
-Jumalallisen Äidin 1000 nimen englanninkielisen käännöksen.
Pyysin häntä näyttämään nimet Kusuma ja Kushula. Hän sanoi,
että ne olivat numerot 435 ja 436: champeya kusuma priya
ja kushula – rakastettu champaka-kukka ja "viisas tai älykäs".

Lainasin kirjan ja aloin kopioida Jumalallisen Äidin tuhatta nimeä itse tekemääni kirjaseen. Olin tehnyt sen taittamalla viivallista paperia ja ompelemalla sen keskeltä. Sydämeni pamppaili innosta. Tämä oli todeksi tullut unelma! Siellä olivat myös englanninkieliset käännökset ja tehtävä imaisi minut mukaansa tuntikausiksi. Pian minulla oli oma, käsintehty englanninkielinen kirjanen aamurukouksia varten. Se toimi archana-kirjanani alkuvuosina. Samana iltapäivänä Amma lähetti kaksi länsimaalaista asukasta mukaani Kayamkulamin kylään ostamaan sareja ja joitakin muita perustarpeita. Kun Amma oli nähnyt, että olin tuonut mukanani vain pienen laukun Amerikasta, hän kysyi syytä siihen. Kerroin hänelle, että halusin pitää saria ja ettei ollut tarpeen pakata suurta matkalaukkua täyteen. Olin suunnitellut hankkivani kaiken täältä. Hän keinutti päätään puolelta toiselle intialaisen tavan mukaan hyväksyvällä eleellä. Sen lisäksi että hankkisimme kaiken tarvittavan, Amma pyysi länsimaalaista naista auttamaan minua myös kietomaan sarin oikeaoppisesti. Minusta tuntui siltä, että kaikki yksityiskohdat olivat tärkeitä Ammalle.

Sinä iltana saisin kokea ensimmäisen *bhajan*-sessioni, ja odotin sitä suurella innolla. Niinä päivinä ei ollut bhajan-kirjoja, varsinkaan englanninkielisiä, eikä mitään kunnollisia nauhoituksia. Olin kuitenkin kuullut yhden Amman bhajaneista rahisevalta kasettinauhoitukselta, jonka Greg oli soittanut diaesityksensä aikana joitakin kuukausia sitten. Amman ääni ja laulun sävel olivat mukaansatempaavia, vaikkakaan sanoista ei saanut selvää. Se oli kuulostanut suurin piirtein tältä: "Amme Bhagavad Gita nitya..."

En malttanut odottaa kuullakseni Amman laulavan elävänä edessäni. Niinpä uudessa ruudullisessa sarissani ja punottu asana kädessäni etsin paikan Kalarin edustalla olevalta avoimelta verannalta, mihin kaikki asukkaat sopivat mukavasti. Suitsukkeen tuoksu leijui kevyessä merituulessa, ja öljylamppu hehkui kultaista valoa. Auringonlaskun värit liekehtivät taivaalla, missä joitakin kotkia liiteli tuulen vietävänä. Hetken päästä Amma liittyi joukkoomme. Hän istuutui itään päin, vasemmalle avoimista temppelin ovista. Harmoniumin soittaja istui Ammaa vastapäätä, ja tablat oli asetettu sivulle, nekin Amman eteen. Yllättäen huomasin mukavammaksi istua silmät kiinni. Oli vaivatonta syventyä lauluun; Amman laulu oli hyvin voimakasta ja luontevaa. Hänen kohotetut käsivartensa liikkuivat yhtä sulavasti kuin ylhäällä liitelevät linnut. Hänen kasvonsa olivat kohotetut kohti taivasta, ja hänen vartalonsa liikkui musiikin tahdissa. Amma kutsui Jumalaa niin kiihkeästi laulunsa lomassa, että ajattelin "Kukaan muu maailmassa ei voi huutaa taivasta kohden tuolla tavalla! Ei edes Aretha Franklin!"

Ensimmäisen laulun loputtua Amma kumartui eteenpäin ja sanoi jotakin hiljaa harmoniumin soittajalle. Suureksi yllätyksekseni ja riemukseni hän soitti alkusävelet New Meksikossa kuulemastani laulusta:

amme bhagavati nitya kanye devi,
enne kataksippan kumbitunnen

Oi hyväenteinen äiti, ikuinen neitsyt Devi
kurmarran katseesi tähden

maye jagatinte taye chidananda
priye mahesvari kumbitunnen

Oi Maya, oi maailman äiti,
Oi puhdas tietoisuus! Puhdas autuus!
Oi rakastettu suuri Jumalatar, kumarran sinua.

29

Voimakas tunneaalto pyyhkäisi ylitseni kuullessani Amman laulavan tuota laulua, samaa mikä oli kutsunut minut maapallon toiselta puolelta tapaamaan tätä säihkyväsilmäistä jumalatarta. Kuinka hän oli voinut valita juuri tuon laulun? Oliko se vain sattumaa? Aivan tyhjästä, ajatus tuli ja asettui mieleeni: minulla ei ollut enää mitään muuta etsittävää. Päätökseni löytää ikiaikainen äiti tästä maailmasta oli kantanut hedelmää yli hurjimpien odotusteni.

KOLMAS PÄIVÄ

Archana oli vieläkin mahtavampi uuden, käsinkirjoitetun kirjasen kanssa. Sinä aamuna Amma ei kuitenkaan liittynyt seuraamme, mikä sai minut tietoiseksi siitä, miten erityinen edellinen aamu oli ollut. Mutta onni oli puolellamme, kun tullessamme ulos hallista archanan jälkeen näimme Amman jonkin matkan päässä etupihalla meditoimassa kookospuun alla. Seuraten muiden esimerkkiä, jonka mukaan jokainen istui omalle paikalleen, pidin kunnioittavan välimatkan Ammaan ja asetuin istumaan. Jostakin syystä oli helppo vaipua syvään meditaatioon ilman aikaisempaa meditaatioharjoitusta. Tiesin, että sen täytyi olla Amman siunausta, sillä yleensä mieleni hyppi ympäriinsä kuin apina. Liittyessämme Amman seuraan oli yhä pimeää, mutta seuraavaksi kello olikin 9 ja aamiaiskello soi. Mihin aika oli oikein mennyt?

Aamupalan jälkeen Amma vaelteli ympäriinsä ja kutsui minut seuraansa. "Kusumam" hän sanoi, niin hellästi että tunsin piston sydämessäni. Kääntäjän avulla kysyin, voisinko auttaa joissakin ashramin toimissa. Amman kasvot kirkastuivat. Hän otti minua kädestä ja menimme keittiöön. Amma antoi joitakin ohjeita ja jostakin eteeni ilmestyi vihanneksia, veitsiä ja leikkuulauta. Suuri, tyhjä keittoastia tuotiin Amman viereen. Sain leikkuulaudan ja Amma, uskomattoman nopeasti ja näppärästi alkoi pilkkoa vihanneksia kämmenessään. Hänen käsissään liikkuvaa pientä viidakkoveistä oli vaikea nähdä, se liikkui niin nopeasti. Kuinka joku voi pilkkoa vihanneksia niin nopeasti? Ihmettelin sitä, kuinka Amman pino oli jo viiden minuutin kuluessa 10 kertaa omaani suurempi. Hän oli keskittynyt työhön, mutta sai aikaan naurua ympärille kerääntyjiltä katsojilta. Kerran Amma kääntyi puoleeni ja sanoi muutaman sanan, jotka eräs munkeista käänsi. "Amma sanoo, että pieni puu tarvitsee aidan suojaksi ympärilleen, jotta se voi kasvaa. Muuten lehmät syövät sen." Mietin sitä ja tiesin että Amma rohkaisi minua keskustelemaan kanssaan. Olin liikuttunut siitä mitä Amma oli sanonut ja olin hiljaa. Koskaan ennen vihannesten pilkkominen ei ollut ollut niin hauskaa. Sitten se oli ohi.

Seuraavaksi siirryttiin patojen pesuun. Raahasimme ulos keittiön takana sijaitsevan vesihanan luo suuren riisipadan ja joitakin muita astioita. Kulhollinen tuhkaa ja pari suurta kookoskuitutuppoa olivat ainoat työvälineet. Uskomatonta, miten puhtaaksi padat saattoivat tulla pelkällä hiekkaan sekoitetulla tuhkalla. Lounasaikaan mennessä se oli päätetty: minusta tulisi tiskaaja. Seuraavan kuuden kuukauden ajan, jokaisen aterian tai vesi-maito-juoman jälkeen hain padat keittiön takaovelta ja palautin ne puhtaina ja säihkyvinä. Olin innosta suunniltani.

DEVI BHAVA DARSHAN

Seuraava päivä oli sunnuntai, ensimmäinen *Devi Bhava*-darshanini. Paljon ihmisiä oli saapunut iltapäivällä ja tunnelma oli hyvin juhlallinen. Sen jälkeen kun Amma oli johtanut bhajanit auringonlaskun aikaan, hän meni sisälle Kalariin, ja temppelin ovet suljettiin. Eräs asukas ilmoitti minulle, että voisin istua sisällä jos halusin ja minulle näytettiin missä seistä, jotta olisin

Amma ja Dattan

yksi ensimmäisistä sisään menijöistä. Temppelin ovien avautuessa kaikki lauloivat sydämensä kyllyydestä. Amma liikutteli lamppua, jossa paloi kirkkaasti tuoksuvaa kamferia. Hopeinen kruunu ja joitakin muita tavaroita, joita en tunnistanut, koristivat temppelin keskellä olevaa pientä jakkaraa. Amma lauloi laulua "Ambike Devi." Hän laulaa yhä samaa laulua ennen kuin aloittaa Devi Bhavan.

ambike devi jagannayike namaskaram
sharma dayike shive, santatam namaskaram

Oi äiti Ambika, Oi maailman valtias, tervehdin sinua!
Oi Shive, joka tuot ikuista onnea, tervehdin sinua!

shanti rupini sarva vyapini mahamaye
antadi hine atma rupini namaskaram

Oi sinä, joka olet rauhan olemus, joka olet kaikkialla läsnä oleva
Oi suuri illuusio
Ilman alkua tai loppua, sinun muotosi on Itse
Kumarran sinua!

Ennen laulun loppumista, ovet sulkeutuivat jälleen ja musiikin tempo kasvoi. En tiennyt mitä odottaa ja toistin mantraani katse kiinnittyneenä temppelin oviin. Ennen pitkää ne avautuivat uudelleen, mutta tällä kertaa Amma oli koristautunut kauneimmalla mahdollisella tavalla. Sydämeni täyttyi spontaanisti ylitsevuotavasta rakkaudesta ja jostakin muinaisesta muistikuvasta. Istuen nyt pienellä jakkaralla, kietoutuneena kimaltelevaan, smaragdinvihreään sariin Amma piti oikeassa kädessään miekkaa ja vasemmassa kolmikärkeä, molemmat tuettuina polvien päällä. Kuului nilkkarenkaiden helinää sekoittuneena mantrojen lausuntaan, simpukkatorven puhallusta ja temppelin kellon kuminaa. Amman silmät olivat hetken kiinni ja sitten ne avautuivat. Olin vain muutaman metrin päässä Ammasta, aivan temppelin oven vieressä. Sanoin kuvaamaton kuuma valoaalto pyyhkäisi ylitseni. Hänen silmänsä olivat häikäisevät lammikot täynnä rakkautta ja rauhaa. Koko näkyvä maailma oli kadonnut, minulle oli olemassa vain Devi. Joku työnsi minut sisälle temppeliin. Kosketin kynnystä oikealla kädelläni, kuten minulle oli näytetty ja astuin sisään.

Temppelin sisällä energia oli noin tuhat kertaa voimakkaampi. Amman koko keho tärisi hienoisesti, ja ilma itsessään tuntui olevan sähköinen. Asetin istuinmattoni seinän viereen Ammasta vasemmalle, hiukan eteen, ja istuin lattialle. Yksi Amman länsimaisista naisavustajista istui Amman vasemmalle puolelle avustamaan häntä eri toimissa. Amma katsoi minua ja hymyili; se sai sydämeni sulamaan. Suljin silmäni ja istuin paikoillani. Jossakin vaiheessa joku kuiskasi sanan "illallinen" korvaani, mutta se kuulosti kaukaiselta, aivan kuin en olisi ollut yhteydessä omaan kuuloaistiini. Ehkä Amma oli sanonut heille, etteivät häiritsisi minua uudelleen, koska lisää aikaa kului. Itse asiassa kului koko yö, ennen kuin joku kosketti kevyesti olkapäätäni ja jotenkin tiesin nousta ylös. Amma liikkui temppelin sisällä. Hän pysähtyi jokaisen noin 10-12 vielä sisällä olevan henkilön eteen antamaan heille viimeisen halauksen.

Amma tuli luokseni viimeiseksi. Hän asetti kätensä olkapälleni ja katsoi pitkään syvälle silmiini. Hänen silmistään säteili suunnattomasti voimaa ja valoa. Miksi tahansa tuota voimansiirtoa kutsutaankin, se tunkeutui sisimpääni ja pysäytti täysin ajatukseni. Mieleni sulautui siihen hetkeen ottaen vastaan kaiken annetun rakkauden. Vain hänen halauksensa ansiosta pysyin jaloillani.

"SINULLA ON SAMA VOIMA"
Kalari
Joulukuu 1983

Jokaisena tiistai-, torstai- ja sunnuntai-iltana tavakseni tuli istua samassa paikassa meditoimassa koko Devi Bhavan ajan. Nousin vasta aivan lopussa Amman viimeiseen halaukseen. Niinä iltoina en syönyt lainkaan illallista. Eräs ilta oli lähestymässä loppuaan, kun aistin jotakin liikehdintää temppelin ovella. Katsoin ylöspäin ja olin kauhuissani nähdessäni miehen, enemmän kuolleen kuin elävän, seisomassa temppelin ovella. Hänen koko kehonsa oli haavojen peitossa, jotkut niistä olivat avonaisia ja märkiviä. Hänen silmänsä olivat painuneet syvälle limaisiin silmäkuoppiin, hänen korvansa olivat surkastuneet haavoista, ja hänen kalju päänsä oli turvoksissa kuin ylikypsä meloni. On sanomattakin selvää, että haju oli hyvin voimakas. Tuntui siltä kuin olisin voinut pyörtyä ja oksentaa samaan aikaan. Aivan varmasti joku estäisi hänen pääsynsä temppeliin!

Vilkaisin nopeasti nähdäkseni Amman reaktion. Mieleni oli vaikea käsittää, mitä näin. Amman kasvot sulivat rakkaudesta, aivan kuin hänen rakkain, kauan kadoksissa ollut sukulaisensa olisi saapunut. Amma viittoili häntä tulemaan sisään temppeliin, odottaville käsivarsilleen. Mies asetti päänsä Amman olkapäälle, aivan kuten jokainen muukin oli tehnyt yön aikana. Amman kasvot loistivat rakkaudesta, jopa enemmän kuin mitä olin nähnyt aikaisemmin. Amma otti pyhää tuhkaa käsiinsä ja silitti hänen käsiään ja selkäänsä yhä uudelleen, samalla puhuen hänelle hiljaa hellällä äänellä, lohduttaen häntä. Omalta osaltaan mies seisoi vaitonaisena, hänen epämuodostunut päänsä roikkuen, mutta täysin rentona, kun Amma hoiti häntä. Muistakaa, että

35

istuin alle metrin päässä näkymästä, ja sen täysi visuaalinen vaikutus oli vähintäänkin häiritsevä.

Silti kaikkein vaikuttavin osa oli vielä tulossa. Nähtävästi Amma ei ollut vielä tyytyväinen toimintaansa, sillä hän käänsi spitaalisen selän itseensä päin. Jotkut pahimmista, eniten märkivistä haavoista olivat hänen yläselässään. Amma veti hänet puoleensa ja alkoi hellävaroen imeä mätää suuhunsa ja sylkäisi sen sitten avustajan lähellä pitelemään pieneen messinkikulhoon. Amman mieliala oli puhtaasti määrätietoinen. Hänessä ei ollut jälkeäkään vastenmielisyydestä tai kiireestä saattaa epämiellyttävä tehtävä loppuun. Näytti siltä, että hänellä oli kaikki maailman aika tätä henkilöä varten. Sitten hän nuoli pahimmat haavat ja kuljetti etusormeaan haavaa pitkin, aivan kuin sulkeakseen sauman. Sitä kestin jonkin aikaa. Lopuksi Amma antoi miehelle prasadin; pyhitettyä vettä ja banaanin ja nousi seisomaan lopettaakseen Devi Bhavan.

Seuraavat pari päivää mieleni oli järkkyneessä tilassa. Olin saanut ympäristötieteellisen koulutuksen Kalifornian Berkeleyn yliopistossa enkä kyennyt käsittämään kuinka Amma saattoi tehdä sitä, mitä hän teki. Jotkut asukkaista yrittivät vastata kysymyksiini. Munkki, joka on nykyisin Swami Amritaswarupananda selitti, että spitaalinen oli käynyt jo jonkin aikaa ja hänen nimensä oli Dattan. Munkki, joka on nykyisin Swami Amritatmananda sanoi, että Amma paransi häntä ja että hän oli parantunut paljon aikaisemmasta tilastaan. Heidän vastauksensa kiihdyttivät ajatuksen juoksuani ja päätin kysyä asiasta itseltään Ammalta.

Aamupäivällä löysin Amman tekemässä puutarhatöitä suurella kuokalla. Hän oli etupihalla kaivamassa vesikanavia kookospalmujen ympärille. Hänen puiden ympärille tekemänsä, ojana toimiva rengas oli täydellisen muotoinen. Se muistutti minua mustassa graniitissa olevasta symbolista Amman kotitaloon johtavalla polulla. Kääntäjän avustuksella pyysin Ammalta lupaa kysyä spitaalisesta. Amma laski kuokan käsistään ja antoi minulle täyden huomionsa.

"Amma, se mitä näin sinä iltana ei ole mahdollista, tarkoitan tieteellisesti. Niin vaurioitunutta kudosta ei voi korjata. Miten se on mahdollista?"

"Tytär, haluatko tietää mikä on todellinen ihme?"

"Kyllä Amma, voitko kertoa sen minulle?"

"Todellinen ihme on se, että sinulla on sisimmässäsi sama voima, mutta et tiedä sitä. Amma on tullut näyttämään sen."

Hän hymyili lempeästi, poimi kuokan ja jatkoi työtään puiden parissa. Amma ei aikonut tehdä numeroa spitaalisen parantamisesta! Hänessä ei ollut jälkeäkään egosta tai ylpeydestä. Amman näkökulmasta, todistamallani uskomattomalla teolla oli merkitystä vain astinlautana Itsetuntemukseen. Sinä hetkenä jotakin iskostui sisimpääni. Kaikki aikaisemmat elämäni kiinnekohdat murentuivat. Jotakin maailmankuvassani muuttui peruuttamattomasti, kuin mannerlaatta olisi siirtynyt. Sydämeni avautui tälle kauniille ja nöyrälle jumalalliselle olennolle, joka ainoastaan halusi näyttää minulle, mitä oli omassa sydämessäni.

Sinä hetkenä päätin omistautua elämään Amman kanssa oppiakseni häneltä kaiken sen, mitä on opittavissa. Se oli yksi niitä hetkiä elämässä, kun tietää jotakin varmasti. Silloin vain tietää. Sydämesi tietää täydellisellä varmuudella. Ja astumme siitä pisteestä eteenpäin, emmekä koskaan enää ole entisemme. Synnymme uudelleen tuona kuulemisen, todistamisen hetkenä. Siihen saakka tunnistamaton ääni, joka kaikui sydämeni syvimmässä sopukassa, asetti minut henkiselle tielle, jota kuljen yhä tänäkin päivänä.

37

29 vuoden ajan olen meditoinut mielikuvaa Ammasta avaamassa sylinsä spitaaliselle Dattanille. Katson sitä melkein joka kulmasta. Kuvittelen itseni hänen sijalleen, yritän samastua Dattanin kokemukseen palaamisesta kuolleesta elävien kirjoihin Jumalallisen Äidin armosta. Kuvittelen ottavani hänet omaan syliini. Mahdotonta. Viivyn muistikuvassa voimakkaasti loistavasta puhtaasta rakkaudesta Amman kasvoilla hänen ottaessaan spitaalisen käsivarsilleen. Ja mikä on sen viesti? Se että Amman näkökulmasta rakkaus oli paljon tärkeämpää kuin parantaminen.

Kaiken lisäksi, meillä kaikilla on sisimmässämme tuo korkeimman rakkauden voima. Sitä voidaan sanoa Jumalan rakkaudeksi tai jumalalliseksi rakkaudeksi tai sanskritiksi *Premaksi* (korkein rakkaus). Miksi tahansa sitä kutsutaankin, jokaisen henkisen perinteen pyhimysten mukaan tuo rakkaus on todellinen luontomme, emme vain ole kosketuksissa siihen. Henkisen elämän päämäärä on herättää todellinen luontomme, korkein rakkaus, joka on ihmisolentojen suurin synnynnäinen voimavara.

Kenellä on voima antaa uusi elämä kuolevalle? Hänen, jolla se on, ei tarvitsisi tahria kauniita silkkejään halaamalla mätänevää miestä. Siunaaminen mielen voimalla, pelkkä käsien päälle paneminen riittäisi. Heillä on se voima. Se että Amma näytti Dattanille, jonka läheiset olivat hylänneet ja jättäneet kuolemaan, että hän oli rakastettu, oli kahdesta vaihtoehdosta voimakkaampi. Kuka voi ymmärtää sen? Kuka voi muuttaa kohtalon? Hän on keskuudessamme ja hänen nimensä on Mata Amritanandamayi. Puhtaan Armon Äiti.

2. LUKU

Uutta elämää opettelemassa

Niinä päivinä Amman lähellä oleminen oli aivan saman-laista kuin nykyisinkin. Yhteen päivään saattoi mahtua useita kokemuksia, ja kuukaudet kiitivät eteenpäin vauhdilla. Huoneeni seinälle ripustettu ashramin päiväjärjestys toimi päivittäisenä ohjenuoranani.

4:30 am	Archana
6-9 am	Meditaatio/Jooga
9 am	Aamiainen
10 am	Pyhien kirjoitusten opiskelua
11 am-1 pm	Meditaatio
1 pm	Lounas
2-4 pm	Vapaa-aika
4-5 pm	Oppitunti
5-6:30 pm	Meditaatio
6:30-8 pm	Bhajanit
8:30 pm	Illallinen
9-11 pm	Meditaatio

Ensimmäinen suuri oivallukseni oli, että rakastin meditaatiota. Kaikki muut asiat päivässä kietoutuivat meditaation ympärille. Enimmäkseen istuin tuntikausia Kalarin verannalla. Tällä tavoin ateriat, oppitunnit ja patojen pesu olivat vain parin askeleen päässä. Olin tehokkaasti poissa muiden tieltä, haltioituneena. Herätettyäni itseni syömään tai tiskaamaan vaelsin takaisin Kalariin istumaan. Näin päivät, sitten viikot ja kuukaudet kuluivat.

OPPITUNNIN AIKA

Oppitunnit olivat päivän erityinen kohokohta. Bhagavad-Gitaa aamuisin ja Upanishadeja iltapäivisin. Muistan erään iltapäivän kun Amma itse tuli vihkimään uuden oppijakson. Hän istui Vedanta Vidyalayamissa; pienessä, avoimessa, yksinkertaisesta katosta ja betonilattiasta koostuvassa katoksessa, joka sijaitsi aivan Kalarin läntisessä nurkassa. Amma istui pienellä korokkeella, ja hänen vieressään oli kasa kirjoja. Hän sytytti tällaisia tilanteita varten varatun koristeellisen öljylampun, samalla kun oppitunnille osallistuva munkki johti mantrojen resitointia. Amma heitti joitakin kukan terälehtiä kirjoille ja meidän päällemme ja siunasi veden *kindissä* (seremoniallinen messinkikannu), jonka hän sitten ripotteli ympäriinsä. Sitten yksi kerrallaan jokainen meistä meni Amman luokse, kumarsi syvään *(pranam)* ja otti vastaan uuden kirjan hänen käsistään. Katsoin kirjaani. Se oli Adi Shankaracharyan "Vedanta-Sara."

Vedantan opiskelu avasi silmäni. Adi Shankaracharya selitti pienintä yksityiskohtaa myöten ykseyden filosofian, puhtaan tietoisuuden muodostamaa ykseyttä, puhdasta olemassaoloa, Brahmania maailmankaikkeuden perustana. Ykseyden tilan henkilökohtainen kokeminen, näennäisen todellisuuden tuolle puolen meneminen on meissä oleva sisäsyntyinen mahdollisuus, jos päätämme pyrkiä siihen. Tämä on ihmiselämän päämäärä. Kokemusta ei voi saavuttaa; olemme jo siinä tilassa. Kuitenkin ymmärryksen puuttuessa me samastumme kehoon ja mieleen, mitkä ovat väliaikaisia tiloja, niiden ikuisen perusolemuksen -puhtaan tietoisuuden- sijasta. Meidän on ymmärrettävä, että kaikki aistinautinnot ovat väliaikaisia ja lopulta syynä kärsimykseen. Mitä selkeämmin näemme tämän, sitä helpompi meidän on päästä itsekkäistä mieltymyksistämme ja vastenmielisyyksistämme. Alamme vähitellen herätä näkemään maailman, itsemme ja Jumalan oikeassa valossa, ja kokemaan ensikädessä kaikkien näiden olemuksen puhtaana tietoisuutena. Henkisen ymmärryksen korjattua näkemyksemme kaikki pelot katoavat ja kaikki itsekkäät halumme hiipuvat. Siten vapaudumme itsekkyydestä.

Tämä ei tee meistä toimettomia, vaan kuten Amma, jatkamme toimintaa- ei itsemme, vaan maailman hyväksi. Tieteellisen koulutuksen saaneelle mielelleni, Shankaracharyan Vedanta-Sara oli elvyttävää balsamia. Mieleni imi sisäänsä hänen selkeän ja kirkkaan selityksensä oikeasta todellisuudesta, aivan kuin pitkään autiomaassa kulkenut joisi vettä. Kaksi muuta naispuolista asukasta olivat australialaisia; olimme suurin piirtein saman ikäisiä, joskin minä olin nuorin. Toinen heistä oli Amman henkilökohtainen avustaja ja toinen oli hiljainen opiskelijatyyppi joka avusti Ammaa Devi Bhava-darshaneissa. Me kaikki olimme omistautuneet omille tehtävillemme, emmekä viettäneet yhtäkään hetkeä päivässä keskustelemalla toistemme kanssa. Opin tuntemaan heidät ainoastaan sinä aikana, jonka vietimme keskenämme palvellen Ammaa ja ashramia.

Ihailin heitä molempia, kummallakin oli sellainen erityisominaisuus, että he aina näyttivät tietävän, mitä kullakin hetkellä piti tehdä. Toinen heistä toisti mantraansa jatkuvasti, tietenkin hiljaa, samalla kun avusti Ammaa hänen henkilökohtaisissa tarpeissaan, kuten ruoanlaitossa, siivouksessa ja vaatteiden pesussa. Hän oli toimissaan erittäin tehokas, mutta hänellä oli myös aikaa antaa minulle erityisiä tehtäviä Amman läheisyydessä. Toinen nainen oli yhtä lailla lahjakas opiskelun suhteen. Panin merkille, että jokaisen oppitunnin jälkeen, samalla kun minä asetuin meditoimaan, hän palasi huoneeseensa ja kopioi tunnollisesti muistiinpanonsa; jokaisen juuri oppimamme säkeen sanskriitiksi ja sen englanninkielisen käännöksen suurempaan, kansion tapaiseen muistikirjaan. Hän sovelsi henkiseen elämään samaa, mitä olin itse juuri tehnyt opiskeltuani tieteitä yliopistossa.

Hänen keskittyneisyytensä ja rakkautensa Ammaa kohtaan Devin Bhavan aikana oli uskomatonta. Hän oli hiljaisesti läsnä Amman vieressä, eikä hänen keskittymisensä herpaantunut ennen loppua, mikä oli yleensä kolmen, neljän aikaan aamuyöstä. Mietin tulisiko minulla koskaan olemaan samanlaista kurinalaisuutta. Imin itseeni oppimamme henkiset periaatteet ja tein epäitsekästä palvelutyötä patojen pesussa, mutta henkisten harjoitusteni ydin oli meditaatiossa vietetty aika.

JOOGATUNTI

Eräänä aamuna Amma kutsui minut aamiaisen jälkeen huoneeseensa. Joku oli maininnut hänelle, että osasin hathajoogaa, ja hän halusi nähdä *asanani* (jooga-asennot). Pari muuta asukasta istuivat hiljaa nurkassa kiinnittämättä minuun paljonkaan huomiota. Aloitin aurinkotervehdyksellä. Sitten seisoin jousiampujan asennossa pitkän aikaa. Sen jälkeen seisoin pääliäni ja näytin Amman pyynnöstä joitakin muita asentoja. En pitänyt joogaharjoitustani paljon minään, sillä olin oppinut asanat ohimennen high school-ystäväni äidiltä, joka oli näyttänyt minulle joogan perusteet. Amma kuitenkin piti niistä paljon ja pyysi näyttämään joitakin asentoja yhä uudelleen.

Lopuksi Amma pyysi minua istumaan häntä vastapäätä täydessä lootusasennossa. Se oli tarpeeksi helppoa. Amma istui myös lootusasentoon polvet omiani vasten. Sitten alkoi hauskanpito! Amma kurotti eteenpäin ja otti kiinni käsivarsistani. Minä tein samoin. Sitten aloimme tehdä ympyrää myötäpäivään, aluksi pientä ja sitten yhä suurempaa. Pian Amman selkä oli melkein lattian tasolla, kun taas minä kumarruin eteenpäin vastustaakseni

Amman painoa ja liikkeen voimaa. Sitten minun ylävartaloni pyörähti taaksepäin juuri lattian yläpuolelta, melkein koskettaen lattiaa, mutta Amman paino ja liike vetivät puolestaan minua. Otteellaan Amma kehoitti lisäämään vauhtia.

Niinpä pyörimme ympyrää yhä uudelleen ja uudelleen täydellisen rytmikkäästi. En ollut tehnyt tätä koskaan ennen, se oli vähintäänkin päihdyttävää. Amman avustaja kyykki lähellä ja kuulin hänen sanovan "Olkaa varovaisia, lyötte päänne! Olkaa varovaisia! Lopettakaa nyt heti!" Mutta tiesin että Amma ja minä olimme täydellisessä yhteydessä, sillä hän pyöri taakse- ja minä eteenpäin. Joka tapauksessa, ei ollut mahdollista hidastaa, sillä Amma pyöritti meitä, enkä minä! Lopulta Amma kuitenkin hidasti ja me kaaduimme lattialle nauraen. Päässäni ei pyörinyt lainkaan, mutta sieluani oli todellakin kieputettu!

Hengityksemme tasaannuttua Amma pyysi minua opettamaan joogaa toisille naisasukkaille. Joogatunti olisi Amman huoneessa aamuisin sen jälkeen kun hän oli mennyt alakertaan. Näin ollen universumin mahtavin joogini, Amma, oli vihkinyt ashramin ensimmäisen naisten joogakurssin alkaneeksi.

PYYKINPESUA OPETTELEMASSA

Amman talon takana oli kolme pesukiveä ja vesihana, josta ainakin joskus tuli vettä. Löysin itseni sieltä ensimmäisen viikon aikana painiskelemasta pyykkieni kanssa. Miten ihmeessä tämä pesukivisysteemi oikein toimi? Minulla oli mukanani ämpäri, Rin-saippuapala ja tahraisia vaatteita. Päätin ryhtyä toimeen. Itsestään selvää, vai mitä? Täytä ämpäri vedellä, liota vaatteet, hiero niihin saippuaa, harjaa muoviharjalla tarvittavat kohdat, yritä olla läikyttämättä naapurisi päälle, äläkä missään tapauksessa tuhlaa vettä.

Aluksi kaikki tuntui sujuvan hyvin. Tarkoitan sitä, että prosessi toimi mutta minulla se kesti paljon kauemmin kuin muilla. En halunnut vaikuttaa aloittelijalta pesukivellä, joten odotellessani vuoroani vesihanalla, katsoin mitä muut tekivät. Ahaa. He hakkasivat ensin vaatteita kiveen, ja sitten hieroivat niitä sitä vasten. Paljon tehokkaampaa kuin pieni harjani. Siispä vaihdettuani veteni, aloin toimia samoin. Tai niin ainakin luulin.

Lopulta eräs munkeista, nykyinen swami Amritaswarupananda, kääntyi puoleeni ja sanoi hyvin kohteliaasti: "Jos pieksät vaatteitasi kiveä vasten tuolla tavalla, niistä ei ole kohta mitään jäljellä. Yritä tähän tapaan." Olin kovin liikuttunut siitä, että hän halusi auttaa minua parantamaan tekniikkaani, eikä minua haitannut se että hän sanoi siitä. Hän oli oikeassa, pieni ranneliike kiepautti vaatteen ilmassa siten, että se tuli itsensä päälle, eikä suoraan kovalle kivelle. Selvästikin tuo taittoliike sai tahrat irtoamaan paremmin kankaasta ja peseminen sujui myös paljon nopeampaan. Peseminen oli myös puolta hiljaisempaa, ja saippuakuplia lensi selvästi vähemmän ilmaan ja naapurin päälle, mikä olisi ollut hyvien tapojen vastaista. Ennen kuin tiesinkään, ämpärini oli tyhjentynyt, ja seuraava henkilö otti oman vuoronsa kiitollisena.

YÖTOIMIA

Iltaisin bhajaneitten jälkeen, tehtäväkseni tuli kulkea Amman perässä kantaen juomapulloa, viuhkaa ja kasvopyyhettä. Jos Amma sattui pyytämään jotain tiettyä asiaa, juoksin noutamaan sen. Jos Amma kutsui jotakuta, menin etsimään hänet. Amma kuljeskeli ympäriinsä, joskus yksin, mutta usein saapuneiden vierailijoiden tai asukkaiden kanssa. Keskustelut jatkuivat pitkälle iltaan kookospalmujen alla tai majojen portailla istuen. Joskus Amma saattoi laskea leikkiä ja nauraa, toisinaan keskusteltiin vakavista asioista. Minulle se oli jatkuvan mantra-japan aikaa, ja Amman tarpeiden tarkkailua. Hänen energiatasonsa ei koskaan hiipunut; hänen huomionsa oli aina muiden huolissa ja tarpeissa. Hän antoi kaiken aikansa kenelle tahansa, joka oli tullut tapaamaan häntä. Päivästä toiseen hän jätti väliin syömisen ja nukkumisen. Jopa 23-vuotiaan oli vaikea pysyä hänen tahdissaan!

Eräänä iltana bhajaneitten jälkeen joku toi Ammalle tamburan, nelikielisen soittimen, josta lähtee tasainen, viipyilevä sointi. Amma alkoi soittaa tamburaa samalla katsellen tähtiä. Siinä katsellessani hänen kasvojaan, hän meni *samadhiin*. En ollut koskaan nähnyt kenenkään oikeasti menevän tähän tilaan. Koin miten puhdistava rauhan tunne pyyhkäisi aaltona ylitseni. En halunnut häiritä tätä syvän autuuden hetkeä tuijottamalla Ammaa, mutta hänen kasvonsa hohtivat kuunvalon kaltaista valoa, joka vaikutti tulevan sisältä päin. Amman kasvojen loisto näytti yhä kirkastuvan. Jonkin aikaa kyyneleet virtasivat hiljaa hänen poskiaan pitkin. Sitten kuului hiljaista, pehmeää naurua, joka tuntui tulevan toiselta olemassaolon tasolta. Sitä jatkui jonkin aikaa ja sitten se vaimeni. Sinä yönä käsitin, että rakkauden tie oli paljon syvempi kuin olin kuvitellut. Amma oli syvässä tietoisuuden tilassa tuntikausia. Istuin hänen lähellään, kunnes hän ennen auringonnousua avasi silmänsä. Munkit istuivat lähellä meditoimassa, nauttien hienovaraisesta ilmapiiristä.

JOKAISENA ILTANA

Joka ilta Amma kutsui yhden tai kaksi tyttöä huoneeseensa auttamaan. Minun mielipiteeni on, että jos haluat oppia tuntemaan jonkun ihmisen luonteen, mene hänen huoneeseensa. Minun on sekainen, Amman on yksinkertaisesti uskomaton. Se on kooltaan 3 x 7 m, yhteensä 21 neliömetriä, seinät ovat puhtaan valkoiset ja huoneessa on kapea sänky, jonka alla on liukuoviset kaapit Amman vaatteiden säilytystä varten. Ei ollut huonekaluja, ei edes tuolia. Amma söi ateriansa lattialla, kaislamatolla istuen. Ei ollut puhelinta, eikä televisiota - vain kattotuuletin. "Keittiön" muodostivat kahden levyn kaasukeitin pienellä parvekkeella sekä pikkuruinen jääkaappi. Ainoat koristeet olivat savesta tehty, maalattu Krishna-patsas yhdessä nurkassa ja seinällä, Amman sängyn jalkopäässä oleva Saraswati -jumalattaren kuva.

Senkin uhalla, että menen tarinan edelle, haluan kertoa eräästä tapauksesta. Eräänä kesänä jonkin aikaa sitten, Amman ollessa poissa kiertueellaan, hänelle rakennettiin kaunis, uusi huone meren-rannalle. Se oli suuri ja ilmava, sieltä oli valoisa näkymä Arabianmerelle, raikasta merituulta, pelkkää aaltojen kohinaa ja kunnollinen keittiö. Kun Amma sitten palasi kiertueeltaan, hän kieltäytyi astumasta jalallaankaan uuteen asuntoon ja sanoi, että hänen alkuperäinen huoneensa oli aivan hyvä. Se oli siinä. Amman asunto oli sama silloin kuin nytkin, tietenkin puhelimella varustettuna!

Nyt kiirehdin asioiden edelle. Illat Amman huoneessa olivat hiljaista aikaa. Tarjoilin Ammalle yksinkertaisen illallisen sillä aikaa kun hän luki postinsa ja kirjoitti vastaukset. Joinakin öinä Amma sai kuitenkin työnsä tehdyksi. Oli tavallista nähdä Amma lukemassa toisessa kädessään olevaa kirjettä ja joku samanaikaisesti lukemassa hänelle toista kirjettä. Jos joku tuli huoneeseen, lukija saattoi keskeyttää. Silloin Amma kysyi, miksi hän oli keskeyttänyt. "Minulla on kaksi korvaa, ei ole tarpeen keskeyttää." Ja se oli totta. Hänen mielensä saattoi olla täysin läsnä kussakin tehtävässä ja saattaa ne loppuun täydellisesti.

Silloin oli myös aikaa ratkaista ongelmia, siinä tapauksessa että asukkaat tarvitsivat neuvoja tai oikaisua. Ammalla oli "avointen ovien" käytäntö, mikä tarkoitti sitä, että hänen huoneistonsa ovi pidettiin auki. Saatoimme mennä sisään tarvittaessa milloin tahansa. Minua hämmästytti se, että oli päivä tai yö, Amma ei tarvinnut yksityisyyttä; hän antoi kaiken aikansa muille. Jos Amman jalkoja tai sääriä särki, saatoin hieroa niitä tai valmistaa ruokaa Ammalle. Nukkuminen ei ole sana, jota käyttäisin ilmaisemaan sitä mitä Amma teki käydessään makuulle. Hän pikemminkin lepuutti kehoaan muutaman tunnin ajan. Oli selvää, että hän oli senkin ajan tietoinen ympäröivistä tapahtumista, sillä monesti hän herätti meidät huolehtimaan jostakusta keskellä yötä paikalle saapuneesta vierailijasta tai henkilöstä, joka oli sairastunut ja tarvitsi apua.

RUOANLAITTOA AMMALLE

Kerran minua pyydettiin tekemään eräs ruokalaji Amman illallistarjottimelle. Henkilö, joka yleensä valmisti Amman ruoan, kehotti tekemään tietyn ruokalajin ja antoi siihen tarkat ohjeet. Kuitenkin sen sijaan että olisin toistanut mantraani keskeytymättä, muistan ajatelleeni:"Olen todella onnekas saadessani valmistaa tämän aterian. Amma tulee nauttimaan siitä todella paljon. Ehkäpä hän pyytää minua aina tekemään sen hänelle!"

Puhtaan mantran sijasta ruokaan meni puhdasta egoa. Illallinen tarjoiltiin, mutta minut kutsuttiin tekemään jotain muuta. Pettyneenä siitä, etten saanut tilaisuutta nähdä Amman nauttivan ruoastani, en arvannut mitä tulisi tapahtumaan seuraavaksi. Noin puolen tunnin kuluttua joku juoksi hakemaan minut. Minut kutsuttiin Amman huoneeseen, sillä hän tunsi olonsa hyvin sairaaksi. Päästyäni sinne, olin kauhuissani. Amma alkoi oksentaa rajusti kylpyhuoneessa ja halusi minun pitelevän häntä aloillaan. Minusta tuntui todella pahalta seistä siinä hänen vierellään auttamassa häntä, kaataa raikasta vettä lasiin ja antaa se hänelle, jotta hän voisi huuhdella suunsa ja antaa pyyhe oksentamisen viimein lakattua. Tiesin että sen täytyi johtua ruoasta, jonka olin valmistanut niin suurella egolla. Mikä katastrofi!

Munkit halusivat tietää miten olin valmistanut ruoan ja miksi olin antanut juuri tuota ruokaa, mitä yleensä ei pitäisi syödä iltaisin. Joten sen jälkeen kun Amma oli oksentanut sen ulos, istuimme kaikki koolle. Kerroin kaikille, mikä oli todellinen ongelma ruoan kanssa ja odotin Amman vastausta. Hän purskahti nauruun ja veti korvastani, tietenkin oikeasta, siitä mistä hän oli vetänyt sinä päivänä, jona olimme tavanneet. Hän kertoi kaikille, ei ainoastaan minulle, että meidän täytyy olla täydellisen valppaita kaikissa toimissamme. Mantra, jatkuvasti toistettuna, auttaisi meitä. Se puhdistaisi kaikki tekomme, jos toistamme sitä *sraddha*lla (usko ja tietoisuus).

Me kaikki kuuntelimme tarkkaavaisina, minä tietenkin eniten, sillä se todellakin oli minun opin hetkeni. Amma opetti tällä tavalla, lempeästi, ei nolatakseen yhtä henkilöä vaan varmistaakseen sen, että opetus meni perille. Ei vain yhden henkilön, vaan kaikkien hyödyksi. Vuosien kuluessa Amma jatkoi tähän tapaan. Monia moitteita on annettu, eikä aina ole ollut välittömästi selvää, miksi jokin tietty tilanne on aiheuttanut Ammassa voimakkaan reaktion. Olen pannut merkille, että Amman sävy on aina sen henkilön mukainen, kenelle opetus on tarkoitettu. Teräväkieliset henkilöt saivat pistäviä huomautuksia, luonteeltaan pehmeämmät saivat omansa sen mukaisesti. Jos toruminen vaikutti hämmentävältä, sain selville että itsetutkiskelulla tuli aina selväksi, minkä asian suhteen parannus oli tarpeen. Amman tehtävä oli vapauttaa meidät "minä"- ja "minun"-tunteesta, pikkumaisesta itsekkyydestämme. Yleisesti ottaen, minun tarvitsi päästä eroon tekijyyden tunteesta. Miksi minun pitäisi reagoida Ammalle. Enkö ollutkin tullut tänne löytääkseni todellisen vapauden?

LAMPPUJEN SYTYTYSTÄ

Eräänä toisena iltana bhajaneitten jälkeen muutamia yksityisautoja saapui hakemaan Amman ja ashramin asukkaat kotikäynnille Kollamiin. Erään Amman varhaisimman oppilaan kotitalo sijaitsi siellä, ja siellä pidettäisiin tilaisuus. Kello oli jo yhdeksän illalla ahtautuessamme autoihin; Amma ja tytöt taakse ja kaksi munkkia eteen. Muut autot täyttyivät lopuista asukkaista ja soittimista. Amman autossa takapenkillä oli melkoisen ahtaat oltavat. Pystyin kumartumaan eteenpäin ilman sen suurempia vaikeuksia, mikä antoi enemmän tilaa Ammalle sekä täydellisen näkymän siihen, mitä tapahtui seuraavaksi. Amma alkoi laulaa "Siva Siva Hara Hara", ja hitaasti alkaneen bhajanin tempo kiihtyi nopeaksi eikä loppua näkynyt…Amma nauroi ja huusi, ja me kaikki lauloimme sydämemme kyllyydestä. Auton ilmapiiri oli sanoinkuvaamattoman autuuden kyllästämä. En käsitä, miten kuski oikein selviytyi! Laulun päätyttyä olimme jo melkein Kollamissa. Amman mielentila oli nyt hyvin kiihtynyt ja eloisa. Hänen silmänsä olivat kuin tuliset kekäleet.

Kysyin Ammalta aina silloin tällöin tuntemastani voimakkaasta autuudentunteesta, jota olin tuntenut nyt laulaessani bhajania sydämeni pohjasta. Sitä tapahtui tietenkin vain joskus. "Onko se todellista autuutta?" Amma sanoi, että minun pitäisi yrittää kaventaa autuudenkokemusten aikaväliä. Kun aikavälit katoaisivat, jäljelle jäisi todellinen kokemus. Kollamiin saapuessamme oli tullut selväksi, että oli tiedossa erityislaatuinen ilta. Talo oli koristeltu Amman tuloa varten. Kuistia ympäröivät kukista punotut nauhat, ja suunnaton öljylamppu paloi kirkkaasti tulokäytävällä. Amma johdatettiin perheen pujahuoneeseen, mihin oli pinottu yltäkylläisesti hedelmävateja ja tuoksuvia jasmiininkukkia lähelle Amman istumapaikkaa. Kaikki munkit pakkautuivat sisään. Istuin aivan Amman takana kasvopyyhkeen ja viuhkan kera.

Jokainen valokuva monipuolisella alttarilla oli koristeltu kukkaseppelein; joku oli käyttänyt koko päivän valmistellakseen rukoushuoneen täydelliseksi. Mihin tahansa katsoikin, siellä oli jotakin kaunista. Keskellä hallitsi suuri valokuva Ammasta Devi Bhavassa. Amma aloitti sytyttämällä upouuden öljylampun pienellä kädessä pidettävällä lampulla, minkä hän oli sytyttänyt tulitikulla. Seuraavaksi lampusta sytytettiin joitakin kamferinpalasia ja Amma alkoi paljain sormin pistää niitä kellumaan veteen messinkisessä astiassa, kindissä. Kuinka hän oikein saattoi tehdä sen polttamatta sormiaan tai sammuttamatta tulta? Kamferin kieppuessa veden pinnalla Amma otti hyppysellisen pyhää tuhkaa ja ripotteli sitä veteen. Nyt palava kamferi sinkoili eri puolille Amman koko ajan katsellessa sen liikkeitä. Munkit olivat jo aloittaneet mantrojen lausumisen, ja jonkin ajan kuluttua Amma liittyi mukaan. En ollut kuullut kyseisiä mantroja ashramissa. Ne olivat erilaisia. Sanskriitinkielen tietämättömyyteni ansiosta niistä tuli yksinkertaisesti "kotikäyntimantroja."

Amma nosti kamferilla ja pyhällä tuhkalla siunaamansa suuren vesiastian. Hän piteli sitä lähellä kasvojaan ja hengitti veden pintaan ja hengitti sitten syvään sisään. Ainakin se siltä näytti minun näkökulmastani. Arati-lusikka sytytettiin, ja Amma heilutti liekkiä joidenkin pujakuvien edessä, mutta ei omansa. Hän otti kourallisen jasmiininkukkia, joiden seassa oli joitakin minulle tuntemattomia vaalean- ja kirkkaanpunaisia kukkia. Hän piteli niitä jonkin aikaan palavan kamferin yllä ja sitten heitti ne siunauksena kuvien päälle. Hän ripotteli oikealla kädellään pyhää vettä huoneeseen ja siellä olijoiden päälle. Amma alkoi laulaa:

Vedanta venalilute oro nadanta panthannalannal
ni tan tunaykkum avane enne Gitarttham ippozh evite?

Missä nyt on Gitan totuus
joka julistaa, että Sinä ohjaat
matkustajan perimmäiseen hiljaisuuteen
läpi kuuman, kuivan Vedanta-kauden?

Tuo laulu oli tunnelmaltaan vastakkainen autossa laulamallemme bhajanille. Saatoin tuntea laulun autuaallisuuden alkavan viedä minua mukanaan ja yritin tehdä kuten Amma oli kehottanut. Sulkea välit. Pysäyttää ajatukset ja pitää mielen yhdessä pisteessä. Sulautua jumalalliseen rakkauteen edes hetkeksi.

Jälkeenpäin perhe vei Amman suureen huoneeseen, missä hän saattoi antaa darshanin useille perheenjäsenille ja sukulaisille. Meille tarjoiltiin herkullinen ateria; se oli ensimmäinen monen ruokalajin intialainen ateriani, mutta ei kestänyt kauankaan kun jo kerjäsin heitä lopettamaan lautaseni täyttämisen. Kaikki nauroivat kun sanoin Malayalamiksi "madi", mikä tarkoittaa: riittää tai tarpeeksi.

Olimme olleet talossa noin tunnin ja päättelin, että palaisimme nyt ashramiin. Sen sijaan että olisimme menneet autoon, Amma viittoili minua seuraamaan häntä ja jatkoimme katua alas. Munkit saivat meidät kiinni juuri Amman kääntyessä seuraavalle talolle, minkä etuoven edessä paloi öljylamppu. Perhe oli odottamassa innokkaana ja Amma oli heidän pujahuoneessaan jo ennen kuin he olivat saaneet suoritettua rituaalisen jalkojenpesun. Samat tapahtumat toistuivat, paitsi että Amma lauloi eri laulun:

Kotannu koti varshangalayi satyame
tetunnu ninne manusyan

Oi Ikuinen Totuus, miljoonia ja taas miljoonia vuosia
Ihmiskunta on etsinyt sinua

Amma antoi darshanin perheelle ja heidän sukulaisilleen ja
söi sitten hiukan heidän tarjoamaansa ruokaa. Ovesta ulos ja
kohti seuraavaa taloa, missä lamppu oli sytytetty sisäänkäynnin
eteen. Tähän tapaan Amma jatkoi vielä seitsemään taloon, ja
minä kiiruhdin pysyäkseni perässä. Lähtiessämme viimeisestä
talosta vilkaisin kelloani. Se oli melkein kaksi aamulla. Taivas oli
kirkas, ja ilma raikkaan viileä. Mutta odota, tuossahan Amma
painalsi vastakkaiseen suuntaan, kuin mistä olimme tulleet.
Juoksin saadakseni hänet kiinni.

Hänen vauhtinsa kiihtyi ja esiin tuli kapea polku. Amma
kääntyi polulle, minä seuraten hänen takanaan. Hetken kulut-
tua tuli näkyviin erillinen katu. Sen varrella yöhön jatkui yli
tusina taloa, joiden eteen oli sytytetty öljylamput. Amman into
ei laantunut lainkaan. Hän oli ylitsevuotava rakkauden malja,
tuoden iloa joka ikiseen kotiin, johon oli sytytetty lamppu.
Hänen intonsa tuoda henkistä ravintoa jokaiselle, joka odotti
hänen tuloaan, oli rajaton. Palasimme takaisin ashramiin juuri
ennen auringonnousua.

AMMAN PERHE

Amman perhe oli monella tapaa antelias. Näin sen heti. He
toivottivat minut tervetulleeksi kotiinsa, antoivat minulle huo-
neen talostaan ja he auttoivat ashramia kaikella mitä heillä oli,
odottamatta mitään vastineeksi. Perhe oli joutunut kestämään
paljon, kun Amman jumalallisuus tuli yhä tunnetummaksi. Jo
kuusi henkistä etsijää, kolmelta eri mantereelta, oli saapunut

heidän ovelleen asuakseen Amman läheisyydessä! He olisivat voineet suhtautua siihen miten tahansa, mutta he olivat päättäneet ottaa vieraanvaraisen isäntäperheen roolin. Näiden vuosien kuluessa olen oppinut tuntemaan Amman äidin, isän, veljet ja siskot. On ollut ihmeellistä nähdä Amman sisarusten menevän kouluun, hankkivan tutkinnot, menevän naimisiin ja kasvattavan omat perheensä, aloittavan omat liikeyrityksensä ja saavuttavan menestystä omilla toimillaan.

Ei varmastikaan ole ollut helppoa sopeutua heidän omalla pihallaan sijaitsevan, Amman kasvavan järjestön vaatimuksiin. Yhä uudelleen ja uudelleen he luopuivat kodeistaan ja tonteistaan muuttaakseen kauemmaksi ja antaakseen tilaa jatkuvasti kasvavalle ihmisten virralle. Amman isä ja äiti, veljet ja siskot antoivat vapaaehtoisesti ja avokätisesti ashramin hyväksi, jotta se voisi kasvaa.

Useina iltoina heidät saattoi tavata nauttimassa viileästä ilmasta ja toistensa seurasta, rupattelemassa ja nauramassa kuten perheet tapaavat tehdä. He jakoivat kaiken meidän kanssamme, mukaan lukien oman talonsa, omaisuutensa, ruoan ja ruoanlaittoa varten tarvittavat polttopuut. Jos joku tuli keskellä yötä ja tarvitsi leposijaa, he tarjosivat aina kotinsa. Siinä missä jotkut perheet olisivat paheksuneet jatkuvia häiriöitä, he olivat vastakohta. He kokivat velvollisuudekseen toivottaa Amman seuraajat tervetulleiksi.

Vuosien kuluttua kaikki heidän antamansa omaisuus pistettiin Amman Amritapuriin perustaman sanjaasi-järjestön nimiin. Yksikään Amman perheen jäsenistä ei omista ashramin maata, vaikka he kaikki antoivat tonttinsa järjestölle ilmaiseksi, saamatta siitä paisaakaan. Kaikki Amman perustamat koulut, sairaalat ja instituutiot ovat Ashramin säätiön ja sen johtokunnan hallinnassa! Edes Amman oma nimi ei esiinny missään ashramin omistuskirjoista. Myöskään yksikään Amman perheen jäsen ei kuulu mihinkään johtokuntaan, se muodostuu vain sanjaaseista. Kuinka virkistävää tänä aikakautena! Ilmassa oli paljon jännitystä kun Amman sisarentyttären Durgan tuli aika mennä naimisiin toukokuussa 1999. Hän oli ensimmäinen Amman sisarusten tyttäristä, joka meni naimisiin. Perhe pyysi Ammalta luvan ottaa pankista lainan varmistaakseen, että kaikki kulut saataisiin katettua. Intiassa morsiamen perhe yhä maksaa hääkulut. Häät olivat monestakin syystä hyväenteinen tilaisuus; se oli merkki siitä, että Amman perhe kykeni kattamaan omat tarpeensa olematta millään tavalla ashramista riippuvainen.

Sugunanand Acchanille ja Damayanti Ammalle oli ylpeyden aihe, että kaikilla heidän lapsillaan ja näiden puolisoilla oli korkeakoulututkinnot ja että he olivat päässeet hyviin naimisiin ja kykenivät pitämään huolta omista perheistään keskellä kasvavaa ashram-yhteisöä. Ennen pitkää heillä kaikilla oli kovan työn ja omien kykyjensä ansiosta hallussaan menestyvät liikeyritykset, oli se sitten maidontuotantoa tai veneenrakennusta. He kutsuivat kaikki hääjuhliin ja tarjosivat intialaisen tavan mukaiset suuret, ikimuistettavat juhlat.

KRISHNA BHAVA DARSHAN

Eräänä aamuna annettiin yllättävä tiedotus. Sunnuntaina Amma antaisi Krishna Bhava darshanin! Tämä oli hyvin erityinen asia monille, sillä aikaisemmin Amma oli antanut sekä Devi- että Krishna Bhava- darshania samana iltana, mutta ei tehnyt sitä enää. Sana levisi nopeasti, ja sunnuntaina oli saapunut valtavasti väkeä odottamaan Krishna Bhavan alkua. Tunnelma Kalarissa oli hyvin erilainen. Krishna oli leikkisä ihmisten kanssa, ja Devi vakava. Krishna seisoi yhdellä jalalla, toinen jalka pienen

Kanva Ashram, Tirtham-allas

jakkaran päällä, hän ei istunut lainkaan. Ihmiset tulivat jonossa temppeliin ja ottivat vastaan prasadinsa seisten. Ammaa varten pidettiin kulhollinen banaanin palasia, joita hän syöttäisi jokaiselle darshaniin tulijalle. Bhajanit olivat myös erilaiset, pääasiassa Krishna bhajaneita, joista monet olivat sävyltään keveitä. Mennessäni tapani mukaan temppeliin meditoimaan, minusta ei tuntunut siltä, että haluaisin mennä darshaniin. Kuulostaa kamalan kummalliselta sanoa näin, mutta olin omistautunut yksinomaan Jumalalliselle Äidille.

Loppuillasta joku tuli kutsumaan minut darshaniin, sillä Amma tiesi etten ollut vielä mennyt. Sanoin kuitenkin, että sydämeni halusi vain Jumalallisen Äidin. Krishna Bhavan loppuessa Amma tuli temppelin ovelle hyvästelemään paikallaolijat, joista monet olivat jääneet sinne. Hän astui aivan temppelin oven ulkopuolelle ja alkoi tanssia käsivarret kohotettuina ja loistavasti hymyillen. Jopa Amman kasvot näyttivät erilaisilta sinä iltana, ne olivat poikamaiset ja kujeelliset! Bhajaneitten kiihtyessä tanssi jatkui. Kaduin päätöstäni olla menemättä darshaniin, mutta nyt oli liian myöhäistä. Olin ollut todellakin hölmö. Tietojeni mukaan se oli viimeinen Amman antama Krishna Bhava.

OMPELUTUNTI

Eräänä iltapäivänä ollessani Amman huoneessa hän päätti ruveta ompelemaan. Nurkassa oli ompelukone, jonka nostimme työn helpottamiseksi keskemmälle. Sitten Amma alkoi tehdä mielessään olleita korjauksia vaatteisiin. En ollut aikaisemmin nähnyt Ammaa ompelemassa ja olin viehättynyt työvaiheiden katselusta. Hän otti vaatteidensa säilytyskaapista muutaman hameen. Amman näppärät sormet alkoivat ratkoa helmoja purkuneulalla niin nopeasti, että tapahtumaa oli vaikea seurata.

Katsellen vaatetta hän asetti liukkaan kankaan paikalleen ompelukoneeseen ilman neuloja, jotka olisivat merkinneet korjauspaikat ja aloitti. Amma kykeni ompelemaan täydellisen suoria saumoja lyhyessä ajassa pitäen vaatetta sopivan tiukalla, syöttäen sitä hyppivän neulan alle ja samalla polkien konetta. Oli selvääkin selvempää, että hän oli taitava ompelija.

Saatuaan valmiiksi kaikki kolme hametta, hän asetti ne syrjään ja kysyi, pidinkö ompelemisesta. Sanoin kyllä, mutta etten ollut siinä kovin hyvä. Hän antoi minulle neulan ja lankarullan sekä hameen helmattavaksi. Yritin parhaani, mutta minulta menisi vähintään tunti työn tekemiseen. Ammalla ei vaikuttanut olevan kiire, ja hän katseli minua tarkkaavaisesti. Kääntäjän avulla hän sanoi, että neula maksoi vain muutaman paisan ja oli vähäpätöinen esine, mutta jos jättäisimme sen huolimattomasti lojumaan työn loputtua, joku saattaisi astua siihen. Ja siitä voisi kehkeytyä suuri ongelma. Vaikka jokin asia vaikuttaisi vähäpätöiseltä, meidän tulisi aina olla valppaita ja varovaisia. Muutoin pienestä asiasta saattaisi tulla suuri. Tässäkin Amma opetti minulle henkisyyden aakkosia, mutta pystyisinkö oppimaan.

PYHIINVAELLUS KANVA ASHRAMIIN

Niihin aikoihin ashramin kirjastonpitäjä oli länsimaalainen, jolla oli yhteyksiä kuuluisan Varkalassa, Keralassa sijaitsevan Kanva ashramin hoitajaan. Amma ehdotti, että me kaikki ashramin asukkaat menisimme sinne pyhiinvaellukselle. Siispä lastauduimme vuokrabussiin ja lähdimme matkaan. Ensimmäinen henkinen pyhiinvaellusmatkani Amman kanssa! Meille oli varattu huoneet; kaikki tytöt olisivat Amman kanssa ja loput jossakin muualla. Kerrankin oli onni olla tyttö! Sitten vihanneksia pilkkomaan ja hoitamaan muita pikkutehtäviä.

Myöhään iltapäivällä kokoonnuimme *tirtham* (pyhitetty vesi) altaalle. Amma oli pukeutunut kaulan taakaa kiedottuun vaatteeseen, hiukset kerättyinä päälaelle nutturaan. Tässä asussa hän toi aina mieleeni Shiva-jumalan. Hän näytti kerrassaan suloiselta. Istuimme pitkään kauniissa meditaatiossa. Ilmapiiri oli niin rauhallinen, että jopa apinatkin olivat hiljaa. Meditaation jälkeen, istuessamme tyynessä mielentilassa, jaettiin vähän välipalaa ja vesimaitoa. Ei ollut tarvetta puhua. Amma puhui vähän hiljaisella, matalalla äänellä mutta sitä ei käännetty. Eikä ollut tarvettakaan, sillä olin aivan tyytyväinen nauttiessani Amman äänensävystä, ja hämärän saapuessa häntä ympäröivästä pehmeästä hohteesta. Muistan meidän laulaneen bhajaneita ja sen jälkeen syöneen yksinkertaisen kanji-illallisen ennen yöpuulle menoa. Ennen aamunkoittoa kello herätti meidät archanaan. Amma oli makuulla, mutta ei näyttänyt nukkuvan. Lähtöni ulos rukoukseen ei vaikuttanut häiritsevän häntä, mutta olin joka tapauksessa hiirenhiljaa.

Päivä kului samaan tapaan kuin edellinenkin. Oli paljon tilaisuuksia meditoida, lukea vedantaa, kirjoittaa päiväkirjaa, auttaa vihannesten valmistuksessa ja pestä pyykkiä. Mutta iltapäivällä tapahtui jotain hienoa. Amma kutsui meidät uimaan. Siis me kolme ja Amma. Lähistöllä oleva suuri vesiallas olisi uintipaikkamme. Niinä päivinä meillä ei ollut uimamekkoja, joten käytimme alushameitamme toisen olkapään yli sidottuina. Ammalla oli alusmekko, mikä oli paljon kätevämpi. Menimme veteen varoen sekoittamasta altaan pohjalla olevaa vettä. Se oli syvä, joten meidän piti polkea vettä ja sitten uida vähän mukana matkaa antaaksemme mahdollisimman paljon tilaa Ammalle tehdä sitä, minkä hän koki rentouttavaksi: kellua täydessä lootusasennossa katsellen taivasta. Jonkin ajan kuluttua Amma halusi, että uisimme ympyrässä kädet toistemme käsissä, mikä

oli todella vaikeaa. Mutta hän halusi meidän tekevän sen. Hän toisti koko ajan "Minun kolme joutsentani, Amman kolme valkoista joutsenta! " Minulle se oli kaunis sisaruuden hetki. Sitten Amman mieliala muuttui äkisti ja hän käski meidät pois vedestä. Hän oli ehdoton, joten uimme takaisin altaan reunalle ja kiipesimme kömpelösti ulos sieltä. Meitä puistatti se mitä näimme katsoessamme taaksepäin. Mikä näky: joukko käärmeitä ui meidän suuntaamme - useita! Näytti siltä, että koko pesällinen niitä oli tulossa syömään Amman joutsenet. Puistelimme päätämme; jälleen kerran Amma oli pelastanut meidät!

PYHIINVAELLUSMATKA KANYA KUMARIIN

Viisumini oli loppumassa kuukauden sisällä, ja rahaa oli jäljellä enää vähän. Niinpä kirjoitin isoisälleni ja kysyin lähettäisikö hän minulle jonkin verran rahaa. Hän oli aina ollut minun suhteeni antelias, ja jo viikon sisällä saapui 300 dollaria. Siihen mennessä ajatukseni rahasta oli muuttunut. En oikeastaan tarvinnut sitä, oli parempi antaa se Ammalle, jotta ashram voisi ostaa tiiliskiviä pientä, kalarin alle rakenteilla olevaa meditaatioluolaa varten. Mutta kun Amma kuuli ideastani, hän ehdotti että me kaikki menisimme toiselle pyhiinvaellusretkelle, tällä kertaa ne kaikki ashramin asukkaat ja Amman seuraajat, jotka mahtuisivat oikean kokoiseen kiertuebussiin. Päämääränä: Kanya Kumari!

Sana kiiri Amman kutsusta, ja muutaman päivän kuluttua nousimme kohti etelää menevään bussiin. Välipalaa varten oli hankittu vähän ruokaa: Amman seuraajien antamia ruokapaketteja, jotka sisälsivät jugurttiriisiä ja mangopikkelsiä. Suuria patoja oli myös mukana, jotta voisimme matkan aikana valmistaa yksinkertaista ruokaa. Amma oli hyvin käytännöllinen, hän pystyi tekemään kaikkein yksinkertaisimmat ja arkisimmatkin asiat

61

Amma ja Mayi Amma

hauskoiksi. Matkalla rannikkoa alas pysähdyimme ja kiipesimme ylös kuuluisaa vuorenrinteellä kulkevaa Maruthamalai-reittiä pitkin korkealle kallionkielekkeelle. Sieltä avautuisi näköala länsirannikolla sijaitsevalle sinisenä jalokivenä kimaltavalle Arabianmerelle. Kiipesimme usean tunnin ajan, toisinaan kompuroiden yli suurten kivenlohkareiden. Huipulle vievä polku oli jyrkkä ja kivinen, täynnä kuivaa pensaikkoa. Amma kiipesi koko matkan paljain jaloin!

Osa miehistä kantoi päänsä päällä huipulla tarjottavaksi tarkoitettuja isoja, metallisia keksirasioita ja välipalaruokia. Oli uskomatonta, miten he kykenivät kulkemaan polkua pitkin lasteineen, mutta he näyttivät onnellisilta saatuaan tällaisen erityistehtävän. Kun viimein pääsimme jyrkänteen huipulle, näköala oli hyvinkin vaivan arvoinen. Oli henkeäsalpaavaa nähdä niin paljon rantaviivaa, kuvankaunis laakso sen alapuolella, ja maisemasta selkeästi erottuvia temppeleitä. Eräs tämä kalliovuoren erityispiirre olivat luolat. Yksi niistä oli aivan lähellä paikkaa, mistä olimme tulleet. Siinä oli pieni puinen, suurella riippulukolla varustettu ovi. Olin aivan Amman vieressä pidellen tapani mukaan viuhkaa ja kasvopyyhettä.

Silloin Amma teki uskomattoman tempun. En tiedä näkikö sitä tai katsoiko kukaan kun Amman käsi tuli esiin ja pyyhkäisi mikrosekunnin ajan lukkoa. Sitten hän kääntyi ympäri sanomaan eräälle henkilölle: "Poikani, voitko yrittää avata lukon?" Hänen koskettaessaan sitä lukko avautui aivan kuin asukas olisi unohtanut lukita sen kunnolla. Hieroin silmiäni. Olinko kuvitellut Amman eleen? En ehtinyt miettiä kauan, sillä Amma oli jo mennyt luolaan sisälle ja valmistautui bhajaneihin ja pikaiseen meditaatioon. Makuurullasta, henkisistä kirjoista ja pienestä, yksinkertaisen meditaatio- ja puja-alttarin vierellä pidetystä kirjoituspöydästä päätellen kävi selväksi, että luola oli asutettu. Jollain tavalla kaikki sopivat sisään, vaikka meitä olikin liian monta ahtautuneena niin pieneen paikkaan.

Amma lauloi "Mano Buddhyahamkara" ja istui sitten hiljaa jonkin aikaa kuten me muutkin. Joku toi kukkia ja vettä Ammalle, en tiedä mistä, ehkäpä ne olivat jo luolassa. Munkit lausuivat mantroja, ja Amma siunasi alttarin heittämällä sille kukan terälehtiä ja pirskottelemalla pyhitettyä vettä ympäriinsä. Lähdimme luolasta, ja Amma pyysi varmistamaan, että ovi oli lukittu kunnolla. Olisi ollut hienoa nähdä luolan asukkaan kasvot hänen palatessaan kotiin ja nähdessään, että hänelle oli tehty "kotikäynti".

Päästyämme Kanya Kumariin Amma lähetti jotkut meistä keikkuvalla lautalla samalle kalliolle, jolle Swami Vivekananda oli uinut sata vuotta aikaisemmin. Täällä hän oli saanut näyn Jumalallisesta Äidistä, jonka kalliosta kohonnut jalanjälki on nähtävissä yhä tänäkin päivänä. Mahatma Gandhin, kuten monien muidenkin tuhkat, on siroteltu tänne Äiti Intian jalkojen juureen, "kolmen meren" yhtymäkohtaan. On olemassa vahva uskomus, että Jumalallinen Äiti on aina muodossa tai toisessa läsnä Intian kärjessä, vaikkakin häntä on joskus vaikea tunnistaa. Mayi Amma, siihen aikaan elävä legenda, eli siellä. Hänen uskottiin olevan tuo sielu.

Mayi Amma oli hyvin, hyvin vanha. Kukaan ei voinut sanoa täsmälleen minkä ikäinen hän oli. Paikalliset kalastajat olivat löytäneet hänet verkoistaan eräänä iltapäivänä joitakin vuosia aikaisemmin. He olivat pitäneet häntä kuolleena, mutta kun hänet oli tuotu rannalle, hän heräsi eloon ja käveli pois. Hänellä oli seuralaisenaan lauma koiria, jotka olivat aina valppaina hänen pitäessään tunti- ja päiväkausia yllä tulta Intian kärjessä. Hän puhui harvoin ja asui yhden huoneen mökissä rannalla ilman mitään erityistä toimeentuloa. Joskus hänet nähtiin uimassa vellovassa meressä kaukaiselle kalliolle ja makaavan siellä auringonpaahteessa tuntikausia.

Amma halusi mennä vierailulle, joten kävelimme lyhyen matkan hänen majalleen. Juuri ennen sisään menoamme joku pisti kameran käteeni ja sanoi: "Ota kuva". Minulla ei ollut juuri kuvaajanlahjoja enkä halunnut ottaa kuvia, mutta käsky oli niin vaativa, että menin sisään ja hain parasta kuvakulmaa. Huone oli siisti ja yksinkertainen. Mayi Amma ei ollut vanha, hän oli ikivanha. Hänen ihonsa oli tummaa, rypistynyttä nahkaa. Hän lepäsi tuolissa jalat ojennettuina tuoliin tätä tarkoitusta varten asetetuilla lankuilla. Hän oli pukeutunut kalastajanaisen asuun: vain yksinkertainen vaate kiedottuna hameeksi ja huivi ylävartalon verhona. Hänen valkoiset hiuksensa olivat siististi kammatut. Hänen päälaellaan oli yksi jasmiininkukka. Ajattelin itsekseni, että kuinka se oikein pysyi siellä?

Amma istui sängylle Mayi Amman tuolin viereen; hän oli hyvin erikoisessa mielentilassa. Seisoimme kaikki hiljaa eri puolilla huonetta katsellen tilannetta. Meitä oli kuudesta kahdeksaan henkilöä. Olin jäykistynyt asentoon Mayi Amman oikealle puolelle, Ammaa vastapäätä, kamera kömpelösti kädessäni. Miten maailmassa, minulla olisi "pokkaa" ottaa kuva ja häiritä niin täydellistä hetkeä? Siispä seisoin siinä kuin pylväs. Jonkin aikaa kului, Ammasta hehkui himmeää sinistä valoa, hänen kasvoillaan oli minulle ennennäkemätön hymy. "Kuka ihmeessä tämä vanha nainen oikein on?" Juuri kun tämä ajatus oli mennyt, Mayi Amma kääntyi ja katsoi suoraan silmiini. Aivan selvästi hän oli lukenut ajatukseni! Henkeni salpaantui, kohtasin hänen katseensa. Miten uskomattoman kirkkaat ja kauniit silmät! Näin hänen sinisissä silmissään meren. Ne olivat kuin laaja, vellova, liikkuva meri.

Sillä hetkellä aika pysähtyi ja tunsin hänen siunauksellisen darshaninsa pyyhkäisevän ylitseni. Hän käänsi katseensa ikuisuudelta tuntuvan hetken kuluttua, vaikka se oli ehkä ollut vain pieni hetki. Silloin tein sen. Nappasin kuvan sen enempää ajattelematta. Hän ei vaikuttanut välittävän tai huomaavan. Sitten otin vielä yhden kuvan hänestä Amman kanssa, heidän katsoessa toisiaan.

LAPSEN PARANTAMINEN

Kertoakseni teille tarinan voimakkaasta parantumiskokemuksesta, jonka sain Ammalta juuri ennen lähtöä, minun pitää ensin kertoa teille vaikeasta varhaislapsuudestani. Synnyin Chicagossa nuorille vanhemmille. Äitini oli jättänyt opiskelunsa Northwestern Universityssä mennäkseen naimisiin isäni eli opiskeluystävänsä kanssa. Hän oli suosittu yläluokkainen mies ja rugbyn pelaaja. Pian syntymäni jälkeen muutimme Washington DC:hen, jotta isäni voisi työskennellä Washington Post-lehden toimittajana. Hän hylkäsi äitini ennen kuin olin täyttänyt neljä vuotta. Äitini piti järjestää elämänsä nopeasti uudelleen, sillä hänellä ei ollut DC:n alueella perhettä eikä taloudellista tukea. Muutimme takaisin Pittsburgiin asumaan isovanhempiemme luo.

Oli vuosi 1963 ja tuolloin avioeroa vielä paheksuttiin. Asuimme hiljaisella ja rauhallisella esikaupunkialueella kuutisen perhettä lähinaapureinamme. Ne olivat vanhoillisia perheitä. Äidilleni on täytynyt siinä tilanteessa olla vaikeaa sopeutua joukkoon tai saada ystäviä. Muistan erään itsenäisyyspäivän. Kaikki naapuruston lapset olivat koristelleet polkupyöränsä, jotta voisimme pitää itsenäisyyspäivän kulkueen kadullamme ja osallistua sen jälkeen järjestettävälle piknikille. Käytin koko aamun pyöräni valmisteluun, mutta kun lähdön hetki koitti, en löytänyt äitiä joukosta. Juoksin takaisin isovanhempieni taloon hakemaan hänet. Hän sanoi, ettei jostakin käsittämättömästä syystä voinut tulla paraatiin. Juoksin takaisin ja yritin ottaa muut kiinni. Vasta vuosien kuluttua minulle valkeni, ettei äitini ollut tervetullut tai kokenut oloaan mukavaksi muiden perheiden joukossa. Meidän perheemme oli ilman isää "erilainen", ja se teki minusta herkästi haavoittuvan.

Se tuo minut takaisin varsinaiseen tarinaani. Lapset tapasivat aina leikkiä isovanhempieni talon takana olevassa metsikössä tai jonkun takapihalla. Se oli turvallinen naapurusto, sillä kaikki tunsivat toisensa. Erään perheen takapihalla oli pieni leikkimökki, missä monet päivät ja illat kuluivat hauskanpidossa. Vaikka olinkin vasta viisivuotias, minulla oli lupa leikkiä ulkona kunhan tulisin illalliseksi kotiin. Eräänä iltapäivänä mennessäni ulos leikkimään, muut lapset eivät olleet vielä tulleet paikalle. Ehkä he olivat päiväunilla tai kaupungilla perheidensä kanssa. Huomioin leikkimökille mennessäni pari minulle tuntematonta isompaa poikaa. Leikin tyytyväisenä hiekassa odotellessani muita lapsia saapuvaksi. Chuckie K. oli minua hiukan nuorempi ja hänen veljensä C. oli vanhempi. Hänen on täytynyt olla teini-iässä, sillä hän ei koskaan leikkinyt lasten kanssa. He tulivat molemmat takapihalle, ja C. alkoi puhua muille isommille pojille, jotka osoittelivat minua. He tulivat luokseni ja sanoivat aikovansa leikkiä mökissä, miksen tulisi mukaan? Tietysti menin mukaan, mehän leikimme siellä kaiken aikaa.

Tästä oli kuitenkin leikki kaukana. Heti sisään mentyämme ovi suljettiin. Kaksi minulle tuntematonta poikaa olivat myös siellä. He nauroivat ja tönivät toisiaan kovakouraisesti. Toinen heistä alkoi komentaa minua. Aloin itkeä, mutta he kaatoivat minut lattialle. Sitten he tekivät sellaista, mitä ei koskaan pitäisi tehdä kenellekään. Olin kauhuissani, itkin ja huusin. Lopuksi he juoksivat ulos ja jättivät minut itkemään. Pääsin kotiin mutta olin täysin sekaisin. Isoäitini kotiapulainen Mary Abloff oli silittämässä tullessani kotiin. Hän katsoi minua ja tiesi heti että jotakin oli tapahtunut. Hän siisti minut sanomatta sanaakaan. Kun isoäitini palasi kotiin, hän oli vihainen siitä, että olin kadottanut hattuni.

"Missä se on?" "En tiedä. Ehkä se on leikkimökissä", änkytin. "Mene etsimään se, se on aivan uusi!" hän sanoi. Aloin jälleen itkeä. Kotiapulainen sanoi, että hän tulisi mukaani etsimään hattua kanssani. Hän otti minua kädestä ja vei minut sinne hiljaa. Hattuni oli leikkimökissä, ketään muita ei ollut siellä. Olin niin traumatisoitunut, etten sanonut sanaakaan. Minulta kesti vuosia edes kunnolla muistaa tapaus, ja nuorena naisena yrittää ymmärtää tapahtunutta. Sanoisin, että Amma lopulta paransi sydämeni tämän hyökkäyksen jäljiltä. Eräs syvällisimmistä hetkistä hänen kanssaan on ollut se kun hän kertoi tapahtuneesta minulle. Oli nimittäin niin, etten ollut ikinä kertonut siitä kenellekään. En edes omalle äidilleni.

Viisumini oli loppunut, ja minun piti lähteä takaisin USA:han. Ennen lähtöäni Amma oli kutsunut minut vierelleen Kalariin istumaan. Amma sanoi pojista, jotka olivat satuttaneet minua pikkutyttönä, että he olivat tehneet jotain hyvin väärää ja että he olivat myös kärsineet siitä. Hän sanoi, että heille pitäisi kuitenkin antaa anteeksi. Menneisyys on mitätöity shekki, muuten menneisyyden tapahtumat raunioittavat mielemme, ne vetävät meitä alaspäin ja tuhoavat meidät.

Kuuntelin käännöstä häkeltyneenä. Nyökytin päätäni myöntävästi, sillä tiesin, että se mitä Amma sanoi, oli täysin totta. Sinä hetkenä ymmärsin täydellisesti myös sen, että Amma tietää meistä kaiken mutta paljastaa sen vain, jos se on ehdotto-masti tarpeen. Kuten spitaalisen parantamisessa, Amma ei ollut kiinnostunut ottamaan itselleen kunniaa mistään tekemästään tai mistään voimista mitä hänellä saattoi olla. Ammassa ei ole egon tai itsekkyyden häivääkään. Ei edes nanohiukkasen vertaa. Jos hän tekee jotakin, hänellä on siihen hyvä syy. Kosminen syy. Hän on täynnä puhdasta armoa.

Hän piteli minua sylissään pitkän aikaa ja silitti selkääni kädellään. Minulla viisivuotiaasta saakka ollut elävä muistikuva tuli vahvasti mieleeni, kuten se oli tullut lukemattomia kertoja aiemmin, mutta ensimmäistä kertaa en joutunut paniikkiin. Mielikuvat, huudot ja häpeä, nousivat pintaan ja haihtuivat. Tiesin, että oli Amman sankalpa (jumalallinen päätös), että olisin vihdoin vapaa. Rentouduin ja antauduin hänen syleilyynsä ja annoin itseni parantua. Painajainen oli ohi.

Jälleen kerran: kuka voi tehdä sellaista? Kenellä on sel-lainen kyky pelastaa? Kuka voi niin ehdottomasti selvittää elämämme tapahtumat ja päästää meidät vapaiksi? Kuten spitaalisen tapauksessa, puhdas rakkaus ylitti kaikki biologiset esteet vaurioituneen kudoksen korjautumiselle. Me uteliaat sivustakatsojat olemme ihmeissämme. Amma ei halua mai-netta tai kunniaa. Raiskaukseni suhteen puhdas, parantava armo toimi välittömästi, mutta jumalallinen rakkaus kulki sen edellä. Mahdottomasta tulee mahdollista jumalallisen rakkauden jalanjäljissä. Kuka voi välittää sen? Epäröimättä voin sanoa: vain Jumala. Amman elämässä olen nähnyt sitä niin paljon.

Eräs Intian henkisen perinteen inspiroivimmista puolista on se, että sen mukaan Jumala voi ilmetä ihmiskehossa antaakseen lohdutusta ja johdatusta itkeville ja kärsiville. Sanskritinkielessä on ilmiötä kuvaava, oma sana *avatar*. Miksi Jumalan pitäisi

jäädä taivaaseen ja hallita ihmisten elämää kaukaiselta valtais-
tuimelta? Rakastan ajatusta siitä, että Jumala voi tulla maan
päälle ja elää keskuudessamme ihmiskehossa. Sydämessäni koen
siinä olevan järkeä.

3. LUKU

Kärsimätöntä odottamista

San Fransiscoon paluu oli todella vaikeaa. Vaikka oli kulunut vain puoli vuotta, kulttuurishokki oli voimakas. Noiden ihmeellisten kuukausien aikana kaikki oli muuttunut. Nyt Amerikka tuntui vieraalta maalta. Intian suurlähetystö San Franciscossa hyväksyi anomukseni pitkäaikaista oleskeluviisumia varten, mutta antoi vain epämääräisiä vastauksia siihen, miten kauan viisumin saanti kestäisi. Paperit lähetettäisiin Delhiin, mistä ne sitten lähetettäisiin Keralaan vahvistettaviksi. Ei, he eivät osanneet sanoa milloin ne tulisivat takaisin. Ei, he eivät halunneet pitää passiani, se pitäisi lähettää heille takaisin sitten kun viisumi olisi hyväksytty. Älä varaa vielä lentolippua. Älä soita meille, me soitamme sinulle.

Palasin takaisin Uuteen Meksikoon. Viikon sisällä olin löytänyt halvan asunnon ja töitä ravintolan kokkina. Tehdessäni kaunista alttaria meditaatiota varten ja asettaessani patjaa lattialle nukkumista varten, Amman läsnäolo tuntui voimakkaalta. Tuntui siltä, että kaikki tulisi olemaan hyvin. Päätin käyttää aikani täällä parhaalla mahdollisella tavalla hyväkseni. Amma oli vakuuttanut, että hän olisi aina kanssani. Voisin ainakin tehdä henkiset harjoitukset parhaani mukaan.

Eräs asia, joka oli tapahtunut noin viikko sen jälkeen, kun olin tavannut Amman, auttoi minua. Olin kuullut eräältä toiselta ashramin asukkaalta, että Guru voi antaa mantravihkimyksen, mitä kutsutaan mantra dikshaksi. En ollut varma omasta mantrastani, koska olin saanut sen Colorado-joella!

71

Kysyin siis Ammalta eräänä aamuna, voisiko hän antaa minulle mantran. En kertonut, että olin jo saanut sellaisen välikäden kautta. Amma myhäili hetken, kun kysymystäni käännettiin ja sanoi "Mutta olethan jo saanut mantran Ammalta, eikö vain?" Amma oli aina kaikesta tietoinen! Tällaisia tilanteita sattuu Amman läheisyydessä koko ajan, ja jossakin vaiheessa alkaa tuntua naurettavalta aina sanoa: "Mikä sattuma!" Parempi vain hyväksyä Amman kaikkitietävyys.

Tämän ja muiden samankaltaisten tapahtumien muistot pitivät uskoani yllä sillä aikaa kun odotin viisumiani. Lisäksi tarvitsin rahaa paluumatkaani varten. Ilmoittauduin jokaiseen ylimääräiseen vuoroon ravintolassa ja jokaiseen tarjottuun koulutukseen, jotta voisin parantaa taitojani ja saada palkankorotuksen. Me kaikki tiedämme, että ravintolan kokkina työskentelyyn kuuluu pitkiä työpäiviä ja raskasta työtä alhaisella palkalla. Kuitenkin työskentelemällä vähintään 40 tuntia viikossa voisin ansaita aivan kelvollisen summan. Olisin voinut muuttaa takaisin kaupunkiin ja saada yliopistokoulutustani vastaavaa työtä. Silti halusin olla kuin lintu oksalla: valmiina lentoon heti kun viisumini olisi valmis. En halunnut joutua kaupunkielämän ja uraputken pauloihin. Päätavoitteenani oli tienata tarpeeksi rahaa palataksei Amman luo, ja sillä välin viettää aikaa Uuden Meksikon vehreässä luonnossa. Tietysti kerroin kaikille ystävilleni, että olin tavannut Jumalallisen Äidin, ja kaikista ihmeellisistä viimeisen vuoden aikana tapahtuneista asioista. En oikeastaan välittänyt siitä, mitä he ajattelivat kokemuksistani. Uskoni Ammaan oli nyt vahva, enkä välittänyt mitä muut minusta ajattelivat.

Taosissa, Uudessa Meksikossa on Ram Dasin ja Neem Karoli Baban seuraajien perustama kaunis Hanuman-temppeli. Saatoin mennä sinne ja viettää siellä aikaa muiden rakkauden tien seuraajien kanssa. He lauloivat kirtaneita (antaumuksellisia lauluja) ja Hanuman Chalisaa kauniisti. Temppelistä tuli paikka missä saatoin olla rauhassa ja rentoutua. Ajattelin miten ihanaa olisi, jos Ammalla olisi tällainen paikka myös Yhdysvalloissa.

Ensimmäisen palkkashekkini saapuessa olin jo päättänyt, mitä sillä tekisin. Pyysin välittömästi pankkivirkailijaa kirjoittamaan M.A. Missiolle 1008 dollarin shekin. Postissa kirjoitin Amman osoitteen kirjekuoreen vähän vapisevalla kädellä. Pääsisikö se perille ashramiin, ilman että se varastettaisiin? Siinä oli melkein kaikki, mitä oli tililläni. Se oli lentolippuni takaisin, mutta vuokrani oli maksettu, komerossa oli varastossa vähän ruokaa ja olin päättänyt lahjoittaa ensimmäisen palkkani. Se, että voisin auttaa ashramia jollakin tavalla, lohduttaisi minua suuresti odottaessani. Maksoin vähän ylimääräistä kirjeen kirjauksesta ja annoin sen postitettavaksi. Lähtiessäni postista hilpeyden tunne täytti sydämeni. Viikkoa myöhemmin tapahtui mitä kummallisin asia. Sain kirjatun kirjeen isoisältäni! Hän kirjoitti, että sen jälkeen kun olin palannut Intiasta, olin ollut hänen mielessään ja hän oli ajatellut, että päästäkseni alkuun minulla voisi olla tarvetta ylimääräiselle rahalle. Kuoressa oli tuhannen dollarin shekki.

Näin aika mateli eteenpäin. Joka kuukausi otin yhteyttä Intian suurlähetystöön. Jokaisella kerralla sain kuulla, että hakemukseni oli vireillä. Lentolippua varten säästämäni rahat olivat tallessa, ja minulla oli enemmän kuin tarpeeksi elämiseen. Ashramin sihteeri oli kirjoittanut minulle, että lahjoitukseni oli otettu vastaan. Hän lisäsi kuitenkin, ettei Amma halunnut minun tekevän sitä uudelleen. Hän halusi minun tallettavan rahat tililleni. Hän sanoi, että saatan tarvita niitä ja että palaisin pian, ja silloin voisin pitää huolta odottamattomista kustannuksista. Ottaen huomioon ashramin niukat varat oli liikuttavaa, että Amma oli huolissaan hyvinvoinnistani Yhdysvalloissa, missä olin etäällä omasta perheestäni. Oli selvää, ettei hän ollut kiinnostunut rahasta. Siispä avasin pankkitilin ylimääräisiä säästöjä varten.

Oli kulunut puoli vuotta ja kärsimättömyyteni kasvoi. Sadhanani ei tuntunut samalta kuin Amman läheisyydessä ja tuntui siltä, että maailma kulutti minua. Minulla oli paljon merkittäviä unia Ammasta: yhdessä hieroin hänen jalkojaan, toisessa sain pitkän darshanin, uimme yhdessä joessa, mutta se ei riittänyt. Sydämeni oli täynnä kaipausta. Sitten Amma kirjoitti minulle. Hän kannusti minua tulemaan takaisin, vaikka vain turistiviisumilla. Paketin sisällä oli yksi hänen pellavaisista kasvopyyhkeistään. Hänen pyyhkeensä pitely toi mieleeni muistojen tulvan. Aloin miettiä, mitä tapahtuisi jos vetäisin pois kuukausia odottamani pitkäaikaisen viisumiha-kemuksen. Intian lähetystö ei sallinut molempia; jos hakisin turistiviisumia, se olisi aikaisemman hakemukseni loppu. Olin kahden vaiheilla. Amma oli hyvin selkeä siitä, mutta ajatus Yhdysvaltoihin paluusta toisen puolen vuoden "vierailun" jälkeen tuntui sietämättömältä. Käydessäni läpi vaihtoehtoja tapahtui jotakin sellaista, joka teki kaiken täydellisen selväksi.

VIOLETTI LUUMUKASTIKE

Eräänä iltapäivänä valmistin ravintolassa luumukastiketta illallista varten. Kastike tehtiin tuoreista hedelmistä, ja sitä piti keittää yli tunti kunnes se paksuuntui. Sitten kirkkaan violetti kastike sekoitettiin tehosekoittimessa, kunnes siitä tulisi täydellisen kermaista. Käyttäessäni tehosekoitinta sen kansi lensi pois, ja kiehuvan kuumaa kastiketta roiskui naamalleni. Kaaduin lattialle kuuman kastikkeen polttaessa kasvojani. Työtoverini kiirehtivät auttamaan minua. He näkivät heti, että tilanne oli vakava. He tekivät suuren jääpussin ja pitivät sitä kasvoillani. Ambulanssi kutsuttiin paikalle, ja minut vietiin välittömästi sairaalaan. Ensiapuun päästyäni olin jo shokissa. Työtoverini oli tullut mukaani, mikä oli hyvä, koska en voinut edes puhua kunnolla. Kipu oli sietämätön.

Samalla kun he poistivat jääpussia varovasti, työtoverini selitti ensiapuosaston lääkärille, mitä oli tapahtunut. Saatoin nähdä ystäväni kasvoista ja lääkärin vakavasta ilmeestä, että tilanne oli paha. Minulle määrättiin morfiinia ja kuljetettiin tutkimushuoneeseen. Paikalle kutsuttiin erikoislääkäri. Minut tutkittuaan hän sanoi, että suuressa osassa kasvojani oli kolmannen asteen palovammoja, mutta että kuin ihmeen kautta silmäni eivät olleet palaneet, joten näkökykyni pelastui. Hän sanoi, että selviäisin kyllä mutta että tulisin todennäköisesti tarvitsemaan plastiikkakirurgiaa ja että oli olemassa todellinen tulehdusvaara. Seuraavan viikon ajan minua hoidettaisiin varovaisesti komplikaatioiden varalta. Hän tulisi katsomaan minua jälleen viikon kuluttua ja pääsisin sitten kotiin.

Tämä asioiden uusi käänne tyrmäsi minut. Kuinka arvokas onkaan elämän jokainen hetki, jokainen terve hetki! Kuinka paljoa olinkaan pitänyt itsestään selvänä. Nyt toiveiden kariuduttua vaikeuteni päättää turistiviisumista tuntui ylellisyydeltä. Purin hampaitani, jotten olisi itkenyt. Kyyneleet eivät auttaisi palovammoihini, ja minun pitäisi olla hengessäni vahva, vaikka mikä olisi. Muistutin itseäni siitä, että asiat olisivat voineet olla pahemminkin. Kaikkitietävä Amma ei olisi sattumalta lähettänyt minulle kasvopyyhettä ennen onnettomuutta!

Kotiin päästyäni poistin siteet varovasti. Välttäen peiliin katsomista asetin Amman kauniin ja täydellisen kasvopyyhkeen palaneille kasvoilleni. Pää kohotettuna tyynyjen päälle nukahdin Amman mantra huulillani ja kiihkeä rukous sydämessäni pelastumisekseni. Viikko kului kuin sumussa. Lääkäri oli antanut minulle jonkinlaista erityistä voidetta palovammoihin, mutta tuntui kauhealta hieroa sitä haavoihin. Oli itse asiassa vaikeaa käyttää sitä, koska se oli liian paksua ja sen hierominen kasvoihin oli erittäin kivuliasta.

Käytin siis viilentävää kasvopyyhettä ja odotin seuraavaa lääkärillä käyntiä. Olin päättänyt pitää mielentilani vakaana koko ajan. Saavuttaakseni sen ajattelin niin vähän kuin mahdollista, toistin jatkuvasti mantraani enkä katsonut peiliin.

LAUKATEN ELÄMÄÄN

Siinä käännekohdassa elämäni lähti liikkeelle kuin hevonen, joka laukkaa talliin auringon laskiessa. Lääkärin vastaanotto alkoi hänen kysyessään olinko sama henkilö, jonka hän oli nähnyt ensiapuosastolla viikko sitten. Ymmärtämättä hänen kysymystään nyökkäsin pääni myöntävästi. Hän istui alas ja veti tuoliaan lähemmäksi tutkiakseen kasvojani. "Kuinka tämä on mahdollista? En ole koskaan nähnyt tällaista toipumista! Mitä oikein olet tehnyt?" En voinut oikein selittää tilannetta mutta sanoin, että oli hyvin vaikeaa käyttää voidetta, joten olin vain hänen ohjeidensa mukaan pitänyt haavan puhtaana. Olin jättänyt palohaavan paljaaksi ja pitänyt sen päällä pellavaliinaa, siinä kaikki. Hän katsoi minua täysin epäuskoisesti, mutta mitä hän olisi voinut sanoa? Hän lopetti tutkimuksensa ja selitti, että tulevaisuudessa iho kyseisellä alueella tulisi aina olemaan herkkä auringolle. Ajan mittaan se saattaisi myös punehtua, sillä kaikki hiussuonet uusiutuisivat nyt aikuisiällä ja ne tulisivat näkyvämmiksi. Hän sanoi, että olin erittäin onnekas nuori nainen. Hänellä ei ollut aavistustakaan siitä, miten siunattu todella olin!

Silloin asia oli päätetty. Palattuani asuntooni soitin Intian lähetystöön. Turistiviisumi saisi kelvata. En voinut odottaa enää pidempään. Epämääräiseltä tuntuvan odotusajan jälkeen virkailija palasi puhelimeen ja kuulosti hämmentyneeltä. Miksi hain turistiviisumia, kun pitkäaikainen viisumini oli hyväksytty joitakin päiviä sitten? Enkö haluaisi lähettää passiani? Minun huimasi ja minun täytyi istua. Niin sitten palasin Amman luo. 🕯️

Tauolla keittiöstä

4. LUKU

Sukellus syvyyteen

Ilo. Yksi sana sanoo kaiken. Ashramiin palattuani kaikki tuntui asettuvan paikalleen. Yksi syy siihen oli se, että onnettomuuteni oli vahvistanut sisäistä päätöstäni. Se auttoi minua näkemään kuinka väliaikaista ja katoavaista elämä on. Näin nyt selkeästi sen, että minulla oli vain tämä aika Amman kanssa. Pitkäaikainen oleskeluviisumini oli voimassa vain vuoden ja vaikka sitä voitaisiinkin jatkaa, tämä aika tuntui kullanarvoiselta ja olin päättänyt käyttää sen hyväkseni parhaalla mahdollisella tavalla. Olin säästänyt palkastani sievoisen summan rahaa ja halusin lahjoittaa sen Ammalle. Hän kieltäytyi ottamasta vastaan penniäkään vaatien, että avaisin säästötilin Vallikkavussa, pienessä takaveden vastakkaisella rannalla sijaitsevassa kylässä. Vähän vastusteltuani suostuin sillä ehdolla, että jos ashram todella tarvitsisi jotakin, haluaisin auttaa. Huoneeni tulisi olemaan kookoslehtimajojen rivistössä Kalarin luoteiskulmassa. Paikalliset kookoslehtimajat olivat suorakaiteen muotoisia, ja ne oli tehty kookospalmun lehvistä punotuista matoista, jotka oli sidottu toisiinsa yhteen paksulla köynnöksellä. Tämä matoista punottu rakenne puolestaan kiinnitettiin bambukehikkoon. En ollut koskaan sanonut sitä ääneen, mutta olin unelmoinut sellaisessa majassa asumisesta. Tähän saakka olin asunut Amman perheen talossa olevassa huoneessa. Toinen muutos, minkä Amma teki oli se, että hän muutti päivittäistä rutiiniani tasapainoisemmaksi. Kahdeksan tunnin meditointi ja kolmen tunnin seva vaihtoivat paikkoja.

79

KÄÄRMEITÄ JA HÄMÄHÄKKEJÄ

Kookoslehtimajassa ei ollut tuuletinta, ja siellä oli juuri tarpeeksi tilaa levittää kaksi olkimattoa. Se oli taivas! Niinä päivinä ashramia ympäröivät takavedet kolmelta eri puolelta, ja tämä majarivistö sijaitsi aivan läntisen laguunin rannalla. Katsoessani ikkunasta ulos saatoin nähdä ohilipuvia ankkoja, ihmisiä kanooteissa, vesikäärmeitä, kilpikonnia ja sammakoita. Usein näin käärmeiden kiemurtelevan majassa olevien rakojen lomassa. Silti minusta tuntui, että se oli aivan yhtä paljon niiden koti kuin minunkin. Tunsin olevani niin lähellä luontoa tuossa majassa asuessani. Ne eivät häirinneet minua, joten miksi minunkaan olisi pitänyt estää niiden liikkumista.

Eräänä iltana palasin majaani hyvin myöhään. Oli vain muutama tunti aikaa archanan alkuun ja halusin nukkua ainakin vähän. Katsoessani takaseinää, joka oli myös tehty punotuista kookosmatoista, huomasin suuren ja myrkyllisen hyppivän hämähäkin. Sitä oli vaikea erottaa sillä se sulautui täydellisesti kookosmattojen sekaan. Sitten näin, että niitä oli kaksi. Ei...itse asiassa kolme. Tai neljä...viisi...lakkasin laskemasta. Päätin mennä nukkumaan. Pelkäsin, että jos yrittäisin lyödä niitä jollakin, ne kaikki hyppäisivät kimppuuni. Ja niitä oli paljon minua enemmän. Asian enempi ajattelu vain aiheuttaisi levottomuutta. Oli mahdollista, että olin nukkunut niiden kanssa kaikessa rauhassa kaikki nämä viikot enkä vain ollut huomannut niitä aikaisemmin. Jos olisi kohtaloni, että myrkylliset hyppyhämähäkit tappaisivat minut, silloin niiden nitistäminen vain nopeuttaisi loppuani. Sen oli määrä tapahtua tai sitten ei. Joten voisin yhtä hyvin nukkua muutaman tunnin.

Nukuin ilman huolen häivää, tietäen että Amma valvoisi minua. Ajatellessani asiaa nyt, ihmettelen sitä luottamusta mikä minulla oli noina varhaisina aikoina. Tietenkään Amma ei suosittele, että altistamme itsemme vaaralle, silloin kun näemme sen selkeästi. Loppujen lopuksi Jumala antaa meille kyvyn nähdä vaaran ja erottelukykyä välttää se. Minä viattomassa uskossani ajattelin, että Amma pitäisi huolen kaikesta. Ja hän piti. Heräsin seuraavana aamuna archanaan. Myöhemmin samana päivänä kerroin henkisille sisarilleni majassa olevista hämähäkeistä, ja he auttoivat minua poistamaan ne. Näin etteivät he olleet varmoja, pitäisikö heidän nauraa hupsuudelleni vai olla vaikuttuneita uskostani. Lopulta he päättivät tehdä molemmat.

ASHRAMIN KOKKI

Muutaman päivän kuluttua saapumisestani Amma pyysi minua ryhtymään ashramin kokiksi. Mielestäni se oli suuri kunnia. Minun oli varmaankin täytynyt syntyä 10 000 kertaa ansaitakseni tuon sevan! Minua auttaisi myös nuori intialainen tyttö, joka oli vasta liittynyt ashramiin. Keittiö oli perheen talossa ja ruokaa valmistettiin avotulella suurilla ja leveillä työtasoilla, joiden alla oli tulipesä ja sisäänrakennettu savupiippu.

Keittopadat olivat kivillä, joita voitiin säätää padan koon mukaisesti. Ensimmäisenä päivänäni Amman äiti, Damayanti Amma, tuli itse opettamaan minulle, miten tuli sytytettiin oikeaoppisesti. Hän aloitti näyttämällä yksinkertaisen pujan, johon liittyi ensimmäisen leikatun kookoksenpalan uhraaminen tuleen, rukous ja rituaalinen veden ripottelu. Hän oli todella säntillinen. Hän näytti minulle miten ensimmäiseksi aamulla lakaistaan lattia ennen auringonnousua. Ja miten keittiön lattia luututaan käsin. Astioita tuli säilyttää tietyllä tavalla ja vesi piti pitää puhtaana.

Sekoittimista tuli pitää hyvää huolta. Koska hän ei puhunut englantia, koulutustilaisuuteni oli varmaankin sivustaseuraajille hupaisaa katsottavaa. Päiväni alkoi puoli viideltä archanalla, sitten kuuteen mennessä menin keittiöön. Bhava Darshan päivinä valot sammutettiin kello kaksi yöllä tai myöhemmin, joskus keskiyöllä. Teetä tai kahvia ei ollut lainkaan, kahdesti päivässä tarjottiin keitettyä, puoleksi vedellä laimennettua maitoa, samoin annettiin reilu annos sokeria. Jos minut kutsuttiin Amman huoneeseen auttamaan, se tarkoitti sitä, että saisin vain muutaman tunnin yöunet. Eikä Amma koskaan oikeasti "nukkunut" vaan pikemminkin lepuutti kehoaan. Hän oli aina läsnä ja valpas, jopa levätessään. Yhtenä yönä Amma herätti meidät ja sanoi, että eräs perhe oli tullut takavesien yli, mutta ei löytänyt tietä pimeässä. Minun pitäisi auttaa heitä löytämään huone jossa yöpyä. Totta, siellä he olivat harhailemassa polulla, katsellen puolelta toiselle ilman mitään käsitystä siitä, miten löytää Amman "ashram", mikä ei oikeastaan ollut sen enempää kuin hänen perheensä talo ja sitä ympäröivä alue.

Mutta nyt poikkean tarinasta. Työpäiväni keittiössä alkoi ennen auringonnousua nopealla siivouksella, lyhyellä pujalla, keskittymisellä ja tulen sytyttämisellä. Mittasin riisiannokset. Erotin jyvät akanoista laakeassa korissa. Pesin ne varoen, jotten kadottaisi yhtäkään jyvää. Yhtäkään jyvää ei pitäisi ylenkatsoa, se oli epäonnea tuottava synti. Kun riisi kiehui, siihen lisättiin viereisestä astiasta lämmintä vettä, ei kylmää, sillä se aiheuttaisi reumatismia. Kookokset, jos niitä oli, raastettiin erityisellä kapealla jakkaralla, jonka korkeammassa päässä oli raaputusrauta. Pienenä muistutuksena navettapiikapäivistäni oli se, että käsivarsien vahvuus oli ratkaiseva tekijä kymmenen kookospähkinän nopeassa raastamisessa. Aamiainen valmistettiin noin 25 asukkaalle. Päivän ruoka-annosten määrä ilmoitettiin joskus aamupäivällä, mutta yleensä lounas tehtiin 50:lle henkilölle. Bhava Darshan päivinä illallinen tehtiin sadoille ihmisille, ja se valmistettiin isoissa padoissa, joiden sisään mahtui ihminen makaamaan. Lounaan jälkeen oli tauko, joka kesti illallisen valmisteluun saakka. Usein Bhava Darshan-illalliseen meni koko ruokavarasto, ja meidän asukkaiden oli syötävä aamiaiseksi ja illalliseksi pelkkää kanjia [riisivelliä], ilman currya, kunnes saisimme ostettua lisää ruokatarvikkeita. Joskus se oli monta päivää myöhemmin.

Lounas oli aina riisiä, vihannescurrya ja kauhallinen sambaria, rasamia, pullishettiä tai dahlia (linssejä). Mihinkään näistä ei tarvittu kookosta. Vaikka sitä kasvoi joka puolella, se oli liian kallista. Vihannescurry jaettiin huolellisesti annoksiksi. Useina aamuina poimin chiiraa, villipinaattia Amman talon ympäristössä olevilta maatilkuilta. Kesti pitkään kerätä sitä tarpeeksi lounasateriaa varten. Chembu, elefantinjalkajuures, oli toinen perustarvike; hullunhalpa vihannes jota pilkkoessa kädet piti voidella öljyllä, koska se raakana ärsyttää ihoa. Tietysti hyvin terveellinen, mutta ei tunnettu maukkaudestaan. Okraan ja karvaskurkkuun meillä ei ollut koskaan varaa. Jopa perunat olivat ylellisyyttä. Kokemukseni ashramin kokkina oli täysi vastakohta kokemukselleni ravintolassa Uudessa Meksikossa. Toisten palveleminen ilman odotuksia oli todella energisoivaa! Työskentelimme hiljaisuudessa toistaen mantrojamme ja yritimme noudattaa Amman ohjeita täsmällisesti.

Joskus Amman seuraajat toivat säkillisiä vasta kerättyä chiiniä, herkullista paikallista tapiokan juurta. Siitä valmistettiin erityinen ateria. Usein Amma tuli itse auttamaan sen pilkkomisessa, kuten hän yhä nytkin tekee joskus tiistaisin Kalitemppelissä. Vihreät ruokabanaanit, valtavat kurkkumelonit, muut paikalliset juurikasvit, kaalit ja porkkanat olivat pääruokatarvikkeita. Yksi sipuli oli yksi sipuli liikaa. Valkosipuli ei tullut kysymykseenkään. Tietysti suolaa. Mustaa pippuria, kuminansiemeniä, kuivattua punaista chilipippuria kohtuullisesti, hyppysellinen asafetidaa, tuoretta tamarind tahnaa, tuoretta inkivääriä, tuoreita curryn lehtiä, korianterin siemeniä, sinapinsiemeniä ja pari vihreää chilipippuria, siinä kaikki mitä käytimme maustamiseen. Joka toinen aamu Amman suloinen pikkuveli Kuccupapa, joka nykyisin tunnetaan nimellä Sudhir Kumar, pisti päänsä keittiön takaovesta katsoakseen tarvitsiko hankkia jotakin. Sitten hän lähti jonkin matkan päässä olevalle vihannestorille ostamaan tarvittavat ainekset.

Se oli ihmeellistä aikaa: oppia valmistamaan useita erilaisia ruokalajeja, kuinka saada viidenkymmenen ihmisen ateriasta ruokaa sadalle ja saada ohjeita kielellä, jota en oikeastaan edes ymmärtänyt. Jauhinkivi oli itse asiassa ainoa sähköinen työkalumme. Päivinä, joina oli mahdollista saada kookoscurrya, vastaraastettu kookos laitettiin pyöreän jauhinkiven syvennykseen. Jauhin asetettiin oikeassa kulmassa huhmareeseen ja kiinnitettiin paikalleen ketjulla. Sitten moottori käynnistettiin, ja se jauhoi ruokalajista riippuen kookosta yhdessä tuoreen inkiväärin ja muiden mausteiden kanssa. Tarpeen mukaan se pystyi jauhamaan kaiken hienoksi tai karkeaksi tahnaksi 30-45 minuutissa.

Usein laaduntarkastaja eli Amma osui paikalle! Hän saapui ilmoittamatta ja upotti sormensa huhmareessa olevaan tahnaan. Jos olin pistänyt siihen edes pienen pienen punaisen sipulin, Amma maistoi sen. Paras unohtaa myös pari kynnellistä valkosipulia. Amma kykeni nanosekunnissa päättelemään mitä oli pistetty sekoittimeen. Olin ainakin oppinut toistamaan mantraani yhtäjaksoisesti ruokaa tehdessäni, ja Ammalle se oli kaikkein tärkein valmistusaine.

Paristakin syystä keittotulet olivat haasteellisia. Ensinnäkin oli löydettävä tarpeeksi kuivaa polttoainetta.

Kookospalmun lehvän ranka muodostui erääksi parhaista ystävistäni, vaikkakin sen piti olla palaakseen täysin kuiva. Keräsin kaiken mitä löysin ja annoin sen kuivaa ajan kuluessa. Sadekausi oli erityisen haastava. Emme koskaan ostaneet polttopuuta ulkopuolelta, se oli liian kallista. Kerran vanha jalopuu kaatui, ja eräs mies tuli hakkaamaan sen polttopuiksi. Tuntui kuin se olisi ollut lahja taivaasta. Käytin kaiken vapaa-aikani keräten kuivia kookoksen kuoria, oksia ja palmunrankoja. Mikä tahansa puuaines, kuiva tai märkä, kerättiin ja lisättiin puupinoon.

Damayanti Amma oli suureksi avuksi, mitä tuli sen varmistamiseen että minulla oli tarpeeksi polttopuuta. Hän ilmoitti aina, jos oli nähnyt jotakin maassa lojumassa. Hän oli koko sielustaan omistautunut sille, että ashramin asukkaat saivat ruokansa ajallaan, mikä merkitsi sen varmistamista, että kokilla oli varastossa kuivaa polttoainetta. Damayanti Amma oli aina ystävällinen minua kohtaan, vaikkakin voin kuvitella, että minun läsnäoloni keittiössä vaati hänen osaltaan paljon sopeutumista. Nyt kun Amman perhe ymmärsi hänen tehtävänsä maailmassa, oli uskomatonta miten pitkälle he menivät vaaliessaan vasta alkunsa saanutta ashramia. Perhe teki kaikkensa antaakseen kaiken tarvittavan Amman seuraajille, vaikka se olisi merkinnyt työskentelyä yhdessä sellaisen ulkomaalaisen kanssa, joka ei tietänyt mistään mitään.

Toinen haaste oli tulen aiheuttama kuumuus. Pienessä ja ahtaassa keittiössä oli valtavan kuuma. Kehoni reagoi kuumuuteen ja sain rakkuloita joka puolelle kehoani, varsinkin kasvoihini. Sen lisäksi riisiä keitettäessä, riisin keitinvesi eli kanji vellam piti kaataa pienempään astiaan. Se tarkoitti riisipadan kallistamista juuri oikeaan kulmaan tulen yllä olevilla aluskivillä. Kuvittele kaatavasi viisi litraa vasta keitettyä riisin keitinvettä lattialla olevaan astiaan. Sivuun kaataminen olisi ollut katastrofi. Veden kaatamisen aikana syntynyt höyry ja kuumuus nostattivat rakkuloita. Katsoessani, miten Amma kärsi kehossaan hänen lohduttaessaan ihmisiä en halunnut mainita omia rakkuloitani. Kuitenkin eräänä päivänä tapahtui jotakin, joka pakotti minut paljastamaan tilani Ammalle.

HYÖNTEISEN PUREMIA

Varoin aina tappamasta mitään ashramissa, olipa se sitten hyönteinen tai hämähäkki. Damayanti Amma oli kuitenkin näyttänyt minulle erään asian, joka minun piti tuhota keittiöstä, jos näin sellaisen: myrkyllisen tuhatjalkaisen. Se oli litteä, kiiltävän ruskea ja noin 15 cm pitkä. Hän sanoi, että ne olivat todella pahoja ja että minun pitäisi varoa niitä lavuaareissa ja puupinoissa. Hän sanoi, että ne olivat nopeita ja aggressiivisia ja että ne juoksisivat hetkessä jalkoihini ja purisivat minua.

Purema oli hyvin myrkyllinen ja kivulias. Siispä minun piti joustaa väkivallattomuuden periaatteesta; jos näkisin tuhatjalkaisen, se olisi sen loppu. Puolen vuoden kuluessa tapoin niitä luultavasti pari, kolme. Voin aina pahoin sen vuoksi, mutta puolustin tekoani sillä, että tein sen omani ja muiden turvallisuuden puolesta, mikä oli myös tärkeää. Eräänä yönä nukkuessani majassani heräsin yllättäen pistävään tunteeseen kainaloni lähellä. Pistävä tunne katosi ja olin nukahtamaisillani uudelleen, kun vielä terävämpi pistos sai minut täysin hereille. Minulla oli ylläni choli, sarin alla pidettävä paita, ja vein oikean käteni kohtaan, mistä kipu alkoi levitä. Tiesin tarkalleen mitä oli tekeillä. Paitani hihan alla tunsin jonkin kiemurtelevan sormieni välissä: tuhajalkainen.

Apua! Riisuin paitani hetkessä ja todellakin, siinä se riiviö oli. Se putosi lattialle ja juoksi kohti majan seinää. Isku läheisyydessä olleella viuhkalla katkaisi sen kahtia. Vannon, että se juoksi kahteen eri suuntaan! Ärhäkkä purema käsivarressani oli jo leviämässä, ja kipu säteili käsivarttani pitkin kaulaan. Heitin päälleni paidan ja puolikkaan sarin hakeakseni apua. Kalarin sivulla oli nukkumassa asukkaita, jotka olivat antaneet huoneensa vierailijoille Bhava Darshanin loputtua muutama tunti sitten. Herätin heidät koska en tiennyt mitä tehdä enkä halunnut tarpeettomasti häiritä Ammaa. Selitin tapahtuneen ja odotin heidän neuvoaan, mutta he kaikki olivat sitä mieltä, että tuhatjalkaiset eivät olleet kovin myrkyllisiä. Minulla ei olisi hätää. He sanoivat että aamulla näkisimme, kuinka paha purema oli. He antoivat siihen Amman siunaamaa *bhasmaa*, ja se auttoikin huomattavasti. He olivat ystävällisiä ja kärsivällisiä, vaikka olinkin häirinnyt heidän untansa.

He olivat oikeassa. Aamulla purema näytti olevan kunnossa. Kivuliaan ja kovan, pistokohtaan myrkyn ansiosta nousseen pahkan lisäksi ei ollut paljon muuta. Koska olen allerginen mehiläisenpistolle, olen tietoinen mahdollisista pahoista reaktioista hyönteisten pistoihin. Tämä ei ollut sellainen. Menin siis keittiöön sytyttämään tulen. Tunnin verran kokattuani olin jo unohtanut piston, kun adrenaaliinishokki kulki lävitseni. Tuntui siltä kuin vereni olisi syttynyt tuleen. Istuin tyrmistyneenä lattialle. Nuori intialainen tyttö, joka auttoi keittiössä, näki että jotakin oli pahasti vialla. Hän laski kauhan, otti minua kädestä kiinni ja vei minut Amman luo. Amma tutki minut ja näki kaksi asiaa: joka puolelle kohoavia pahkoja ja niiden taustalla kuumuuden aiheuttamia rakkuloita. Hänelle kerrottiin edellisenä iltana tapahtuneesta tuhatjalkaisen puremasta. Tulen aiheuttama kuumuus oli aktivoinut myrkyn ja aiheutti reaktion voimistumisen, hän sanoi. Hän kutsui paikalle Damayanti

Amman viemään minut heti lääkäriin. Rukoilin Ammaa, ettei ilmatiehyeeni turpoaisi matkalla umpeen. Lääkäriin meno niinä päivinä oli aika monimutkaista. Lähdimme ripeästi matkaan. Ylitimme takaveden veneellä, kävelimme kylässä korttelin verran hiekkatietä ja käännyimme riisipelloille, joita reunustivat tuolloin takavesien joka puolella risteilevät ojat. Oli keskipäivä. Aurinko paahtoi kuumasti ylittäessämme kahta riisiviljelmää yhdistävää maakaistaletta. Minua alkoi pyörryttää, mutta pelko riisipeltoon putoamisesta piti minut valppaana. Jollakin tapaa sain kompuroitua peltojen yli ja saavuimme lääkärin talolle kahdenkymmenen minuutin kuluessa.

Lääkäri oli vanhempi, älykkään näköinen mies, jolla oli kiltit, pyöreät kasvot. Tietenkään en tiennyt mitä malayalamiksi oli "myrkyllisen tuhatjalkaisen purema". Oli piirrettävä tikulla hiekkaan. Hän ja Damayanti Amma alkoivat puistella päitään vakavina tunnistaessaan piirrokseni. Lääkäri katosi talon sisään ja tuli hetken kuluttua takaisin pidellen kämmenellään kolmea kellanruskeaa, marmorikuulan kokoista palloa ja vesilasillista toisessa. Hän osoitti, että minun pitäisi niellä yksi palloista ja juoda vesi sen perään. Tein niin. Lääke oli raikkaan ja suitsukkeisen makuista, vähän kitkerää itse asiassa. Hän antoi kaksi muuta yrttipalloa Damayanti Ammalle eikä hyväksynyt maksua. Hän käski minua lepäämään kuistillaan olevassa tuolissa jonkin aikaa ennen takaisin lähtöä. Upposin siihen kiitollisena. Myös Damayanti Amma rentoutui lähistöllä ja piti tervetulleen tauon kuumuudesta ennen kävelyä takaisin.

Minun osaltani tarina sai päätöksen yli 20 vuotta myöhemmin. Vuonna 2009, tiistain kysymys- ja vastaustilaisuudessa, Amma muisteli ashramin alkuaikoja. Vaikken ollut koskaan kertonut Ammalle kuumuuden aiheuttamista rakkuloista, hän mainitsi

miten ashramin kokki oli ollut yltä päältä rakkuloiden peitoissa, mutta ei ollut koskaan valittanut niistä. Jos joskus ajattelemme, ettei Amma huomaa jotakin asiaa tai saattaa unohtaa sen 20 vuotta myöhemmin tai pitää sitä vähäpätöisenä, olemme siinä täysin väärässä!

UUTISKATSAUS MENNEISYYDESTÄ

Jopa viime aikoina, yli 25 vuotta sen jälkeen kun olin ollut ashramin kokkina, eräs ashramin alkuperäisistä intialaisista perheellisistä asukkaista pysäytti minut Kalitemppelin edustalla. Pappettan Acchan halusi näyttää minulle malayalamin kielistä lehteä nimeltä "Divya Upadesham", jonka hän oli löytänyt kierrätyspinosta. Hän oli lukenut siitä artikkelin ashramin silloisesta kokista. Juuri samalla hetkellä kun kuljin hänen ohitseen, hän oli muistellut, että se olin ollut minä! Tietysti hän halusi kertoa minulle, mitä siinä luki.

Oli vuosi 1986, ja Ammalla oli ohjelma läheisessä Alleppyn kaupungissa. Ohjelman loputtua Amma suunnitteli palaavansa asukkaiden kanssa ashramiin lounaalle. Mutta Amma pyysikin minua palaamaan etukäteen, jotta voisin laittaa ruokaa sille päivälle. Kuitenkin ashramiin saavuttuani näin, että ruoka oli jo valmistettu. En osannut päättää mitä pitäisi tehdä. Miksi Amma lähettäisi minut tarpeettomasti takaisin laittamaan ruokaa? Niinpä päätin sytyttää keittotulet. Jutussa luki, että muut kyseenalaistivat minut ja arvostelivat tekoani sanoen, että ruoka menisi takuulla pilalle ja pitäisi heittää pois. He korostivat minulle, että ruokaa oli tilattu vain pieni määrä. Halusin totella Ammaa. Jos ruokaa olisi liikaa, se voitaisiin tarjota illalla. Amma ei olisi lähettänyt minua takaisin laittamaan ruokaa tyhjän takia.

Kävi niin, että kun Amma palasi, useita "odottamattomia" vieraita oli saapunut tapaamaan häntä. Vain Amman pyynnön ansiosta kaikille riitti ruokaa! Pintapuolisesti Amman sanoissa ei ollut järkeä, mutta hänen syvällinen näkemyksensä on virheetön. Divya Upadeshan artikkelissa Amma selitti, että oppilas seuraa gurun ohjeita tarkasti tietäen niiden sisältävän totuuden, vaikka muut kritisoisivatkin häntä. Minulla on vielä koettavanani yksikin ainoa tilanne, jolloin Amman sanat eivät olisi merkityksellisiä tai niillä ei olisi seurauksia. Kun valaistunut mestari puhuu, se on totuus.

Sillä aikaa kun olin ollut USA:ssa odottamassa uutta viisumiani, uusi länsimaalainen tyttö oli liittynyt ashramiin. Hän oli Hollannista ja suurin piirtein minun ikäiseni. Me tulimme toimeen välittömästi. Kaikki pitivät hänestä, ja aina hänen ollessaan lähistöllä ilmassa oli paljon naurua. Kävi niin, että keittiöön tarvittiin apua, sillä intialainen tyttö ei voinut jatkaa. Kun hollantilaista tyttöä ehdotettiin apulaiseksi, Amma vaikutti epäilevältä. Miten keittiö toimisi hyvin kahden sellaisen henkilön hoidossa, jotka eivät olleet perehtyneet intialaiseen ruoanlaittoon. Koska muita vaihtoehtoja ei ollut, me jäimme keittiöön. Aluksi kaikki sujui hyvin. Rakastimme työtämme, mutta emme välttämättä aina tienneet mitä teimme. Muistan eräänkin illan, jolloin lounaalta oli jäänyt paljon riisiä. Keksimme tehdä riisilättyjä, vähän perunalättyjen tapaan. Ensin se vaikutti hyvältä idealta, mutta vaikka kuinka yritimme, ne hajosivat pannulla. Ja jos tämä olisikin toiminut, mitä ashramin asukkaat olisivat ajatelleet saadessaan riisilättyjä illalliseksi. Kaikeksi onneksi saimme jotenkuten muutettua illallisen ruokalistaa ja lopetettua ruoanlaiton ennen bhajaneita. Näin kukaan ei jäänyt nälkäiseksi.

KALITEMPPELIN RAKENNUS

Eräänä aamuna useat asukkaat olivat kokoontuneet meditaatio-hallin eteen ennen Upanishad -tunnin alkua. Suuri uutinen oli, että kookospuita kaadettaisiin, jotta etupihalle saataisiin tilaa uutta rukoushallia varten. Joku ilmaisi nostalgisia tunteita puita kohtaan, mutta Amma ei ottanut kuuleviin korviinsa. Puut piti uhrata korkeamman päämäärän eteen. Sillä hetkellä olimme mieltyneet meditoimaan kyseisessä paikassa, mutta siitä tulisi paikka, missä useat ihmiset valaistuisivat ja levittäisivät rauhaa maailmaan. Kiintymyksemme puita kohtaan oli ymmärrettävää, mutta meidän olisi otettava huomioon, että maailman hyväksi olisi tehtävä tämä merkittävä uhraus.

Kun piha oli raivattu, astrologi valitsi huolellisesti mah-dollisimman hyväenteisen päivämäärän. Amma johti voimal-lisen vihkimistilaisuuden, missä peruskivi laskettiin maahan. Perustan kaivaminen alkoi saman tien ja rakennusmateriaaleja alkoi ilmestyä paikalle: raudoituksia betonipylväitä varten, graniittilohkareita murskattavaksi betoniin ja säkkikaupalla sementtiä pinoutui rakennuksen ääriviivoiksi merkityille paikoille. Rakennushankkeen laajuus ja kiireellisyys oli vähän hämmentävää, sillä meitä ashramin asukkaita oli edelleen vain noin kaksikymmentä. Amma vakuutti kuitenkin, että meillä ei ollut aavistustakaan siitä, kuinka paljon hänen lapsiaan tulisi tänne. Meidän pitäisi saada paikka valmiiksi heidän oleskelu-aan varten.

Niin me kannoimme hiekkaa. Tonneittain hiekkaa, yö yön perään, padoissa päidemme päällä, kapeilla laguunista meren-rantaan johtavilla poluilla. Sitten hiekka tiivistettiin tulevan Kali-temppelin betonijalan lomaan. Se oli ihanan raskasta työ-tä, josta selvisimme mantroja toistamalla. Yön pikkutunneilla Amma valmisti meille kuumaa juotavaa ja jakoi mitä tahansa varastossa ollutta purtavaa ennen kuin menimme muutamaksi tunniksi nukkumaan.

Toisinaan betonin valaminen osui Bhava Darshan päivälle. Silloin saattoi nähdä vierailijoiden, monet parhaissa vaatteissaan, liittyvän innokkaina jonoon, jossa betonia täynnä olevat *chuttiet* (kiinalaistyylisiä wok-pannuja) kulkivat tukipylväiden betonia jauhavalta betonimyllyltä ketjua pitkin henkilöltä toiselle. Kaikki seisoivat lähekkäin, jotta he saattoivat heittää täyden pannun seuraavalle henkilölle. Joskus pannuja piti heittää ylöspäin, yksi kerrallaan, toiseen tai kolmanteen kerrokseen, nuorempien ihmisten seisoessa rakennustelineillä. Kaikki varoivat tarkoin pudottamasta betonia alempana olevan päälle. Niinä päivinä ilmassa oli paljon hilpeyttä ja ryhmähenkeä ja lounaalla paljon nälkäisiä ihmisiä! Tavallaan Kalitemppeli kohosi paikalle, missä Amma oli tanssinut Kali Bhavassa. Nyt hänet nähtiin heittelemässä betonivateja niiden ihmisten kanssa, jotka tulevina vuosina tulisivat Devi Bhavaan itsensä Kalin rakentamaan temppeliin.

Jälleen kerran Amma teki jokaisesta tehtävästä hauskan ja mahdollisen olemalla itse aktiivisesti paikalla. Amman läsnäolon ja yhdessä työskentelyn ansiosta valtava projekti sujui leikiten. Rakennustyöt viivästyivät jonkin verran vuonna 1987, kun Amma siirsi taloudellisia resursseja ja vapaaehtoisvoimia, ottaakseen hoitoonsa paikallisen 500- lapsisen, konkurssiin menneen orpokodin. Silti kuin ihmeen kautta temppeli valmistui ajoissa Amman 34-vuotis syntymäpäiväjuhlille lokakuussa 1987, vain vähän yli vuoden kuluttua siitä kun rakennustyöt alkoivat.

AMMAN OHJELMAT ASHRAMIN ULKOPUOLELLA

Samoihin aikoihin myös läheiset kaupungit ja kylät alkoivat kutsua Ammaa pitämään tilaisuuksia. Kollam, Alleppy, Mavelikkara, Harippad, Tiruvella, Kottayam, ja Pandalam ovat paikkoja, jotka ovat jääneet mieleeni. Ashramille oli lahjoitettu pieni, tumman beigen värinen minibussi, minkä kylkeen oli maalattu 'Mata Amritanandamayi Mission'. Käytävän molemmilla puolilla oli kuusi penkkiriviä, joilla kullakin saattoi istua kaksi henkeä mukavasti tai kolme tiukasti. Koko ashramin väki mahtui minibussiin, Amma istui oikealle puolelle, toiseksi viimeiselle penkille. Haluten antaa enemmän tilaa Ammalle, joka oli sinä yönä antanut itsestään niin paljon, kyyristelin penkkien välissä – yllättävän mukavasti. Usein sattui niin, että sain toimia Amman jalkatyynynä! Tunti, pari saattoi mennä ilman että huomasin ajan kulumista. Olin niin minibussin täyttämän antaumuksen lumoissa.

Kaupungissa ajaessamme ikkunoiden eteen voitiin yksityisyyden vuoksi vetää paksut, kermanvalkoiset verhot, mikä sai lämpötilan kohoamaan sisällä. Amma nauroi ja sanoi, että entisaikaan rishit kilvoittelivat luolissa, mutta nykypäivänä minibussi oli riittävä. Eräs henkisen elämän perusvaatimuksista on ylittää mielessään mieltymykset ja vastenmielisyydet, kuuma ja kylmä, kipu ja mielihyvä. Jos ihminen haluaa vapautua, näiden vastakohtien ei pitäisi vaikuttaa häneen. Mielen pitäisi pysyä vakaana.

Amma huomasi myös, miten monet meistä katselivat ohikiitäviä maisemia ja selitti, että jos katselemme ulospäin emme voi koskaan nähdä sisälle. Kaikki hienovaraiset vaikutelmat tarttuvat mieleen tietämättämme. Myöhemmässä vaiheessa samat vaikutelmat aiheuttavat levottomia *vasanoita* (taipumuksia), joista pitää sitten päästä eroon. Pyhiinvaelluksella yritämme rauhoittaa mielen ajatuksista, Amma sanoi, ei lisätä ajatusten määrää. Riippuen siitä miten kauas matkustimme lähdimme ashramista puolen päivän aikaan. Pysähdyimme tutun perheen luo virkistäytyäksemme ja meille tarjoiltiin ateria ja teetä. Tämä oli ainoa aika, kun joimme teetä, mutta yleensä kieltäydyimme siitä, sillä äänihuulille ei ollut hyväksi juoda teetä ennen laulamista. Silloin ei vielä oltu julkaistu bhajankirjoja, joten kirjoitin käsin Amman laulamat bhajanit päiväkirjaani. Usein joku asukas, etenkin Puja Unni, nykyisin swami Turiyamritananda, oli inspiroitunut kirjoittamaan uuden laulun. Jokaisella laululla oli syvällinen merkitys ja ainutlaatuinen melodia. Laulut olivat tunnustus rakkaudelle ja antaumukselle. Amman henkisten opetusten perusolemus oli helposti ymmärrettävissä kuuntelemalla hänen antaumuksellisia laulujaan:

Mieli, puhe ja teot pitäisi omistaa Jumalan muistamiseen ja palveluun (*Manasa Vacha*), eikä pitäisi olla tekopyhä niin että rukoilee temppelissä, mutta potkaisee kerjäläistä temppelin portilla (*Shakti Rupe*). Pitäisi muistaa ettei kukaan tässä maailmassa ole omasi (*Manase Nin Svantamayi, Bandham Illa*), keskittyä päämäärään (*Adiyil Paramesvariye*) ja itkeä viattomia lapsenkyyneleitä Jumalalliselle Äidille, jotta saavuttaisi päämärän (*Ammayil Manasam*). Sulautua meditaation ja kilvoittelun kautta ykseyden tilaan rakkaan jumalhahmonsa kanssa (*Karuna nir Katale*), kylpeä rakastetun (läheinen Jumalan muoto) sisäisessä näyssä (*Kannilenkilum*), ja saavuttaa puhdas, täydellinen rauha tässä kärsimysten maailmassa (*Ammayennulloru*). Amman antaumukselliset laulut, joita lauloimme sekä Kalarissa että ulkopuolisissa temppeliohjelmissa, korostivat rakkauden ja antaumuksen tietä.

Amma näytti minulle miten pitää *talamia* (lyödä tahtia laskien) taputtamalla yhtä sormea pehmeästi polveani vasten. Kehon paikallaan pitäminen oli tärkeää, sillä mieli keskittyisi siten paremmin. Mieli on mahdollista hiljentää kokonaan antaumuksellisen musiikin avulla. Amman ohjeen mukaisesti yritin kuroa umpeen noita autuuden hetkien välisiä rakoja.

Bhajan-ohjelman jälkeen Amma antoi darshania hyvin myöhään. Useina öinä sullouduimme minibussiin vasta kahden-kolmen aikaan aamuyöstä, palaten ashramiin vasta auringon noustessa. Kävin kylvyssä ja sitten menin keittiöön, pääni täynnä edellisen illan tunnelmallista musiikkia ja Amman rakkaudellista läheisyyttä.

Tähän tapaan viikoista ja kuukausista tuli vuosi. Harjoitukseni olivat tasapainoinen yhdistelmä palvelutyötä, meditaatiota, pyhien kirjoitusten opiskelua ja hatha-joogaa. Jokaisella meistä oli Amman antamat henkilökohtaiset ohjeet sen mukaan, olimmeko luonteeltamme antaumuksellisia vai älyllisiä, *tamasisia* (hitaita), *rajasisia* (aktiivisia) vai *sattvisia* (puhtaita), olemukseltamme pehmeämpiä vai karkeampia. Niitä, joilta puuttui hienovaraisuutta ja herkkyyttä, testattiin jatkuvasti. Oli selkeä ero siinä, miten Amma ohjasi häneltä opastusta hakevia eri ihmisiä.

Koska meitä ei ollut montaa, oli helppo nähdä, kuka tuli archanaan ja kuka ei. Kuka istui meditoimassa ja kenellä ei ollut siihen aikaa. Eräs nuori nainen, joka vuosien kuluttua päätti lähteä ashramista, ei tullut juuri koskaan, selittäen että se oli hänen sevansa vuoksi mahdotonta. Joitakin vuosia myöhemmin omasta sevastani tuli este päivittäisille harjoituksilleni, millä oli katastrofaaliset vaikutukset. Mainitsen hänet tässä ja parissa muussa kohdassa, sillä hän vaikutti omaan tieheni. Hänen yksityisyytensä kunnioittamiseksi, en mainitse hänen nimeään. Muiden arvostelu oli minussa voimakas *vasana* (taipumus), joten yritin kehittää itseäni olemaan hiljainen sivustaseuraaja ja tehdä töitä oman kehitykseni eteen. En tiennyt vielä silloin, että Amman tarkoituksellisesti piti maailmaa käsivarren mitan päässä, antaakseen meille mahdollisuuden kasvaa henkisesti vahvoiksi, ennen kuin ihmismassat tulvivat sisään. 🌀

5. LUKU

Lapseni itkevät minua

Huhtikuussa vuonna 1986 Amma hyväksyi kutsun mennä Yhdysvaltoihin. Ashramissa, Idamannelien perheen talossa Amman kanssa asui silloin 20 nunna- ja munkkikokelasta. Kutsu tuli swami Paramatmanandan veljeltä, Earl Rosnerilta ja hänen vaimoltaan Judyltä. Se hetki tullaan myöhemmin muistamaan käännekohtana maailman historiassa. Olin juuri valmistamassa lounasta, eikä minulla ollut aavistustakaan siitä, mitä tapahtui majassa, missä Amma parhaillaan kokoontui joidenkin asukkaiden kanssa. Nealu tuli keittiön ovelle ja kutsui minua. Hän sanoi "Amma hyväksyi juuri veljeni kutsun Amerikkaan. Hän lähetti minut kysymään, mitä matkalle tarvittaisiin?"

Muistan laskeneeni alas sekoituskauhani ja tuijottaneeni liekkeihin, kun samalla ajattelin. Sitten luettelin äkkiseltään joitakin asioita: passit, viisumit, lämpimiä sukkia, Ammalle istuinalusta bhajaneita varten ja julisteita - tarvittaisiin paljon julisteita, sillä kukaan ei tuntenut Ammaa Amerikassa. Hänen lähdettyään kertomaan Ammalle, ajattelin itsekseni "Mitä minä tiedän sellaisista asioista?" ja jatkoin ruoanlaittoa.

Tuskin oli kulunut kahtakaan tuntia, kun majani oveen koputettiin. Se oli swami Paramatmananda, pidellen käsissään ruosteista kirjoituskonetta. "Luulen, että tulet tarvitsemaan tätä," hän sanoi ja antoi sen minulle. "Amma sanoi, että sinun pitäisi valmistella nuo asiat vierailua varten." Maailma tulisi tapaamaan Amman!

Amma sanoi minulle samana iltapäivänä : "Minun lapsiani on kaikkialla. He itkevät Ammaa, mutta eivät löydä minua. Amman täytyy mennä heidän luokseen." Tiesin, että se mitä Amma sanoi, oli totta, koska itse olin itkenyt lähes kaksi vuotta ennen kuin kuulin hänestä. Sisälläni oleva levottomuus, ontto kipu, piti minua liikkeellä, pakottaen minut löytämään Amman. Varmastikaan en ollut ainoa, joka itki häntä. Mutta kuinka monella olisi sellaiset olosuhteet, jotka toisivat heidät kodeistaan ja omasta elämästään matkustamaan koko matkan tänne, Vallikkavun veneelle ja joen yli tapaamaan Ammaa?

PÄIVÄ AMMAN KANSSA

Aivoissani alkoi raksuttaa ja kehittyä ideoita. Oli itsestään selvää matkustaa kaupunkeihin, joissa minulla oli perhettä tai ystäviä. Kertoisin mahdollisimman monelle tarinan tapaamisestani Amman kanssa ja siitä, mitä täällä tapahtui. Kuinka hän oli parantanut spitaalisen Dattanin. Kuinka Amma niin ilmiömäisesti ohjasi meitä henkisellä tiellä. Amma oli jo perustanut yhden koulun ja ilmaisen yhden huoneen terveysklinikan, missä lääkäri ja sairaanhoitaja antoivat ensihoitoa ja lääkkeitä saaren köyhille asukkaille. Istuin swami Paramatmanandan kanssa jakamaan ajatuksiani ja kuulemaan hänen ideoitaan. Päätimme kuvata lyhyen dokumenttielokuvan elämästä Amman kanssa. Nimesimme sen "Päivä Amman kanssa." Amma antoi siunauksensa kuvaukselle, ja swami Paramatmananda teki töitä yötä päivää saadakseen sen lähtööni mennessä valmiiksi. Teimme myös lyhyemmän version nimeltään "Amrita Sagara: Autuuden valtameri", joka perustui Amman opetuksiin. Saumya (nyk. swamini Krishnamrita) teki ääniraidan. Ajattelimme, että nämä filmit olisivat paras tapa esitellä Amma niin monelle ihmiselle kuin kykenisin.

Swami Paramatmanadan äiti oli Chicagossa, minun perheeni oli Pittsburghissa ja Bostonissa. Hänen ensimmäinen joogaopettajansa oli Madisonissa. Hänen veljensä ja kaikki opiskelutoverini olivat San Fransiscon alueella. Nuo olisivat sellaisia paikkoja, johon voisin mennä helposti, vaikkakaan silloin minulla ei ollut ajatustakaan siitä miten matkustaisin, sillä minulla ei ollut rahaa mihinkään. Aloitimme molemmat kirjeiden kirjoittamisen. Eräänä päivänä ashramiin saapui lentopostikirje, se oli mieheltä nimeltä George Brunswig. Hän kirjoitti San Fransiscosta. Hän oli kuullut lehtisestä nimeltään "Ihanan autuuden äiti", joka kuvaili intialaisen pyhimyksen, Amman elämää. Voisimmeko lähettää hänelle lehtisen? Hän maksaisi postituskulut. Hän oli ensimmäinen ulkopuolinen kontaktimme! Vastasin hänelle jo samana päivänä. Selitin että tulisin San Fransiscoon ja että toisin mukanani lehtisiä. Jos hänelle sopisi, soittaisin hänelle joskus alkukesästä.

MENOPALUUMATKASTA TULEE MATKA MAAILMAN YMPÄRI

Mitä uskomattomin asia tapahtui mennessäni matkatoimistoon Kochissa. Kerrottuani virkailijalle mitä tarvitsin; tavallisen menopaluulipun San Fransiscoon ja sieltä takaisin kahden kuukauden kuluttua, aloimme jutella hänen tutkiessaan hintoja. Kerroin vähän siitä, mitä olin tekemässä ajatellen ettei hän olisi kovin kiinnostunut. Hänen kasvolleen levisi kuitenkin hassun innokas ilme ja hän kertoi minulle mahtavasta tarjouksesta. Vain vähällä rahalla voisin valita kaksi lentoyhtiötä ja kymmenen kaupunkia: kymmenen pysähdyksen maailmanympärilippu, vain1000 dollaria! Melkein putosin tuoliltani. Se oli täsmälleen se, mitä tarvitsin! Seuraava ajatukseni oli, että Eurooppa voitaisiin hyvinkin ottaa mukaan. Se vaikutti hyväenteiseltä

alulta. Mielessäni Amman Amerikan matkasta tuli siinä hetkessä maailmankiertue.

Kerroin matkatoimiston virkailijalle ottavani häneen yhteyttä muutaman päivän sisällä. Palattuani ashramiin en malttanut odottaa, että pääsisin kertomaan Ammalle tästä uudesta, mahtavasta asioiden käänteestä. Amma ei räpäyttänyt silmääkään. Kertoessani asiasta, hän oli puutarhatöissä. Hän vain katsoi ylös ja sanoi "Okei tyttäreni, tee minkä parhaaksi näet. Yksi Amman lapsista on Ranskassa ja voit kirjoittaa hänelle. Katso mitä hän ajattelee." Hän jatkoi puutarhatöitä. Amma on kaikkein takertumattomin koskaan näkemäni henkilö. Olisin voinut saada innokkaamman vastauksen vaikkapa esittelemällä hyvän tavan käyttää ylijäämäriisiä.

LAHJOJA JOTKA ANTAVAT

Ennen lähtöäni menin hakemaan Ammalta siunauksen. Hän antoi minulle kaksi läksiäislahjaa. Ensimmäinen oli yksinkertainen, keskikokoinen, messinkinen öljylamppu. Minun tulisi sytyttää lamppu sivupöydälle aina ennen videonäytöksen alkua. Sädehtivästi hymyillen Amma osoitti lampun yläosaa ja merkiten sen *kumkumilla* (Jumalalliselle Äidille pyhä, punainen jauhe) ja sanoi: "kolmas silmä." Sitten hän osoitti lampun alaosaa ja sanoi:"jalat," osoittaen samalla kahta kohtaa reunassa, jotka hän myös merkitsi. Saatoin kuvitella Jumalallisen Äidin istuvan siellä pitämässä minulle seuraa.

Toinen lahjoista oli sormus. Amma oli ottanut esiin pienen korurasian ja asettanut sen puhuessamme vierelleen. Hän avasi sen ja ojensi minulle hopeasormuksen, johon oli upotettu emalinen kuva Ammasta taivaansinistä taustaa vasten. Hän halusi antaa sen minulle. Liikutuksen kyyneleet tulvivat silmiini. Kokeilin sitä heti ja se sopi täydellisesti vasemman

käden keskisormeen. Tuo sormus tulisi olemaan lohdutukse-
nani niiden monien, monien kilometrien kuluessa, ennen kuin
minä ja Amma tapaisimme uudelleen myöhemmin sinä kesänä.
Amma sanoi minulle: "Tytär, älä koskaan pyydä mitään ja
kaikki tulee sinulle." Vuosia myöhemmin, lukiessani Ramay-
anaa ensimmäistä kertaa, saatoin ymmärtää miksi Rama antoi
Hanumanille sormuksen, jotta Raman rakastettu Sita Devi
kykenisi tunnistamaan hänet. Vaikka minä en ole Hanuman,
Amman eri maissa olevat lapset voisivat tuntea hänen *sankalpansa*
(jumalallinen päätös) ansiosta hänen länsäolonsa sormuksen
kautta. Täysin luottaen Amman sanoihin lähdin itään päin
maailman toiselle puolelle.

MATKALLA

Lähtiessäni matkaan kesäkuussa 1986, minulla ei ollut mitään
käsitystä siitä, että se tulisi olemaan ensimmäinen kolmes-
ta matkastani edestakaisin Yhdysvaltoihin ja Eurooppaan.
Amma tulisi aloittamaan maailmankiertueensa vasta vuotta
myöhemmin. Sitä ennen kuluisi tuhansia ja sitten kymmeniä
tuhansia kilometrejä, yrittäessäni tuoda hänet länteen itkevien
lastensa luo. Minulla ei ollut mitään suunnitelmaa, en tunte-
nut yhtäkään Amman seuraajaa johon voisin ottaa yhteyttä.
Oppaanani ei ollut kirjaa: *Maailmankiertueen järjestäminen
idiooteille.* Perheeni oli vain ostanut minulle lipun, jotta voisin
vierailla heidän luonaan, ja niin lähdin matkaan. Heillä ei ollut
aavistustakaan siitä, miten pikainen vie!ailuni tulisi olemaan ja
että alle vuoden sisällä intialainen pyhimys, nimeltään Amma
olisi vieraana heidän talossaan!

Saavuin San Fransiscoon selässäni reppu, missä oli vaihto-
vaatekerta, messinkinen öljylamppu, "Suloisen Autuuden Äiti"-
lehtisiä ja kaksi tuottamaamme videota. Näillä evällä lähdin

matkaan yli mantereen ja maailman ympäri, näytin videota niin monille kuin mahdollista, jokaisessa kaupungissa jossa oli perhe tai ystävä. Näissä paikoissa kykenin aina luottamaan siihen, että sain ruokaa ja yösijan, rakkaudellista ystävyyttä ja anteliaisuutta. Aina kun ideat loppuivat tai en tuntunut pääsevän eteenpäin, Amman armo näytti minulle suuntaa. Koska ei ollut mahdollista soittaa Ammalle, minun oli olosuhteiden pakosta kuunneltava sydämestäni tulevaa viestiä siitä, mitä Amma halusi. Nuo meditaatiot veivät minua kaikkiin mahdollisiin suuntiin.

ENSIMMÄINEN VIDEOESITYS

Ensimmäinen julkinen "Päivä Amman kanssa"-videon esitys pidettiin San Fransiscossa. Sen järjesti George Brunswig, sama mies San Fransiscosta, joka oli lähettänyt sähkösanoman ja pyytänyt "Suloisen Autuuden Äiti"-lehtistä. Tilaisuuteen tuli yli 20 ihmistä. Sen jälkeisessä kysymys- ja vastaustilaisuudessa kävi selväksi, että monet olivat kokeneet yhteyttä Ammaan videoesityksen aikana. Ryhmän siirtyessä olohuoneeseen nauttimaan virvokkeita, kaksi ihmistä tuli luokseni ja esittelivät itsensä: Tina ja Nancy. He halusivat kovasti auttaa, jos vain voisivat. Minusta tuntui, että Amma oli heti lähettänyt kaksi enkeliä. Järjestimme tapaamisen ja he antoivat ohjeet, miten löytää heidän luokseen Berkeleyhin.

MITEN VOIMME AUTTAA?

Muutaman päivän kuluttua, kun olin matkalla tapaamaan Tinaa ja Nancya, mietin miten kaikki menisi. Mikä olisi seu raava askel? Älä pyydä mitään ja kaikki tulee itsestään, oli ollut Amman ohje. Se ainakin teki asiat yksinkertaisiksi. Kävi ilmi, että Tina oli suloisen kuusivuotiaan pojan, Theon äiti. Nancy oli tutkijana UC Berkeleyssä. He halusivat kuulla lisää tarinoita

Ammasta ja esittää kysymyksiä ja puhuimme yli kahden tunnin ajan. Lähtiessäni he esittivät hartaan toiveensa auttaa minua, millä tavoin vain se olisi mahdollista. Koska vain harvat tunsivat Amman USA:ssa, pidin hyvänä ajatuksena työskennellä heidän kanssaan. En ollut pyytänyt sitä, he itse tarjosivat apuaan. He täyttivät kriteerin!

He alkoivat järjestää lisää videoesityksiä, joiden kautta sain taas lisää yhteyksiä. Eräs henkilö oli menossa Mount Shastaan, toinen tunsi perheen Mirandassa. Annoin asioiden vain tapahtua tähän tapaan. Joitakin harvoja poikkeuksia lukuun ottamatta tällaista tapahtui USA:n jokaisessa kaupungissa missä pysähdyin, riippumatta siitä miten monta ihmistä tuli videoesitykseen. Yksi tai kaksi, joskus kolme ihmistä osoitti kiinnostusta. Yhteydenotto näihin kussakin kaupungissa ja heidän ottamisensa mukaan osallistumaan järjestelyihin sai kaiken toimimaan. Kukin heistä teki omalla tavallaan vilpittömästi töitä ensimmäisen maailmankiertueen eteen, paljon ennen kuin olivat tavanneet Amman, vain nähtyään "Päivä Amman kanssa"-videon. Pidin Amman puhtaan armon merkkinä sitä, että jokainen tarvittava yksityiskohta tuli esiin oikealla hetkellä.

NIMEN VALINTA

George Brunswig oli tarjoutunut auttamaan minua tekemään lehtisen Amman elämästä. Istuimme yhdessä tunnista toiseen tekemässä taittoa. Olin jo kirjoittanut tiivistelmän Amman elämästä ja opetuksista sisäkanteen ja takakanteen laitettaisiin kiertueaikataulu. Ajattelin, että sen kirjoittaminen paperille auttaisi hahmottamaan kiertuetta. Takakannessa oli suosikkikuvani Ammasta ja sen alla luki: "Amman vierailun paikat ja päivämäärät" jonka jälkeen listassa olivat San Fransisco, Seattle,

Mt. Shasta, Big Sur, Santa Cruz, Southwest USA, Chicago, Madison, Pittsburgh, Boston ja New York City.

Samana päivänä keskustelimme postilaatikon vuokraamisesta, jotta meillä olisi postitusosoite. Sitä varten tarvitsimme nimen. Nimen keksiminen tuntui tärkeältä. Minun ajattelutapani mukaan se teki kaiken todellisemmaksi. Minä ja George mietimme sitä edestakaisin. Amman ashram Intiassa oli tuolloin nimeltään Mata Amritanandamayi Mission tai MA Mission. Georgen mielestä se ei toimisi Amerikassa, sillä sanaa "mission" käytettiin yleensä kirkon yhteydessä. Ehdotin Mata Amritanandamay Centre tai MA Centre –nimeä. Pidin brittiläisestä tavasta kirjoittaa centre, mutta George ei. Hän sanoi, että oli aina hyvä ajatus kirjoittaa sanat siten, kuin kussakin maassa oli tapana - sen tulisi siis olla M.A.Center. Minun oli tunnustettava hänen logiikkansa, ja niinpä kymmenen minuutin keskustelun tuloksena syntyi M.A. Center. Sen täytyi olla yksin Amman armon ansiota, että sinä yksinkertaisena hetkenä kirjoitetusta "M.A.Center" -nimestä tulisi niin pitkäikäinen ja että paikka tulisi kodiksi niin suurelle määrälle epäitsekästä palvelutyötä.

MIHIN KOMPASSI OSOITTAA

Pohjoiseen, etelään, itään, länteen; bussilla, autolla, lentokoneella, junalla. Nukuin perheeni ja ystävieni kotona, tiipiissä ja joskus jopa jurtassa. Tarkoituksenani oli esittää "Päivä Amman kanssa"-video niin usein kuin mahdollista näiden kahden kuukauden aikana. Olipa kyseessä yksi tai 25 henkeä noudatin samaa kaavaa: sytytin lampun, kerroin Amman elämästä ja näytin videon. Sen jälkeen puhuin Amman kanssa viettämästäni ajasta ja vastasin kysymyksiin siihen saakka, kunnes viimeinenkin henkilö oli tyytyväinen. Selitin että Amma tulisi ensi kesänä ja jos joku halusi ottaa yhteyttä kiertuesuunnitelmien selvittyä, pyysin heitä kirjoittamaan nimensä ja osoitteensa muistivihkooni. Noista nimistä tulisi se Amerikan ydinryhmä, jotka tulisivat ottamaan Amman vastaan. Joskus ihmiset toivat ruokaa nyyttikestejä varten ja valvoimme myöhään puhuen henkisestä elämästä Amman kanssa. Illan aikana selvisi aina, kuka oli kokenut yhteyden Ammaan iltanäytöksen aikana.

Tästä verkostosta syntyi uusia yhteyksiä, lisää videoesityksiä ja yhä enemmän kontakteja Amman ja hänen lastensa välillä. Tätä kaikkea ohjasi Amman pettämätön armo. Elokuun puoleenväliin mennessä, matkustettuani yli kaksi kuukautta tauotta, palasin kiitollisena Amman luo. Olin käynyt Singaporessa, San Franciscossa, Oaklandissa, Berkeleyssä, Carmelissa, Santa Cruzissa, Mirandassa, Seattlessa, Olympiassa, Taosissa, Santa Fessä, Albuquerquessa, Boulderissa, Madisonissa, Chicagossa, Pittsburghissa, Baltimoressa, Washington DC:ssä, New Yorkissa, Bostonissa, Lontoossa, Zürichissä, Schweibenalpessa ja Grazissa.

KOTIINPALUU

Elokuussa 1986, päivänä jona palasin ashramiin, Amma istui Kalarin edessä kuistilla. Jotkut asukkaat olivat myös liittyneet joukkoon ja olivat uteliaita kuulemaan, mitä kaikkea olin tehnyt. Mitä nyt tapahtuisi? Milloin Amma lähtisi Amerikkaan? Missä paikoissa Amma kävisi? Kuinka monet olivat kuulleet Ammasta? Muistan kysymysten tulvan olleen sekä jännittävän että ylitsevuotavan, ja minulla oli vaikeuksia vastata niihin selkeästi. Sitten katsoin Ammaa. Hän oli täysin hiljaa ja näytti kuuntelevan. Sitten hän katsoi ylöspäin ja hänen syvät, ikuiset silmänsä kiinnittyivät omiini ja ilma oli täynnä rauhaa. "*Sheriyayo, mole?*" (Onko kaikki hyvin, tytär?) Siinä kaikki mitä Amma kysyi minulta. Amman yksinkertaisen ja suoran kysymyksen vaikutusta minuun ei voi sanoin kuvailla. Oli kuin ilma itse olisi lakannut hengittämästä, odottaen vastaustani. Aika pysähtyi toviksi, kun Amma kokeili sydämeni kykyä viedä hänen viestiään hänen kaukaisille lapsilleen, ja kykyäni viedä Amma heidän luokseen, ja tehdä se olemalla itse niin kaukana hänen fyysisestä läsnäolostaan. Koin intuitiivisesti, että Amma punnitsi päättäväisyyttäni. Vastasin rauhallisesti ja tarkoituksellisen päättävästi "*Sheriyaiyi*, Amme." (Kaikki on hyvin, Amma). Sillä hetkellä tunsin rinnassani energian sykähdyksen, kuin jumalallisen rakkauden hienojakoinen silta olisi yhdistänyt minun ja Amman sydämen. Amma hymyili myötätuntoisesti ja piti minua sylissään pitkän aikaa.

Amma halusi minun lepäävän matkan jälkeen. Noustessani seisomaan minulla oli erehtymätön tunne siitä, että syvä side oli sinetöity välillemme. Side, joka takaisi sen, että saisin "pyytämättä, kaiken mitä tarvitsisin." Sillä hetkellä sieluni tiesi, että kiertue tapahtuisi ja että ennen pitkää Amma olisi ympäri maailmaa olevien lastensa kanssa. Samaan aikaan aistin, että siihen tarvittaisiin paljon ponnisteluja ja uhrauksia. Muistan, että valtava onnen tunne valtasi minut.

Ei ollut hetkeäkään hukattavaksi. Seuraavana päivänä ehdotin että keräämälläni postituslistalla oleville ihmisille lähetettäisiin uutiskirje. Yleinen vastaus oli: "Mitä? Uutiskirje? Eihän Amma ole edes vielä käynyt Amerikassa." En ollut tyytyväinen, joten menin kysymään Amman mielipidettä ajatuksesta. Hän hyväksyi ajatuksen lämpimästi ja pyysi minua tuomaan kasettinauhurin ja kysymyksiä, joita minulle oli esitetty. Hän vastaisi kysymyksiin ensimmäisessä numerossa. Sen lisäksi hän vielä kirjoitti omin käsin kirjeen, joka lähetettäisiin kaikille postituslistalla oleville. Ehdotin uutislehtisen nimeksi "Amritanandam" Ikuinen autuus, Amman oman nimen mukaan.

LENTOLIPPUJA OSTAMASSA

Lentolippu jolla olin matkustanut kesällä oli ollut unelma. Se oli toiminut erittäin hyvin kiertueen alkujärjestelyjä tehtäessä ja ajatuksenani oli hankkia sama lippu Ammalle ja hänen ryhmälleen. Oli vain yksi ongelma: ei ollut rahaa ostaa lippuja. Tämä asia oli koko ajan mielessäni, samalla kun viikot ja kuukaudet kuluivat. Jo ennen kuin tulin Amman luo, olin aina ollut hyvin säästeliäs henkilö. Minulla ei ollut luottokorttia enkä ollut koskaan omistanut autoa, mikä oli epätavallista amerikkalaiselle tytölle. Elämäni ainoa impulsiivinen teko oli ollut se, kun matkustin Intiaan tapaamaan Ammaa. Nyt kun asuin ashramissa, ainoa hätävara mikä minulla oli, oli American Express -kortti, jonka vanhempani olivat antaneet sillä ehdolla, että käyttäisin sitä vain jos se olisi ehdottoman tarpeellista.

Saisimme kaiken, mitä tarvittaisiin. Amma oli sanonut sen selkeästi. Lentolippu maailmankiertueelle ei tulisi olemaan poikkeus, olin siitä täysin varma. Se oli vain ajoituksesta kiinni. Kuitenkin tämä erityinen tarve oli kiireellinen: USA:n viisumihakemusta varten tarvittiin lentoliput. Ranskan viisumit saataisiin USA:n viisumien myötä. Vasta sitten voisimme jatkaa yksityiskohtaisempaa suunnittelua. Vasta sitten unelma Amman saattamisesta lastensa luo ottaisi yhden kriittisen askeleen eteenpäin kohti toteutumistaan.

Amman sanojen: "Lapseni itkevät minua, mutta eivät voi löytää minua," muistelu sysäsi minut liikkeelle. Olin itse itkenyt kaksi vuotta ennen kuin tapasin Amman ja tiesin, miltä se tuntui. Enemmän kuin mitään halusin että, kuten minäkin, Amma ja hänen lapsensa kohtaisivat toisensa uudelleen. Amman kaipauksesta nähdä lapsensa oli tullut minun kaipaukseni nähdä Amma lastensa kanssa. Päätin että tiettyjä riskejä oli otettava; meidän täytyi pistää toimeksi.

Otin asian esiin swami Paramatmanandan kanssa. Tiesin että hänellä oli äitinsä kanssa samanlainen järjestely kuin minullakin: kortti hätätapauksia varten. Minun käytännöllinen ehdotukseni hänelle oli, että menisimme matkatoimistoon Kochissa ja jakaisimme lippujen kustannukset. Minä ostaisin viisi ja hän viisi. Vakuutin hänet siitä, että saisimme rahat, minulla oli täysi usko siihen. Jos ei, niin vannoin juhlallisesti hankkivani töitä kokkina kiertueen loputtua, jotta voisin maksaa velkani. Hän hyväksyi tämän ratkaisun empimättä. Tunnin sisällä lähdimme Kochiin, sanomatta kenellekään sanaakaan kiertuesuunnitelmistamme.

Kaksi lentoyhtiötä olivat Singapore Air ja Delta; ja kymmenen kaupunkia Singapore, San Francisco, Albuquerque, Chicago, Washington DC, Boston, New York, Pariisi, Zürich ja Wien. Sydämessäni tiesin kiertueen toteutuvan kun kuuntelin vanhanaikaisesta luottokorttikoneesta lähtevää ääntä sen klikatessa kymmenen kertaa, kun matkatoimiston virkailija kuljetti luottokorttejamme sen läpi.

USA:N KONSULAATTI CHENNAISSA

Tehtävä, joka veisi kaiken huomioni lähes kolmen kuukauden ajan, oli passien hakeminen, USA:n ja Ranskan viisumeiden hankkiminen sekä lentolippujen ostaminen Ammalle ja yhdeksälle muulle hänen mukanaan matkustavalle. Passien saanti oli helppoa, mutta viisumit olivat asia erikseen. Niinä päivinä oli vaikeaa saada yhtäkään viisumia, saati sitten seitsemää. Kävi niin, että vaikka yksikään perhe, joita pyysin sponsoroimaan viisumit ei ollut tavannut Ammaa, he kaikki olivat valmiita sponsoroimaan Amman ryhmän.

Tunsin oloni huolesta raskaaksi odottaessamme Kayamkulamin linja-autoasemalla 17 tunnin bussimatkaa, joka veisi minut USA:n konsulaattiin Chennaihin. Minulla ei ollut sovittua tapaamista eikä mitään tiettyä suunnitelmaa viisumeiden varalle eikä avustajaa edistämässä asiaamme. Ainoa selville saamani asia oli, että oli ennenkuulumatonta saada se, mitä tarvitsimme ilman kuukausien odotusta. Jos hakemuksemme evättäisiin, olisi odotettava vuosi ennen uutta hakemusta. Tiesin että kuten aina, ratkaiseva tekijä olisi Amman läsnä oleva armo. Yksi Amman lukemattomista ihmeistä oli järjestää sellaiset asiat hyvin mutkattomasti. Mutta silti tarvittiin omaa ponnistelua. Kymmenen lentolippua ja passia, sekä seitsemän sponsorikirjettä pakattuna turvallisesti reppuuni, nousin bussiin, jossa käytin suurimman osan ajastani napostellen maapähkinäkrokantteja ja rukoillen, etten palaisi tyhjin käsin takaisin. Jos viisumeja ei myönnettäisi, kiertuesuunnitelmat olisivat riekaleina, ainakin minun huolellisesti laatimani aikataulun osalta.

Konsulaatissa löysin itseni keskeltä kymmeniä sisääntulohallissa odottavia ihmisiä. Jokainen heistä piteli suurta numerolappua odottaessaan tulla kutsutuksi lasiseinäiselle alueelle, missä virkailijat istuivat. Tutkiessani meluista, hermostunutta väkijoukkoa, tunsin ilman pysähtyvän jälleen, aivan kuten silloin Kalarin kuistilla joitakin kuukausia sitten. Päätin olla noudattamatta numerosysteemiä ja kävelin suoraan lasi-ikkunalle saadakseni virkailijan huomion. Hiljaisella äänellä selitin mitä tarvitsimme: seitsemän viisumia Amerikkaan kahdeksi kuukaudeksi tänä kesänä. Ei, kukaan hakijoista ei ollut naimisissa. Ei edes kihloissa. Ei, kellään heistä ei ollut liikeyritystä. Mutta kyllä, kaikki aivan varmasti palaisivat Intiaan elokuussa. Kyllä, tiesin että he tarvitsisivat sponsorit. Pitelin ylhäällä sponsoripakettia nyökäten "kyllä." Hymyilin heikosti virkailijalle samalla sisäisesti toistaen Amman sanoja "Älä pyydä mitään ja kaikki annetaan….Älä pyydä mitään ja …" Virkailija sulki oven ja johdatti minut yhteen toimistoista haastattelua varten. Kuulin itseni selittävän mitä tarvittaisiin ja tyrmistyneessä hiljaisuudessa katsoin kättä, joka yhä uudelleen ja uudelleen leimasi viisumit kaikkiin passeihin. Alle tunnissa kaikki viisumit oli myönnetty. Seisoessani ulkona jalkakäytävällä kiitollisuuden kyyneleet virtasivat poskiani pitkin.

SITTEN MENOKSI

On vaikea kuvitella noita päiviä, jolloin ei ollut tietokonetta, kännyköitä tai internettiä, ja kuitenkin koko ensimmäinen kiertue suunniteltiin ilman niitä. Ainoa yhteydenpitovälineeni oli minulle annettu pieni kirjoituskone. Kirjoitin sillä "Amritanandam"- lehteä ja pidin yhteyttä pieneen, hajallaan olevaan ryhmään ihmisiä, jotka olivat halukkaita auttamaan nähtyään Päivä Amman kanssa -videon kesällä. Euroopan kiertueen suunnittelu oli annettu ranskalaisen Jaques Albohairin käsiin. Hän ottaisi siellä yhteyttä hankkimieni kontaktien lisäksi jo hänellä oleviin, kun taas minä suunnittelisin Amman Amerikan kiertuetta.

Tammikuussa tiesin, että oli aika palata Yhdysvaltoihin. Nyt kun meillä oli lentoliput ja viisumit, oli järjestettävä itse kiertue. Mihin Amma majoittuisi ryhmänsä kanssa? Mitkä olisivat ne kaupungit, mihin hän menisi? Millaiset paikat sopisivat illan bhajan- ja darshan-ohjelmille? Entä kaikki ne julisteet mitä tarvittaisiin? Kuka siellä hoitaisi kaiken sellaisen? Päätin kulkea koko maan poikki jälleen, vaikka oli sydäntalvi. Useammat videoesitykset merkitsisivät enemmän kontakteja, enemmän apua ja useammat Amman lapset kuulisivat Amman tulevasta vierailusta. Se oli ainoa tapa, millä pääsisin eteenpäin. Joten aloitin San Fransiscosta, enkä pysähtyisi ennen kuin pääsisin

Bostoniin. Pyysin Ammalta hänen siunaustaan. Lippuni Yhdysvaltoihin oli varattu helmikuun kolmannelle päivälle.

PALUUVIISUMIA HANKKIMASSA

Olin siirtänyt mielessäni taka-alalle yhden pikkuseikan: oman viisumini. Tarvisisin N.O.R. (No Objection to Return) eli paluuviisumin päästäkseni takaisin Intiaan kiertueen loputtua. Olin saanut viisumin pidennyksen edellisenä vuonna, mutta nyt minun piti jälleen lähteä maasta jatkamaan Amman kiertueen järjestelyjä. Oli ollut tarpeeksi vaikea vakuuttaa Ulkomaalaisten rekisteröintivirastolle Kollamissa, että minun oli pitänyt lähteä maasta viime elokuussa. Kuinka he nyt suhtautuisivat tähän toiseen N.O.R.-viisumihakemuksen puolta vuotta myöhemmin? He eivät pitäneet siitä, mutta hyväksyivät hakemukseni.

Todelliset ongelmat alkoivat poliisin tullessa ashramiin rutiinikäynnille viisumihakemustani koskien. Minut kutsuttiin Amman perheen talossa sijaitsevaan toimistoon. Kaksi poliisivirkailijaa oli tullut paikalle, ja he halusivat nähdä passini ja oleskelulupani ja puhua kanssani. Meidän kolmen istuessa pikkuruisessa toimistossa, klaustrofobinen tunne valtasi minut.

Ensiksikin poliisi halusi tietää miksi minun piti jälleen lähteä Intiasta. He sanoivat, että olin täällä oleskeluviisumilla, eikä vuoden sisällä ollut mahdollista tulla ja mennä niin usein. Mikä oli selitykseni? Sanoin, että perheeni täytyi tavata minua ja että oli muita asioita, joita minun piti hoitaa. He eivät olleet vastaukseen tyytyväisiä. He antoivat minulle lopullisen valinnan: joko pysyn täällä ja pidän pitkäaikaisen viisumini tai lähden maasta ja luovun oleskeluviisumistani. Viisumi, jota olin odottanut niin kauan. Joka teki minulle mahdolliseksi sen, ettei minun tarvitsisi lähteä pois Amman luota joka kuudes kuukausi!

Hetken aikaa mieleni kulki edestakaisin kahden vaihto-
ehdon välillä, mutta oikeastaan mitään valinnanvaraa ei ollut.
Jos päätin pitää oleskeluviisumini, siihen loppuisivat kiertue-
suunnitelmat. Se ei ollut enää vaihtoehto, järjestelyt olivat
jo edenneet liian pitkälle. En voinut hyväksyä ehtoja; sanoin
poliisille että minun piti mennä Yhdysvaltoihin, joten minun
oli uhrattava pitkäaikainen viisumini. Sanaakaan sanomatta he
kirjoittivat oleskelulupani takapuolelle: lähtölupa: myönnetty,
paluu: evätty. Viisumini oli nyt mitätöity ja arvoton. Sydän
takoi rinnassani kun nousimme lähteäksemme. Se oli siinä:
vain yksi kynän liike ja kallisarvoinen viisumini oli mennyttä.
Ei ollut mitään syytä ajatella sitä, mitään muuta ei voitu teh-
dä. En halunnut kertoa kenellekään huonoja uutisia, ne voisi
kertoa myöhemminkin.

MANTRA- DIKSHA KALARISSA

Pian oli aika lähteä Yhdysvaltoihin toiselle kiertueen järjestely-
matkalle. Amma oli ilmaissut haluavansa antaa minulle *mantra
diksha*n (muodollinen vihkimys mantran käyttöön) Kalarissa
ennen lähtöäni. Olin valmistautunut tätä hetkeä varten aina sen
jälkeen kun oli vuonna 1983 liittynyt ashramiin. Olin tarkkailut
vihkimyksen aikaansaamia muutoksia muissa asukkaissa, jotka
olivat ottaneet vastaan *diksha*n yksityisesti Kalarissa. Olin toivo-
nut, että minäkin olisin kelvollinen vastaanottamaan Amman
armon. Sanotaan että vihkimyksen aikana guru välittää omaa
elinvoimaista energiaansa, joka nopeuttaa oppilaan henkistä
heräämistä.

Minulle kerrottiin kaksi päivää aikaisemmin, että vihki-
mykseni tapahtuisi tulevana sunnuntaina. Aloitin paaston,
vaikkakin söin kevyesti illalla säilyttääkseni voimani. Myöhään
sunnuntai-iltapäivällä, ennen Devi Bhavaa kävin kylvyssä ja

puin päälleni aivan uudet vaatteet. Istuin meditoimaan Kalariin. Odotuksen tunne kasvoi Bhava Darshanin jatkuessa yöhön. Väkijoukko oli tavallista suurempi, ja Amma lopetti vasta puoli neljältä aamulla. Temppelin ovet suljettiin ja jäin sisälle Amman kanssa, joka oli yhä silkkisessä Devi Bhava sarissaan. Tohtori Liila, nykyisin Swamini Atmaprana, oli myös siellä avustamassa Ammaa initiaatiossani.

Amma alkoi istuttamalla minut samalle jakkaralle, jota hän oli juuri käyttänyt Devi Bhavassa. Sitten hän meni piithamin takana olevalle alttarille. Asetuin täyteen lootusasentoon, selkäni kevyesti piithamin etuosaa vasten ja kasvoni olivat kohti itää ja suljettuja temppelin ovia. Bhajan-musiikki jatkui kuistilla, munkit lauloivat kauniita lauluja Deville, Jumalalliselle Äidille. Vein huomioni sisäänpäin, pois musiikista. Olin kääntänyt katseeni alaspäin ja saatoin kuulla Amman lausuvan voimakkaita, muinaisia hymnejä Deville, joita olin kuullut vihkimysseremonioissa. Sillä hetkellä tunsin itseni täysin rennoksi ja vastaanottavaiseksi.

Sitten Amma tuli luokseni mukanaan punainen kiinanruususeppele. Hän pisti sen kaulaani ja laittoi tuoretta santelitahnaa otsalleni. Hän piti keskisormeaan pitkään kolmannen silmäni kohdalla. Keskitin mieleni "ma"-tavuun ja pidin sitä keskittyneenä yhteen pisteeseen, ohjaten ajatukseni kohti oman *ishta devatani*, Jumalallisen Äidin muotoa. Amma jatkoi lausumista, nyt syvemmällä ja pehmeämmällä äänellä. Oli vaivatonta antaa mieleni antautua. Ei ollut ajatuksia, ei temppeliä, ei aikaa - vain täydellisen ykseyden tunne. En tiedä miten pitkän ajan kuluttua Amma kuiskasi mantran oikeaan korvaani samalla sulkiessaan vasemman käden sormella toisen, aivan kuin estääkseen mantraa tulemasta ulos toiselta puolelta.

Hän toisti mantran kolme kertaa ja siirtyi sitten taakseni alttarille. Kuulin kuinka raskas silkkisari kahisi ja miten nilkkarenkaat helisivät bhajaneitten tahdissa; se oli sanoinkuvaamattoman kaunista. Amma oli alkanut tanssia; swamini Atmaprana kertoi tämän seuraavana aamuna. Kyyneleet virtasivat poskiani pitkin ilman mitään erityistä tunnetta. Lisää aikaa kului. Mantran kaikuessa sisälläni, *mantra shaktin* (mantran voiman) väreillessä jokaisessa kehoni solussa, viivyin tuossa pysähtyneessä, meditatiivisessa tietoisuudessa. Vihitty sai olla temppelissä niin kauan kuin halusi Amman poistumisen jälkeen. Auringon ensimmäiset säteet hyväilivät kasvojani kun poistuin hiljaa Kalarista ja palasin majaani.

LUPA ESIKIERTUEELLE

Päivää myöhemmin pakatessani lähtöäni varten eräs ajatus tuli mieleeni. Miksi emme joidenkin munkkien kanssa järjestäisi Amman tuloa edeltävää "esikiertuetta"? Voisimme matkustaa samoihin paikkoihin, joihin Amman oli tarkoitus matkustaa ja pitäisimme *satsang*-illan, johon kuuluisi henkinen puhe ja bhajaneita. Video-esityksen jälkeen munkit voisivat jakaa enemmän kokemuksiaan Amman kanssa. Lisäksi voitaisiin tarkistaa kaikkien niiden salien ja kotien sopivuus, joita olin ajatellut käyttää seuraavan kuukauden aikana. Vaikka tiesin, että esikiertueen suunnittelu samanaikaisesti Amman vierailun järjestelyjen kanssa monimutkaistaisi asioita, päätin kysyä asiasta Ammalta. Kukaan muu ei juurikaan pitänyt ideasta paitsi Amma. Kun kerroin hänelle ajatuksesta esikiertueen järjestämisestä, hän hymyili suloisesti ja valitsi munkit joiden kanssa matkustaisin Yhdysvaltoihin ennen Ammaa.

Esikiertueen aloituspäivämääräksi valittiin maaliskuun 26. päivä. Munkit lentäisivät San Franciscoon ja toisivat mukanaan harmoniumin ja tablat. Sitten ajaisimme maan halki. Swami Amritaswarupananda alkoi säveltää kauniita *Hari Kathoja* (musiikillinen kertomus Jumalasta). Yksi olisi Amman elämästä; toinen Mirabaista, 1300-luvulla eläneestä pyhimyksestä. Nämä hän ajatteli esittää esikiertueella. Kaiken tämän järjestyttyä lähdin matkaan.

JUMALALLISEN VERKOSTON MUODOSTUMINEN

Se talvi oli erittäin kylmä mantereen halki kulkemiseen, mutta silti onnistuin päivittäin järjestämään yhden videoesityksen ja vähintään yhden kunnon aterian. Joskus kesän aikana saatu yhteyshenkilö järjesti minulle videoesityksen, toisinaan saatoin vain kävellä sisälle kirjakauppaan nähdäkseni halusiko joku nähdä Amman videon. En ollut huolissani, sillä Amman lapsia oli kaikkialla ja hän oli opastava valoni. Kävin läpi puhelinluettelon keltaisia sivuja ja järjestin epävirallisia tapaamisia eri kirkkojen ja henkisten keskusten kanssa puhuakseni Ammasta. Monet päättivät järjestää iltaohjelman kirkossaan tai ohjelmahallissaan ilmaiseksi. Kveekarit, Unitaristit, Vipassana meditaatiokeskus, Cambridgen Zen-keskus, Teosofinen seura, Bostonin sufit, Yoga Society, Ramalayam temppeli Chicagossa, Pyhän Johanneksen kirkko New Yorkissa ja jopa Harvardin yliopisto olivat kaikki kiinnostuneita. Kiertueen ääriviivat alkoivat muotoutua ja yksityiskohtien suunnittelu saattoi alkaa.

Tapasimme kaupungeissa, joissa olin hankkinut yhteyksiä edellisenä kesänä etsiäksemme ohjelmapaikkoja, suunnitellaksemme tiedottamista ja aloittaaksemme listojen tekoa. Puhuimme kaiken aikaa Ammasta ja esikiertueesta. Kaikki tunsivat jännityksen alkavan kasvaa. Aloimme tuntea toisiamme työskennellessämme yhteisen päämäärän eteen: tuodaksemme Amman keskuuteemme. Ihmisten viaton usko puhkesi kukkaan heidän palvellessaan näin epäitsekkäästi, vaikka eivät olleet edes aikaisemmin tavanneet Ammaa. Oli inspiroivaa katsella ja olla osana sitä. Heidän sisäinen kompassinsa ohjasi heitä kohti Ammaa. Nämä olivat selvästi Amman lapsia ja odotin suuresti sitä, että näkisin heidän ensimmäiset darshaninsa.

Suunnitelmien selkiytyessä yksi ensimmäisenä ratkaistavista kysymyksistä oli, mihin Amma tarkalleen menisi. Kukaan ei tuntenut Ammaa. Ainoa paikka, johon meidät oli kutsuttu, oli San Fransiscon alueella. En kuitenkaan nähnyt sitä esteenä. Kuvittelin aina Ammaa puhaltamassa voikukan siemeniä ilmaan ja niiden laskeutuvan paikkoihin, joissa perheeni ja ystäväni asuivat. Näistä tuli Amman vierailun keskuskaupunkeja ympäri maata. Nämä siemenet omalta osaltaan itivät Amman puhtaan armon kastelusta ja kasvoivat kuin köynnöskasvin haarat tuoden myös muita paikkoja esiin.

Ensimmäinen San Fransiscossa pidetty videoesitys poiki kutsun Mt. Shastaan, mikä puolestaan johti minut Mirandaan, Seattleen. Sitten tulivat Carmel ja Santa Cruz. Taos Uudessa Meksikossa oli pullollaan vanhoja ystäviä ja henkisiä etsijöitä, jotka olivat innokkaita tapaamaan Amman. Sehän oli paikka, jossa olin asunut kuullessani Ammasta. Sieltä sitten Santa Fehen, Albuquerqueen ja Lama-vuorelle. Nealun äiti, Phyllis Rosner oli Chicagossa. Hänen ensimmäinen joogaopettajansa oli Madisonissa.

Isäni asui Bostonissa. Halusin todella Amman menevän New Yorkiin ja Washington DC:hen. Minusta tuntui siltä, että Amman täytyisi pitää ohjelmia näissä kaupungeissa, sillä niissä tehtiin niin monia suuria ja kauaskantoisia päätöksiä. Siellä Amman jumalallinen energia olisi ehdottomasti hyväksi. Emme kuitenkaan tunteneet ketään, joka asuisi kummassakaan paikassa. Oli siis aloitettava nollasta. Tähän tapaan risteilin maan halki. Amma järjesti kaiken aikaa yhteyksiä ihmisten ja kaupunkien välillä, minun tarvitsi vain nähdä kaiken yhdistävä lanka ja seurata sitä. Perheet alkoivat tarjota kotejaan Amman käyttöön. Vaikka olin selittänyt, että sinne ei tulisi vain Amma vaan kymmenen henkeä, he olivat silti poikkeuksetta hyvin vieraanvaraisia. Ovia avautui joka puolella. Tähän tapaan se, mikä oli vain kaksi kuukautta aikaisemmin vaikuttanut valtavalta, persoonattomalta maalta, muodostui jumalallisten mahdollisuuksien verkostoksi. Jonkinlainen kuvio alkoi hahmottua.

VAIN VIISI DOLLARIA TASKUSSA

Usein oli niin, että taskussani oli vain viisi dollaria, mutta jotenkin Amma takasi aina sen että selvisin. Esimerkiksi entinen opiskelutoverini saattoi ajaa minut yli tuhannen kilometrin matkan Taosiin tai joku videoesityksen nähnyt tarjosi Greyhound-linjan bussilipun seuraavaan paikkaan. Noiden kuuden viikon aikana kuljin satoja ja sitten tuhansia maileja; minä, reppuni ja valtava toive tuoda Amma lastensa luo. Maaliskuun 20. päivänä saavuin New York Cityyn. Huh sentään!

Viikon kuluttua munkit saapuisivat San Franciscoon ja aloittaisimme esikiertueen. Perheeni Bostonissa oli avokätisesti tarjoutunut lennättämään minut takaisin ajoissa ja tapaisin heidät 26. päivä. Vallitseva tunteeni oli, että kaikki edistyi hyvin. Kuitenkin minun täytyy myöntää, että mieltäni kalvoi huolenaihe. Toiveeni oli ollut, että tässä vaiheessa olisi jo ollut enemmän taloudellista turvaa. Tähän mennessä ei ollut tullut mitään muuta kuin se, että pääsin seuraavaan kaupunkiin. Minun täytyi silti jatkaa; järjestelyt olivat jo liian pitkällä antaakseni tämän kalvavan huolentunteen estää menoani.

Kiireellisempi ongelma oli se, ettei minulla ollut mitään millä mennä Bostoniin. Olin New Yorkissa äitini lapsuudenystävän

Ann Wymanin luona. Hän opetti draamaa New Yorkin yliopistossa. Hän oli ystävällisesti järjestänyt illaksi videoesityksen kampuksella. Olin melko varma, että sinne tulisi väkeä ja että tapaisin jonkun, joka saattaisi tarjota kyydin Bostoniin. Näin oli käynyt aikaisemminkin.

Voitko kuvitella pettymykseni, kun vain yksi henkilö oli saapunut videoesitykseen? Ja hän oli tullut vain siksi, että oli luullut videon käsittelevän Keralan taistelulajeja. Hän oli niin pahoillaan puolestani, että jäi paikalle siksi aikaa, kun sytytin öljylampun ja puhuin Ammasta ja tulevasta kiertueesta. Turha mainitakaan, että hän ei ollut menossa Bostoniin.

Asiat pahenivat. Tullessani ulos hallista, oli alkanut sataa runsaasti lunta. Minun täytyi kävellä 20 korttelia, sillä minulla ei ollut varaa edes bussilippuun. Napitin takkini, käänsin kasvot kohti purevaa viimaa ja aloin tarpoa takaisin. Lumisade yltyi armottomaksi lumimyrskyksi. Se oli minulle kerta kaikkiaan liikaa. Pysähdyin keskelle jalkakäytävää ja katsoin kohti taivasta. Täydellinen epätoivo valtasi minut. Ainoa asia, minkä saatoin kuulla ujeltavassa tuulessa, olivat sanat jotka Amma oli sanonut useita kuukausia sitten:" Älä pyydä mitään ja kaikki mitä tarvitset tulee luoksesi, rakas tyttäreni." Kuumat kyyneleet virtasivat poskilleni ja tunsin polvieni taipuvan alleni kun polvistuin lumiselle jalkakäytävälle tuona iltana New Yorkissa. Ihmiset tuuppivat minua kiirehtiessään ohitseni pois lumisateesta. Silloin rukoilin. Laitoin koko olemukseni rukoukseen. Se oli hätähuuto Ammalle, jotta hän kuulisi minut ja ojentaisi kätensä minulle tässä epätoivoisessa, hylätyssä tilassa ja että hän tietäisi minun ersivän häntä. Se oli epätoivoisin hetkeni. Amma, miksi käteni olivat tyhjät? Miksi minun ja sen paikan välillä, missä minun olisi pitänyt olla, oli 5000 kilometriä?

Kuinka voisin toivoa pääseväni eteenpäin? Kuinka voisin ottaa munkit vastaan viikon kuluttua kun en itse kyennyt pääsemään edes Bostoniin seuraavana päivänä? Puuttuiko minulta jotakin? Pitikö tehdä vielä jokin uhraus? Tämän jälkeen en muista paljoakaan 20 korttelin kävelymatkasta muuta kuin että oli hyvin kylmä. Seuraavana aamuna heräsin tyhjässä asunnossa. Melko surkeassa mielentilassa menin keittiöön. Tiskipöydälle oli jätetty viesti. Siinä luki:

Rakas Gretchen,
En tiedä mitä teet, mutta haluan auttaa sinua...Ann

Hän oli jättänyt minulle kolme kahdenkymmenen dollarin seteliä. Tiesin, että bussilippu Bostoniin maksoi 58 dollaria. Kurkkuani kuristi, Amma oli jälleen kerran järjestänyt asiat.

Silti paras oli vielä edessä. Saavuttuani isäni luo Bostoniin myöhemmin sinä päivänä, hän kertoi minulle että kaksi eri perhettä oli yrittänyt tavoittaa minua. He olivat soittaneet sinä aamuna toivoen tavoittavansa minut. Hän antoi minulle heidän numeronsa. Soitin heille. Molemmat sanoivat samaa: he eivät voineet lakata ajattelemasta Ammaa nähtyään videon muutamaa viikkoa aikaisemmin. Edellisenä iltana he olivat kokeneet kiireellistä tarvetta etsiä minut käsiinsä. He halusivat antaa rahaa kiertueen toteuttamiseksi, sillä varmasti tarvitsisin jotakin sekä esikiertuetta että Amman kahdeksan viikon kuluttua tapahtuvaa tuloa varten. Molemmat lahjoittivat tasan 5000 dollaria! Aurinko ei ollut laskenut vielä kertaakaan Ammalle uhraamani rukouksen jälkeen. Hän ei ollut ojentanut vain yhden, vaan kaksi kättä. Kaikki tämä on Ammaa, joka on puhdasta armoa.

120

6. LUKU

Tien raivausta

Huhtikuu 1987
Oakland, Kalifornia

Koska swami Paramatmanandan veljen perhe, Rosnerit, olivat kutsuneet Amman Yhdysvaltoihin, hain munkit sieltä esikiertueelle. Rosnerien asunnosta Oaklandin esikaupunkialueella oli tullut eräänlainen kotipesä. Heidän anteliaisuutensa oli tervetullutta ja pysyvä majakanvalo, joka valaisi koko Amman ensimmäisen maailmankiertueen järjestelyjä.

Olin juuri palannut Bostonista ja touhusin käyden läpi erilaisia listoja Judy Rosnerin kanssa: Listoja tarvitsemistamme ruokatarvikkeista ja mausteista, toinen lämpimistä vaatteista, joita tarvittiin eri kokoja jokaisen koon mukaan. Sitten oli jokaisen Amman ohjelmakaupungin valmiuslista, joka kattoi kaiken lentokentältä hausta jurtan siivousvälineisiin. Sitten oli lista esikiertueen pysäkeistä: kaikki keittopadoista messinkisiin pujatarvikkeisiin, joita tarvittaisiin Amman vastaanottamiseen. Pääluettelo nykyisistä kontakteista sekä uusia johtolankoja, ehdotuksia ja pyyntöjä. Lista lentolipuista ja lentojen aikataulut. Ennen pitkää tarvitsin listan listoista, vain pitääkseni kaikki listat järjestyksessä.

Katsellen minua keittiön pöydän äärestä, Earl Rosner sanoi: "Kusuma, hidasta vähän, istu sohvalle ja rentoudu. Amma tulee, kaikki tulee olemaan hyvin. Älä pilaa Amman suloisuutta raahaamalla häntä niin moneen paikkaan." Reaktioni oli välitön. Taisin olla väsynyt. "Amman suloisuus on vakio.

121

Se ei voi koskaan muuttua. Meillä on jo Amma elämässämme. Hän on tulossa tapaamaan uusia lapsiaan. Hän ei matkusta koko tätä matkaa vain meidän takiamme. Amman suloisuus on hänen lastensa halaamisessa, joten on odotettavissa yhä vain lisää suloisuutta. Yksi Amman suurimmista ilonaiheista on sytyttää rakkauden liekki jonkun sydämeen. Ole hyvä, äläkä enää sano noin uudelleen." Hämmästyin välittömästi suustani lipsahtaneesta terävästä vastauksestani, mutta Earl vain nauroi kuin isoveli ja sanoi ihailevansa päättäväisyyttäni. Hän sanoi, että ehkäpä hänen itsensä pitäisi istua sohvalle lepäämään!

Vaikka olinkin jo kahdella ensimmäisellä järjestelymat-kallani Yhdysvalloissa kulkenut yli 16 000 kilometriä, tunsin oloni kastepisaran raikkaaksi ajaessani lentokentälle maaliskuun 26. päivän aamuna. San Franciscon alueen tiivis henkisten etsijöiden ryhmä oli työskennellyt ankarasti seuraavien 10 000 kilometrin eteen, esikiertueen, kuten me sitä kutsuimme. He olivat tehneet esitteitä, järjestäneet lisää videoesityksiä, ottaneet yhteyttä matkan varrella oleviin ystäviin ja perheenjäseniin, tarjonneet ajoneuvonsa käyttöömme, ostaneet lämpimiä sukkia ja makuutarpeita, valmistaneet herkullista kasvisruokaa, siivonneet talonsa ja viettäneet tuntikausia minun ja minun listojeni kanssa!

Esikiertue lähtisi liikkeelle huhtikuun ensimmäinen päivä, Rosnerien vanhan ystävän, Jack Dawsonin jykevällä Dodge-pakettiautolla. Minä ajaisin munkkeja maan halki ja takaisin, heidän pitäessään satsang- ja bhajan-ohjelmia jokaisessa kaupungissa, jossa Amma tulisi vierailemaan touko-, kesä- ja heinäkuussa. Toivoin, että useammat ihmiset kuulisivat Amman tulevasta kiertueesta ja että järjestämämme ohjelmapaikat olisivat valmiina. Halusin eliminoida kaikki epämiellyttävät yllätykset

nyt, en Amman kiertueen aikana. Esikiertue olisi eräänlainen kenraaliharjoitus. Olin varannut sitä varten kuusi viikkoa.

Larry Kelley San Franciscosta, joka oli tullut kaikkein ensimmäiseen videonäytökseen, ajoi kanssani ensimmäisen osan kiertuetta: 1600 kilometriä pohjoiseen, Seattleen. Matkustimme aluksi Mount Shastaan, missä Swami Amritaswarupananda heitti ensimmäisen lumipallonsa, ja munkit nukkuivat ensimmäistä kertaa jurtassa. Sitten menimme Mirandaan, missä he kohtasivat ensimmäiset majesteettiset punapuunsa. Scott Stevens,vanha ystävä Uudesta Meksikosta, korvasi Larryn kakkoskuskina kaikkiin idässä sijaitseviin kohteisiin, ja seuraavien 3000 kilometrin jälkeen poimimme hänet kyytiin Uudessa Meksikossa sijaitsevassa Carsonissa. Tällöin olimme puolessa välissä matkaa.

Ruoaksi valmistin kitcheriä pienellä retkikeittimellä. Samalla liedellä keitetty lämmin kaakao ja tee toi meille vähän mukavuuden tunnetta. Niissä kodeissa, joissa majoituimme, munkit kohtasivat ensimmäistä kertaa täysin erilaisen kulttuurin. Monista ruokaseikkailuista nyyttikestit olivat ensimmäisten joukossa. Swami Amritaswarupananda teki tuttavuutta ensimmäisen mauttoman "ruoholautasen" eli salaatin kanssa. Munkit joutuivat kohtaamaan innokkaan amerikkalaisen tervehdyksen, "karhunhalauksen," minkä nopeasti opin tahdikkaasti torjumaan. "Kusuma, me olemme munkkeja. Voitko ystävällisesti pyytää heitä jättämään sen väliin?" Kullekin munkille lahjoitettiin uusi makuupussi, josta tuli tietyllä tapaa paras ystävä ylittäessämme Kalliovuoria varhaiskevään kirpeässä ilmassa. Ohittamiemme maisemien täytyi näyttää siltä kuin olisimme olleet toisessa maailmassa! En osaa edes kuvitella, miten paljon he kaipasivat Ammaa.

Swami Paramatmananda kirjoitti *Amritanandamin* maaliskuun numeroon 1987:

Hyvät veljet ja sisaret,
Saavuimme 26.3. veljeni Earl Rosnerin talolle. Hän kutsui
Pyhän Äidin Amerikkaan. Siitä lähtien olemme matkustaneet
Kusuman ja Larry Kellyn kanssa Kaliforniassa, Oregonissa
ja Washingtonissa. Olemme käyneet paikoissa, missä Amma
tulee vierailemaan ja tehneet järjestelyjä hänen ohjelmiaan
varten sekä laulaneet bhajaneita ja tavanneet ihmisiä.
Vastaanotto on ollut myönteinen ja ihmiset kaikkialla
odottavat innokkaina saadakseen ensi kuussa Amman
darshanin. Me kaikki tunnemme Äidin jumalallisen käden
kosketuksen joka askeleella ja olemme yllättyneitä täällä
kuulemistamme tarinoista ja kokemuksista, joita ihmiset
ovat saaneet Amman armosta. Vaikka Amman fyysinen
olemus on 20 000 kilometrin päässä Intiassa, aika tai tila
eivät näytä rajoittavan hänen kaiken läpäisevää olemustaan,
kun hän siunaa joka puolella maailmaa olevia lapsiaan!
Kusuma ajaa meitä tuhansien kilometrien matkoja
kaikkialla USA:ssa, järjestäen kaikki Amman ja meidän
ohjelmamme, hän laittaa meille ruokaa ja kaiken kaikkiaan
on kuin äiti pitäen meistä huolta monella tapaa. Kaiken
tämän toiminnan keskellä hänellä ei ole ollut aikaa tässä
kuussa kirjoittaa uutislehtistä ja siksi Nealu istuu nyt
kirjoituskoneen ääressä kahden pysäkin välissä.
Ammassa,
Br.Nealu (Swami Paramatmananda)

Munkkien läsnäolo oli merkittävä ja puhui omasta puolestaan
paljon Amman suuruudesta. Swami Amritaswarupananda esitti
säveltämiään *Hari Kathoja* luoden antaumuksellisen ilmapiirin
matkatessamme kaupungista toiseen. Yhdysvalloista kotoisin
oleva Swami Paramatmananda alkoi pitää inspiroivia puheita
ennen jokaista "Päivä Amman kanssa" esitystä. Lauloimme

sydämemme kyllyydestä Ammalle ilman mikrofoneja, ja hänen jumalallinen olemuksensa tuntui olevan voimakkaasti läsnä. He pitivät uskomattoman innostavia ohjelmia. *Prabhum isham* oli yksi vuoden 1987 esikiertueen bhajaneista, joka vaikutti ihmisiin voimakkaasti. Muita olivat: *Gajanana* ja *Kaya Pia*, *Gopala Krishna* ja *Karunalaye Devi*, *Narayana Hari* ja *Gangadhara Hara*. Videonäytöstä seuranneet kysymys- ja vastaustuokiot olivat eloisia ja valaisevia. Kuukautta aikaisemmin videonäytökseeni tuli kaksitoista ihmistä, nyt määrä kaksinkertaistui ja esikiertueen ohjelmiin otti osaa 25-30 henkeä.

Matkan varrella jaettiin lisää Amman kiertuejulisteita ja lehtisiä. Yli 2000 kilometrin kuluttua olimme Madisonissa. Siellä Lawrencen perheen maatilan vihreällä nurmikolla uskollinen, lainassa ollut Dodge-pakettiautomme veti viimeisen henkäyksensä. Se oli surumielinen hetki, ja munkit suorittivat pujan sen urhealle, epäitsekkäälle palvelulle. Se oli kuljettanut ja majoittanut meitä yli kuudentuhannen kilometrin ajan eikä ollut koskaan jättänyt meitä yksinäiselle moottoritien pätkälle. Jack otti uutisen hyvin vastaan. Minun oli kuitenkin keksittävä uusi suunnitelma, sillä kiertue oli vasta puolivälissä ja kello kävi. Bussiliput Chicagoon, halpa lentolippu New Yorkiin, junamatka itärannikolla Washington DC:n ja Bostoniin. Meidän pitäisi lentää takaisin, siitä ei päässyt yli eikä ympäri. Pääni ja sydämeni olivat pyörällä yrittäessäni pysyä keskittyneenä, jalat maassa ja mukana aikataulussa. Bostoniin päästyämme Amma saapuisi länsirannikolle alle kymmenen päivän sisällä.

Muistellessamme hiljattain esikiertuetta Swami Amritaswarupanandan ja Swami Paramatmanandan kanssa meidän oli vaikea muistaa mitään erityisiä vaikeuksia, joskin ajomatka oli ollut rankka. Olimme itkeneet ja nauraneet matkan aikana lukemattomia kertoja, kokeneet syvällisiä Amman läsnäolon ja puhtaan armon hetkiä, jotka olivat tehneet meidät nöyriksi ja tuoneet kyyneleet silmiimme. Jokaiselle meistä se edusti henkisen elämämme kypsymistä. Olimme tuomassa Ammaa maailmalle, mikä oli suuri ja huikea käännekohta, ja halusimme tehdä sen parhaalla mahdollisella tavalla. Omat ponnistelumme olivat lahjamme hänelle, ja hänen armonsa virtasi joka puolelta. Vasta vuosia myöhemmin sain tietää, että on harvinaista, että opetuslapset tulevat ennen guruaan tällä tavoin, mutta koska en tuolloin tiennyt sen paremmin, teimme Amman siunauksella sen, mikä oli tarpeen sanoman levittämiseksi Amman ensimmäisestä maailmankiertueesta.

Mainitsen tässä ydinryhmän, lähinnä ensimmäisestä "Päivä Amman kanssa"- esityksestä San Fransiscossa, joita ilman en kirjoittaisi tätä lukua: George Brunswig, Tina Hari Sudha Jencks, edesmennyt Nancy Crawford (Brahmacharini Nirmalamrita), edesmennyt Larry Kelley, Susan Rajita Cappadocia, Robin Ramani Cohelan, James Mermer, Cherie McCoy, Jack Dawson, Timothy Conway, Michael Hock, Scott Stevens, Candice Sarojana Strand, siskoni Katherine Ulrich ja tietenkin Earl ja Judy Rosner. Tämä ryhmä oli mukana alusta alkaen ja teki todellisia uhrauksia Amman tuomiseksi länteen. Sen lisäksi heillä oli kunnia toimia esikiertueella munkkien tervetuliaiskomiteana.

Perheet jotka majoittivat Amman ja esikiertueen väen olivat: Rosnerit Oaklandissa; edesmenneen Marion Rosenin perhe: Tina ja Theo Jencks Berkeleyssä; Ron Gottsegen ja Sandhya Kolar Carmelissa, Iyer-perhe Palo Altossa; Liesbeth ja Ivo Obregon Santa Cruzissa; edesmennyt Elizabeth Wagner Weedissä; Susan Rajita Cappadocia Mount Shastassa; Ken ja Judy Goldman Mirandassa; Terri Hoffmanin perhe Seattlessa; edesmenneet Feeny Lipscomb ja Bruce Ross Taosissa; Isabella Raiser ja Bob Draper Taosissa; Schmidt -perhe Santa Fessä;

Pillain perhe Albuquerquessä; Balachandran ja Lakshmi Nair Chicagossa; edesmennyt Phyllis Rosner Chicagossa; Barbara, David ja Rasya Lawrence Madisonissa; Mary La Mar ja Michael Price myös Madisonissa; Phyllis Sujata Castle New Yorkissa; Gena Glicklich Bostonissa; edesmennyt Mirabhai Washington DC:n alueella; Kit Simms Marylandissä; Devan- perhe Connecticutissa; McGregorin perhe Pittsburghissa; ja Plain Pond Farmin väki.

Ponnisteltuani viimeiseen saakka Amma järjesti, kuten aina, kaiken kauniisti. Yhä useammat tulivat kuulemaan Ammasta. Toiset olivat kosketuksissa siihen verkostoon, jonka edelliskesänä tapaamani ihmiset olivat luoneet, ja hitaasti mutta varmasti yhä useammat ihmiset tarjoutuivat majoittamaan Amman kiertueen väkeä. Kuten toivottiin esikiertue oli saanut aikaan paljon innostunutta jännitystä. *First World Tour Souvenir* -lehtisen julkaisun aikoihin toukokuussa 1987, yhden vuoden järjestelyjen jälkeen, ohjelmassa oli 40 paikkaa, jotka edustivat Amerikan henkisyyden moninaisuutta:

Pyhän Äidin Yhdysvaltain kiertue -1987
18.5.   Amman tulo San Fransiscon lentokentälle
19.5.   San Fransiscon Joogayhteisö
20.5.   Badarikashram, San Leandro, CA
21.5.   Harwoodin Vipassana Meditaatiotalo Oakland
22.5.   Kristillinen Episkopaalikirkko, Sausalito, CA
23.5.   Ensimmäinen Unitaristinen kirkko, San Fransisco
24.5.   Kulttuurien yhdentymisen ystävyysseura, San Francisco
25.5.   Devi Bhava Darshan, Rosnerien koti, Oakland
26.5.   Unitaarinen kirkko, Santa Cruz, CA
27.5.   Carmelin Naisten Klubi

29.5. Kveekareiden Ystävien Tapaamispaikka, Seattle, WA

30.5. Unity-kirkko, Bellevue, WA

31.5. Devi Bhava Darshan, Terri Hoffmanin asuintalo, Seattle

2.6. Melia-säätiö Berkeley, CA

3.6. Whispering Pines Lodge - kuiskaavan Männyn Maja, Miranda, CA

4-6.6. Retriitti Morningstar-kommuunissa, Mt. Shasta, CA

7.6. Devi Bhava Darshan, Morningstarin jurtassa, Mt. Shasta

9-10.6. St. John's Collegen suuri halli, Santa Fe

12.6. Esittävien Taiteiden Keskus, Taos New Mexico

13.6. Harwood Auditorio, Taos

14.6. Temppelin peruskiven siunaus, Longo-Whitelockien koti, Taos

15.6. Pillai-perheen koti, Albuquerque

16.6. Lama-vuoren meditaatiokeskus, Uusi Mexico

17.6. Devi Bhava Darshan, Lipscomb-Rossien, koti, Taos

19.6. Valkoinen kirkko,Quesnel, Taos

20.6. Hanuman Temppeli, Taos

21.6. Jumalallisen Äidin kesäpäivän tasauksen juhla, Jameson Wellsin luona Pot Creekissä, NM

22.6. Stevensien koti, Carson, NM

23.6. Devi Bhava Darshan, Schmidtien koti, Santa Fe

25.6. Taivaan Portit, Madison, Wisconsin

26.6. Kveekareiden Ystävien Tapaamispaikka, Madison

27.6. Unitaarinen kirkko, Madison

28.6. Devi Bhava Darshan, Lawrencen koti, Madison

29.6. Ramalayam hindutemppeli, Lemont, Illinois

1.7.   Jumalallisen Elämän kirkko, Baltimore, Maryland
2.7.   Unitaarinen kirkko, Washington DC
4.7.   Plain Pond Farmi, Providence, Rhode Island
5.7.   Cambridgen Zen-keskus, Massachusetts
6.7.   Bostonin Sufi-keskus
7.7.   Bostonin Teosofinen seura
8.7.   Harvard University, Cambridge, Harvardin yliopisto
9.7.   Cambridgen vanha Baptisti-kirkko,
10.7.   Himalaja-instituutti, New York City
11.7.   Gita Temppeli- Ashram, Elmhurst, NY
12.7.   Pyhän Johanneksen katedraali, New York City
13-   Retriitti Devan-perheen asunnossa,
14.7.   Connecticutissa
15.7.   Amma lähtee Euroopan kiertueelle

Päätimme esikiertueen itärannikolle ja palasimme takaisin länsirannikolle juuri 10 päivää ennen Amman tuloa. Olimme raivanneet tien ja vihdoinkin maailman oli aika kohdata Amma. 🪔

7. LUKU

Maailman näyttämöllä

San Francisco
18.5.1987

Vihdoin koitti Amman tulon loistokas päivä! Oli kaunis, kirpeä päivä, ja kaikki valmistelut Amman ja ryhmän tuloa varten oli tehty mitä suurimmalla antaumuksella ja innolla odottaen. Kaikki oli hankittu yhteisvoimin, alkaen aina Amman darshan-tuolista tuoreisiin vihanneksiin ja uusista sukista puhtaisiin petivaatteisiin saakka. Olimme vuokranneet valkoisen 12-paikkaisen pakettiauton ajomatkalle Bay Bridgen yli noutamaan Amman ja hänen ryhmänsä. Monet niistä, jotka olivat auttaneet valmisteluissa, tulivat mukaan San Franciscon lentokentälle toivottamaan Amman tervetulleeksi.

Sanat eivät riitä kuvaamaan sitä, miltä sydämessäni tuntui sinä aamuna. Kaikki viimeisen vuoden aikana tekemäni valmistelut, kaikki ne kilometrit, kaikki koettelemukset ja kaikki se Amman armo, mikä oli tehnyt tämän hetken mahdolliseksi, kaikki tämä värähteli sisälläni. Tutkin Amman lasten kasvoja, he tulisivat tapaamaan Amman ensimmäistä kertaa - kuinka kovasti he olivatkaan tehneet töitä, kuinka kauniilta ja pehmeiltä heidän kasvonsa näyttivätkään tuona odotuksen hetkenä. Rosnerien poika, Gabriel, oli hypännyt syliini saadakseen paremman näkymän Ammasta, kun hän lipui, sulavasti kuin joutsen San Franciscon lentokentän odotushalliin kohtaamaan meidät. En ollut koskaan nähnyt Amman kasvojen näyttävän sellaisilta. Hän oli aina säteilevä ja läsnäoleva, mutta tällä hetkellä hän oli suorastaan hehkuva. Kaikki hänen olemuksessaan säteili energiaa, kuin valtava aalto osuessaan rantaan.

AMMA TALOSSA!

Ammalle annettiin kukkaseppele, ja joku oli ajattelevaisesti tuonut pussillisen suklaata: Hershey's Kisses, joita Amma alkoi jakaa, antaen kullekin henkilölle halauksen ja suklaasuukon. Istuimme kaikki jonkin aikaa Amman läheisyydessä sillä aikaa kun laukut kerättiin ja autot tuotiin paikalle. Amma säteili, ja kaikki olivat hiljaa, paistatellen hänen loisteessaan, aivan kuin se hetki ei koskaan tulisi päättymään. Amma oli hyvin luonteva ja jutteli kaikkien kanssa. Hän kysyi heidän nimiään ja sai kaikki nauramaan, kun he kuulivat hänen äänensä ensimmäistä kertaa, hänen kertoessaan tarinaa pitkästä matkasta.

Viimein Amma ja ryhmä olivat valkoisessa pakettiautossa, kaikki laukut oli tarkistettu, ja karavaani suuntasi kohti itää lahden poikki. Muistan katsoneeni peruutuspeiliin lähtiessämme liikkeelle; Amma asettui istuimelleen ja katsoi hiljaa ulos ikkunasta Amerikan Yhdysvaltoja ensimmäistä kertaa.

Heti seuraavana aamuna Amma alkoi antaa darshania Rosnereitten talossa pienelle, innokkaalle ryhmälle ihmisiä, jotka eivät malttaneet odottaa iltaan saakka Amman ensimmäistä virallista ohjelmaa. Muistan erityisesti edesmenneen Steve Fleischerin ja hänen vaimonsa Marilyn Eton; Dennis ja Bhakti Guestin, jotka oli jotenkin ohjattu kyseiseen taloon tapaamaan Ammaa tuona ensimmäisenä aamuna. Tietenkin siellä olivat myös Tina, Nancy, George, Tim, Robin, James, Jack ja Cherie, jotka olivat auttaneet niin paljon kuluneena vuotena.

Amma aloitti pitkän meditaation, jota seurasi darshan. Amma lauloi halatessaan yksinkertaisia namavali- bhajaneita (antaumuksellisia lauluja, joissa toistetaan Jumalan nimiä).

Muutaman tunnin kuluttua ohjelma päättyi, ja kaikki hajaantuivat kaupungille jakamaan viime hetken julisteita ja valmistautumaan ensimmäiseen iltaohjelmaan San Franciscon Jooga-yhteisössä.

AMMAN ENSIMMÄINEN ILTAOHJELMA
San Fransisco
19.5.1987

Saattaa kuulostaa oudolta, mutta olin valtavan hermostunut ajaessani Ammaa ja ryhmää San Franciscoon tuona iltana. Muistan katsoneeni käsiäni puristamassa auton rattia ylittäessämme lahden ylittävää siltaa länteen; rystyseni olivat valkoiset puristuksen voimasta. "Hengitä syvään," toistin itselleni. "Toista vain mantraasi, jatka toistamista." Miksi olin niin hermostunut? Kaikkien ponnistelujeni jälkeen päähuolenaiheeni illan osalta oli: "Tuleeko kukaan paikalle? Otetaanko Amma oikealla tavalla vastaan? Tuleeko Joogayhteisö pettymään siksi, että he järjestivät Amman ohjelman, eikä sali ollut täyttynyt?" Tällaiset ajatuksey sinkoilivat mielessäni, kun käännyin kulman taakse ja ajoin hallin edustalle.

Minkä näyn silmäni kohtasivatkaan: ihmisiä oli jonossa korttelin pituudelta odottamassa sisäänpääsyä! Helpotuksen aalto pyyhkäisi ylitseni ja rentouduin välittömästi. Kiirehdin ulos auttamaan Ammaa nousemaan autosta kauniiseen, odotusta täynnä olevien ihmisten joukkoon. Joku asetti Amman kaulaan kukkaseppeleen, ja meidät ohjattiin sisälle halliin.

Pienellä lavana toimivalla korokkeella oli juuri ja juuri tarpeeksi tilaa meille kaikille, ja vain ja ainoastaan sinä yönä Amma lauloi ilman äänentoistolaitteita Yhdysvalloissa. Hänen laulunsa avasi taivaan ja toi sen alas keskuuteemme. "Gajanana He Gajanana," "Gopala Krishna," "Shristiyum Niye,"

"Karunalaye Devi," "Prabhum ihsam" ja "Durge Durge"-voin kuulla Amman laulavan niitä nyt, kuin se olisi ollut vasta eilen. Tarkkailin yleisöä nähdäkseni sen reaktion. On vaikea löytää sanoja kuvaamaan näkymää: ydinryhmä oli pakkautunut aivan eteen, alle parin metrin päähän Ammasta. He huojuivat hänen laulaessaan. Kaikkien katseet olivat Ammassa, he olivat täysin keskittyneitä ja täysin hiljaa. Monet heistä olivat laulaneet antaumuksellisia lauluja muissa satsangryhmissä yli vuosikymmenen ajan, mutta jokin heidän ilmeissään paljasti, että he eivät olleet koskaan elämässään kuulleet mitään vastaavaa. Joidenkin yleisön joukossa olevien poskia pitkin virtasivat tietenkin kyyneleet, mutta vallitseva tunnelma oli syvä kunnioitus.

Olin työskennellyt vuoden ajan joidenkin näiden ihmisten kanssa ja olin odottanut näkeväni heidän ensimmäisen halauksensa, mutta joidenkin kohdalla näytti siltä, että darshan oli jo alkanut. Amma lauloi pitkät bhajanit, eikä kukaan liikkunut paikaltaan. Viimein, loppurukousten jälkeen vallitsi syvä hiljaisuus. Kaikki istuivat ja odottivat; emme halunneet häiritä hetkeä liikkumalla. Sen jälkeen Amma antoi darshania pitkälle yöhön. Hyvin moni sai Ammalta tuona iltana San Fransiscossa ensimmäisen monista suklaasuukoistaan, Amman hellästi tuudittaessa heitä sylissään. Tämän jälkeen kukaan heistä ei tulisi enää koskaan olemaan entisensä.

Ajaessamme takaisin Oaklandiin munkit toivat esiin äänentoistolaitteiston tarpeellisuuden. Akustinen bhajan-sessio ei olisi mahdollinen, ei etenkään kylmässä ilmastossa. Amma kyseli muiden ohjelmahallien kokoja ja kuvaillessani niitä myös minulle tuli selväksi: meidän tulisi matkustaa äänentoistosysteemin kanssa.

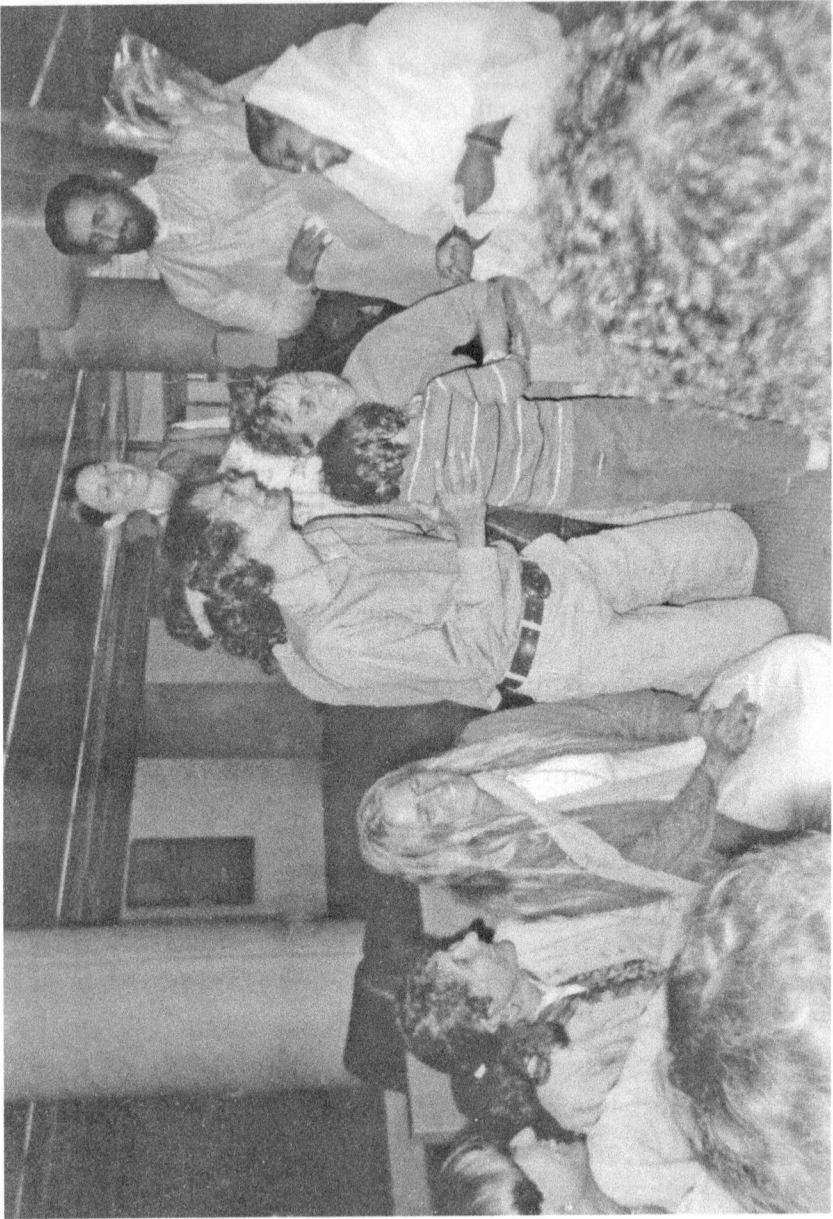

Darshan San Franciscon lentokentällä

TSEKKAUS, TSEKKAUS, YKSI-KAKSI, YKSI-KAKSI

Seuraavana aamuna ajoin Oaklandiin etsimään musiikkikauppaa sillä aikaa kun muut kokoontuivat Rosnereille aamumeditaatioon ja darshaniin. Kävellessäni kauppaan valkoisessa punjabi-asussani näytin siltä kuin olisin väärässä paikassa. Se oli rock-n-roll- musiikkitarvikekauppa, ja sen jokainen neliösentti oli täynnä tavaraa. Katosta roikkui sähkökitaroita, ukuleleja, saksofoneja, valtavia kaiuttimia jne. Tässä kaupassa oli kaikkea.

Seinät olivat täynnä rock-tähtien ja jazz-muusikkojen julisteita, monet niistä nimikirjoituksella varustettuja. Lasiset kaapit oli tungettu täyteen kaikkea mahdollista: erilaisia mikrofoneja, kaapeleita, kuljetuskoteloita, mikrofonitelineitä, mustavalolamppuja, kuivajääkoneita, miksereitä, vahvistimia - suuria ja pieniä. Täältä saattoi ostaa kaikkea. En oikein kokenut olevani elementissäni ja toivoin että joku olisi tullut mukaani. Lähestyin tiskiä saadakseni apua.

Minut oli jo havaittu. Myyntimies seisoi odottamassa. Hymyilin heikosti ja sanoin "Hei." Suuni tuntui kuivalta, mutta jotakin oli saatava aikaiseksi.

"Tarvitsen äänentoistolaitteet."

"Minkälaiselle musiikille?"

"Itäintialaiselle antaumukselliselle laululle, harmonium, tablat, voimakkaat lauluosuudet, lattialla istuen, kiertueella matkustaminen."

Myyjälle kaikki tämä näytti olevan OK, ei mitään sellaista, mitä hän ei olisi kuullut aiemmin.

"Kuinka paljon rahaa haluat käyttää?"

"En kovin paljon."

"Live-esitys vai studionauhoitus? Kuka on äänen miksaaja?"

"Mikä on miksaaja?"

Tämä sai hänet kohottamaan toista kulmakarvaansa hiukan. "Kuinka monta muusikkoa? Oletteko ajatelleet äänittää mitään?" "Kyllä, aivan varmasti."

Myyjä katosi takahuoneeseen. Hän palasi pian ja tehden tilaa tiskille hän kokosi aloitusysteemin alle 20 minuutissa. Hän suositteli yksinkertaista Peavey-mikseriä sisäänrakennetulla vahvistimella: mahtava äänenlaatu hyvällä hinta-laatusuhteella. Se oli luotettava, helppokäyttöinen, sen kanssa oli helppo matkustaa ja siinä oli paikka kymmenelle mikrofonille. Myyty.

Kaksi kaiutinta jalkojen kera, setti laulumikkejä ja niille jalat, kaapeleita ja näille tilauksesta tehty, kovan käytön kestävä kuljetuslaatikko. Valitsin oranssin värin. Ne olisivat valmiit viikon kuluttua. Kaikki vielä budjetin rajoissa. Tämä kaveri oli hyvä. Lopuksi tarvittiin mikrofoni Ammalle. Sitä varten olin varannut vähän ylimääräistä rahaa. Kuulin itseni sanovan: "Pääsolistillamme on voimakas ääni. Ja hän heiluu laulaessaan puolelta toiselle".

Hän mietti hetkisen ja valitsi sitten näyttövitriinistä mikrofonin, jonka hän ojensi minulle. "Aretha Franklin käytti tätä mallia useita vuosia" hän kertoi minulle. "Hän valitsi tämän mallin kalliimpien sijasta, koska hän piti sen soundista niin paljon, se sopi hänen äänelleen."

Hän vakuutti minut "Arethalla": ostin sen.

Hän kysyi jälleen kuka olisi äänimiksaaja. Kun sanoin, että minä ja ettei minulla ollut mitään kokemusta, hän nyökkäsi. Selvä, sitten sinun täytyy tietää, miten sitä käytetään. Joten sain pikakurssin systeemin virittämiseksi: kuinka asentaa äänen tasot ja tasapainottaa miksaus ja joitakin vinkkejä siitä, mitä pitäisi tarkkailla. Ensimmäisenä iltana jättäisimme äänityksen väliin. Hän oli melko varma siitä, että minulla oli tarpeeksi sulatettavaa. Palatessani takaisin Amman talolle darshan oli ohi, ja ryhmä oli lepäämässä. Tein archanan ja pyysin Amman siunausta.

Ajoin hallille uusien laitteiden kanssa, ja tapasin siellä ihmiset, jotka olivat tulleet paikalle etuajassa auttamaan hallin koristelussa. He olivat kaikki tulvillaan darshanin jälkeistä iloa, eivätkä he olisi voineet olla avuliaampia. Kannoimme äänilaitteet sisälle, ja otimme ne varovaisesti laatikoista. Yritin näyttää siltä, kuin tietäisin mitä olin tekemässä. Sillä aikaa kun he siivosivat lavan, koristelivat sen kukkasin ja asettelivat alttarin, minä aloin asentaa äänilaitteita. Seurasin huolellisesti annettuja ohjeita, laitoin mikrofonit paikoilleen järjestelmällisesti, en sekoittanut kaapeleita, pidin mielessäni mikä mikrofoni kuului mihinkin äänipöydän numeroon ja pidin Amman mikrofonijalustan sivussa, jottei se olisi tiellä hänen istuessaan alas. Olin tulokseen tyytyväinen. Olin tehnyt parhaani, ja loppu olisi Amman käsissä. Nyt piti vain pysyä takertumattomana työn tuloksiin ja muistaa että "Minä en ole tekijä." Ajoin takaisin ja ehdin juuri ajoissa hakemaan Amman ja ryhmän.

Saavuttuamme hallille hyppäsin ulos pakettiautosta ja pyysin erästä ryhmän jäsentä pysäköimään sen lähistölle. Johdatin Amman halliin ja lavalle ja peräännyin taaemmas valmistautuakseni asettamaan hänen mikrofoninsa paikalleen. Amma kumarsi, kuten hän aina tekee istuutuessaan ennen ohjelman alkamista. Sitten hän katsoi hitaasti kaikkia paikalla olijoita. Se oli mukavankokoinen yleisö, joka oli niin hiljainen, että nuppineulan olisi voinut kuulla putoavan. Amma katsoi minua ja teki pienen liikkeen mikrofonia kohden, aivan kuin minulle olisi aivan jokapäiväistä asettaa mikrofoni universumin jumalattarelle. Toistaen mantraani asetin mikrofonin ja katsoin Ammaa nähdäkseni hänen reaktionsa. Hän kohotti samaa kulmakarvaa juuri samalla tavalla kuin myyjä oli tehnyt

aamulla! Minun täytyi vähän nauraa hiljaa, Ammalta ei jäänyt mikään huomaamatta! Hän on aina kanssamme, valvoen ja katsellen meitä samaan aikaan, olipa kyseessä iso tai pieni asia. Hänen kykynsä paljastaa jatkuva läsnäolonsa hienovaraisesti on virheetön. Se voi kuitenkin jäädä helposti huomaamatta, jos ei ole valpas. Kaikki mitä minun tarvitsi tietää, oli välitetty puolessa sekunnissa. Amma hymyili minulle suloisesti, ojentui puoleeni ja siunasi minut koskettamalla päälakeani. Siinä oli kaikki mitä tarvitsin; hermostuneisuuteni suli pois. Menin paikalleni miksauspöydän ääreen, kohotin hitaasti kunkin mikin äänenvoimakkuutta ja huokaisin helpotuksesta. Kaikki sujui vaikeuksitta. Amman mikrofoni oli erinomainen.

San Franciscon (lahden) alueella ja pohjois-Kalifornialla, Mount Shastasta Carmeliin saakka etelässä, oli onni nauttia lähes kaksi viikkoa Amman ohjelmista sinä vuonna. Amma oli täysin rento, missä hyvänsä hän olikin. Uskollinen joukko seuraajia ilmestyi paikalle jo ohjelma toisensa perään. Monet heistä olivat olleet lähes vuosi sitten pidetyssä ensimmäisessä videonäytöksessä San Franciscossa.

ENSIMMÄINEN DEVI BHAVA

Amman kaikkien aikojen ensimmäinen Devi Bhava Amritapurin ulkopuolella tapahtui Yhdysvalloissa, odottamattomassa paikassa. Varhain eräänä aamuna Amma tuli alas ja kurkisti jokaiseen huoneeseen Rosnerien talossa. Emme ymmärtäneet aluksi, mitä Amma etsi, mutta saimme pian tietää. Kukaan ei ollut tiennyt pitäisikö Amma Devi Bhavan Intian ulkopuolella, mutta juuri se oli hänen mielessään sinä aamuna. Eräs sivuhuone oli suurin piirtein Kalarin kokoinen, ja siinä oli kaksi olohuoneeseen avautuvaa ranskalaista haitariovea. Amma valitsi kyseisen huoneen.

141

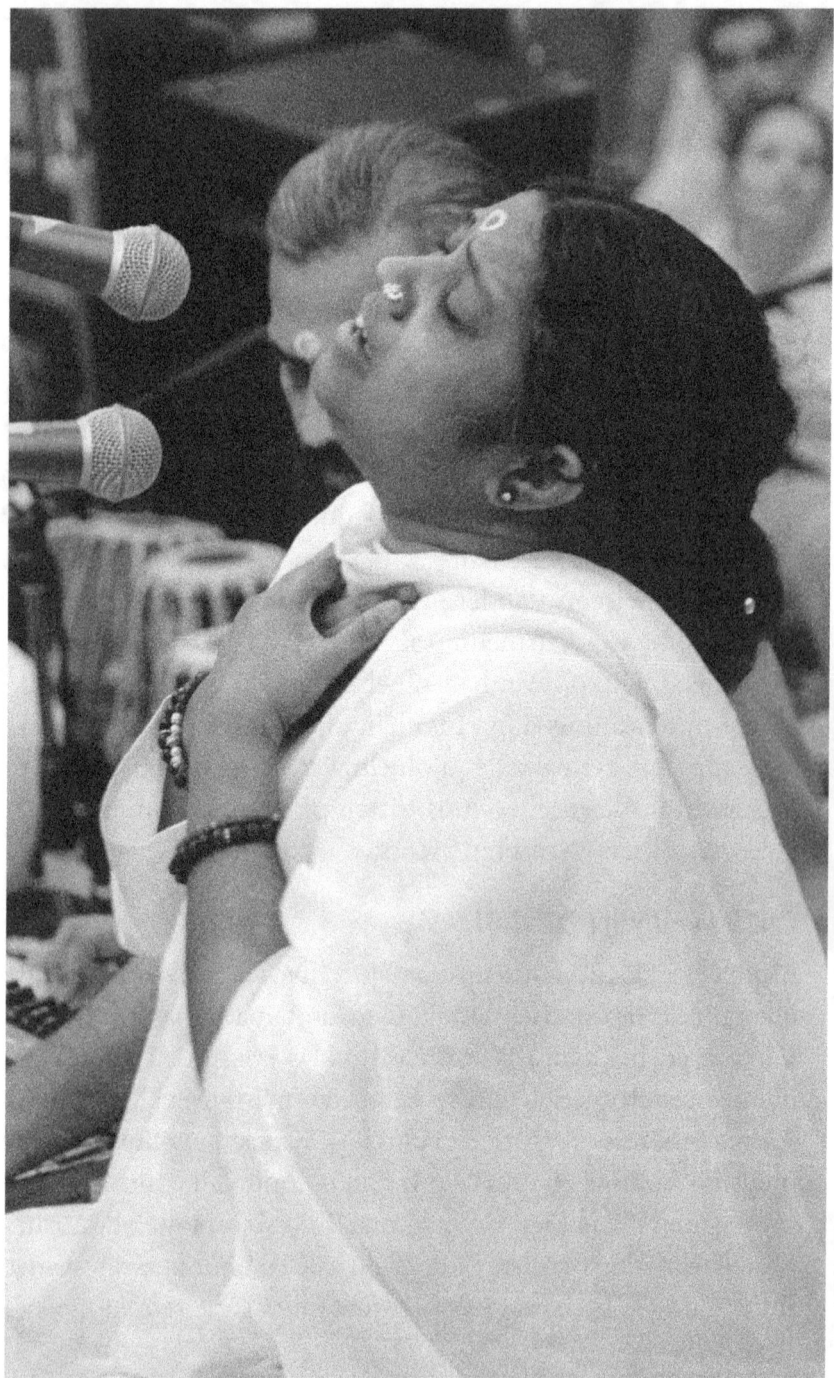

Asiasta ilmoitettiin aamudarshanin ja jälleen iltaohjelman aikana: Amma istuisi Devi Bhavassa seuraavana iltana klo 8.30 alkaen. Seuraavana päivänä seinille ripustettiin silkkisareja koristeeksi. Sillä aikaa me yritimme löytää oikeanlaista tuolia Ammalle sekä pientä pöytää sen sivuun prasad-tarjottimelle. Peräseinälle tehtiin yksinkertainen alttari, jolla oli Jumalallisen Äidin kuva ja messinkinen öljylamppu. Loppusilauksen antoivat kedolta poimittujen kukkien asetelma ja hedelmävati.

Maanvärinen kansantaiteeseen pohjaava mandala, jonka olin hankkinut Kochista, oli taustakuvana. Vaikka vuosi 1987 oli aikaa ennen kännyköitä, ja sana kulki vain suusta suuhun, paljon ihmisiä alkoi saapua jo myöhään iltapäivällä. Pian talo oli tupaten täynnä, ja väkeä istui ulkona nurmikolla. Munkit olivat valmiina *bhajaneita* varten "temppelin" ovien edessä, jotka pian avautuisivat paljastaen läntiselle maailmalle ensimmäistä kertaa uskomattoman näyn Ammasta Devi Bhavassa.

Kellon koittaessa puoli yhdeksän antaumukselliset laulut olivat jatkuneet voimakkaina yli tunnin, ja ihmisten mieliala oli täynnä odotusta. Kolme meistä oli kotitekoisen temppelin sisällä valmistelemassa Ammaa. Pujari oli tuonut monikerroksisen aratilampun, joka oli kukkuroillaan kamferia. Amman avustaja viimeisteli kaiken sillä välin kun minä kiillotin hopeisen kruunun. Amma oli valinnut siksi illaksi kauniin syvänvihreän sarin. Olin asettanut kruunun piithamille Amman siunattavaksi ja seisoin valppaana toistaen mantraani keskittyneesti. Samalla odotin merkkiä avata temppelin ovet Bhava-darshanin aloituslaulun "Ambike Devi" alkaessa.

Vaikka olin viettänyt useita Devi Bhavoja Amman kanssa Kalarissa Intiassa, tämä ilta tuntui selkeästi erilaiselta. Oli kuin energiaa olisi purkautunut syvältä maan uumenista huoneeseen hiljaisella, sykkivällä tahdilla. Viimein Amma oli valmis ja istuutui paikalleen. Hän istui silmät suljettuina *piithamilla,* pitäen molemmissa käsissään kukan terälehtiä, vaikka hienovaraisesti saatoin tuntea miekan ja kolmikärjen läsnäolon. Valitettavasti hänen avustajansa olivat jättäneet ottamatta mukaan Amman helisevät nilkkarenkaat, mikä oli ensimmäinen kerta kun näin oli käynyt! Amma tärisi valtavalla nopeudella, ilman lämpötila kohosi huomattavasti, ja se räsähteli sähköisesti. Kun Aratilamppu sytytettiin, huone yllättäen liikkui hiukan sivusuuntaan. Muistan ajatelleeni: "Voi ei, tuleeko juuri nyt maanjäristys?" Katsoin muita temppelissä olijoita, ja myös heillä oli kasvoillaan vakavat ilmeet, mikä ei ollut kovin rauhoittavaa. Mitä oikein oli tapahtumassa?

Katsoin Ammaa ja ymmärsin, että hän oli voimanpurkauksen lähde. Kaikki sai alkunsa hänestä. Ajattelin itsekseni: "Voi ei! Amma aikoo nostaa talon perustuksiltaan!" Samalla hetkellä autuaallinen ajatus läpäisi mieleni siitä, että ikiaikainen universuminen Jumalallinen Äiti ilmeni Amerikassa tällä hetkellä. Hän läpäisi vaivattomasti paksun materian verhon valtavalla voimalla. Kului ikuisuus ennen kuin huone näytti vakautuvan, ja Amma viittoili avaamaan temppelin ovet. Kamferin savua leijaili ilmassa, ja Ammasta säteili sanoinkuvaamatonta lämpöä, valoa ja voimaa, sellaista jota en ollut koskaan ennen nähnyt. Hän alkoi ottaa vastaan ensimmäisiä ihmisiä. Oli kuin maa olisi auennut, ja Amma olisi vetänyt puoleensa alkukantaista energiaa mitä syvimmistä, tiheimmistä olemassaolon syvyyksistä, tuoden sen tänne Amerikan Yhdysvaltoihin. Muistan ajatelleeni; "En usko että asiat tulevat olemaan täällä enää koskaan niin kuin ennen."

Vuonna 1987 Amma istui Devi Bhavassa mitä odottamattomimmissa paikoissa. Mount Shastassa kaltevalle niitylle pystytetty jurtta toimi sen näyttämönä, tietenkin täydenkuun

yönä! Madisonissa Amma antoi Bhava-darshanin talonpoi-
kaisessa, viime vuosisadan vaihteessa rakennetussa navetassa,
Lawrencen perheen tilalla. Schmidtsien, Hoffmannien ja Ross-
Lipscombsien taloissa otettiin vastaan Devi hänen siunatessaan
ihmisiä. Ammalla ei ollut mitään rajoituksia ilmaista täyttä
Jumalallisen Äidin voimaa. Hänen lapsensa löysivät hänet vii-
mein, ja hän pyyhki pois heidän kyyneleensä ajasta ja paikasta
riippumatta.

MOUNT SHASTA

Mount Shasta-vuori on Kalifornian Tiruvannamalai; tuliperäinen
vuori, jota monet pitävät pyhänä ja Shiva-jumalan ilmentymä-
nä. Vuonna 1986 olin tullut Larry Kelleyn kautta kosketuksiin
elämäniloisen, 25-vuotiaan Susan Rajita Cappadocian kanssa.
Hän oli minun ikäiseni. Jo ensimmäisestä videoesityksestä alka-
en hän koki yhteyden Ammaan ja teki paljon töitä tuodakseen
Amman ensimmäisen USA:n kiertueen kotikaupunkiinsa Mount
Shastaan. Morningstar-yhteisö, missä hän asui, sijaitsi kaltevalla
vuoren rinteellä, joka tarjosi henkeäsalpaavat näkymät. Amman
ensimmäiset päiväohjelmat pidettiin siellä, ja näytti siltä kuin
koko Mount Shastan kaupunki olisi tehnyt pyhiinvaelluksen
Amman luokse, hänen istuessaan heidän rakastetulla vuorellaan.

Myös Amma nautti paikan kauneudesta ja osoitteli erilaisia
asioita luonnossa, jotka kiinnittivät hänen huomionsa. Ohjelman
jälkeen Amma kävi kävelemässä tontilla ja tarkasteli kauniille,
kukkivalle niitylle pystytettyä jurttaa, pyöreää paimentolaisteltan
tapaista majaa. Jonkin aikaa ympäristöä tutkittuaan ja kurkistel-
tuaan kangasrakennelmaan, hän ilmoitti, että hän pitäisi Devi
Bhavan tässä paikassa seuraavana täydenkuun iltana. Ihmisten
mieliala kohosi pilviin kun he kuulivat käännöksen siitä mitä
Amma oli juuri sanonut.

Seuraavana päivänä Amman antaessa darshania me muut keskityimme tekemään jurtasta temppeliä. Aloimme laittaa paikkaa valmiiksi. Pensaikko sidottiin varovasti taaksepäin, jotta yleisölle saataisiin tilaa, pressuja levitettiin sen edustalle maahan ja sisäpuolelle aivan etuosaan tehtiin alue, jossa munkit saattoivat laulaa bhajaneita. Rullasimme ylös puolet kehikkoon kiinnitetystä kankaasta saadaksemme aikaiseksi paremman näkymän jurttatemppeliin. Värikkäitä silkkisareja ripustettiin sisustan koristelemiseksi ja aivan Amman piithamin taakse tehtiin näyttävä alttari. Noin 200 ihmistä saapui alkuseremoniaan, ja Rajita muisteli kirjeessä vuosia myöhemmin. "Kun verhot avautuivat ja katsoin Ammaa, näin jumalallisen liekin. Hänen kehonsa tärisi kuin valtavalla voimalla virtaava koski olisi ollut hänen sisällään. Se oli erittäin voimakas kokemus."

Tunsin suunnatonta iloa nähdessäni ihmisten saavan yhteyden Ammaan hänen kaikessa loistossaan. Jokainen kilometri, jokainen väliin jäänyt ateria, uupumus, jopa viisumini menetys - kaikki oli sen arvoista nähdessäni Jumalallisen Äidin ja hänen lastensa kohtaavan toisensa. Vaistoni oli ollut oikeassa koko ajan: tässä maailmassa oli Jumalallinen Äiti ja kaikki hänen lapsensa olivat löytämässä hänet!

SITRUUNAMEHUA JOEN RANNALLA

Matkalla pohjoiseen Santa Festä Taosiin, sijaitsee vaarallinen tienpätkä aivan Rio Granden rannalla. On joitakin paikkoja, joissa ei ole edes tilaa ajaa tien sivuun vaihtamaan rengasta -niin lähellä tie on jokea. Olimme puolessa välissä kymmenen mailin matkaa, kun Amma mainitsi, että hänellä oli kova jano. Mietin hetken, mutta tiesin ettei matkan varrella ollut vielä pitkään aikaan kauppaa tai kahviota. Jälleen Amma sanoi olevansa janoinen, mitä pitäisi tehdä? Silloin oivalsin, että olimme lähellä

Meadowin taloa, saman ystävän, joka oli vuosia sitten kertonut minulle "Jumalallisesta Äidistä Intiassa." Hänen tienmutkaansa merkitsevä silta tuli näkyviin, ja Amman luvalla käännyin pois moottoritieltä.

Silta ansaitsee maininnan, sillä se oli hyvin vanha ja huteran näköinen. Se oli rakennettu lankuista, joita paksut teräskaapelit kannattelivat hurjasti virtaavan joen yllä. Tiesin, että vaikka se näytti heikolta, osavaltion insinööri oli määräajoin tarkistanut sen ja antanut luvan autoille ja rekoille ajaa sen yli. Nähden sillan kunnon munkit huusivat:"Pysähdy!" Pysähdyin, mutta selitin että se oli turvallinen. He kielsivät minua ajamasta sen yli, joten pysäköimme pakettiauton ja kävelimme Amman kanssa sillan yli.

Voitko kuvitella Meadowin, Ajnan ja Riversongin yllätystä, kun he näkivät kuka oli tulossa heidän tietään pitkin? Meadow tuli juosten puurtarhasta, tytöt hänen perässään. Amma halasi heistä kaikki, samalla kun tarina siitä miten Meadow oli kertonut minulle Ammasta pulppusi ulos. Amma hymyili tietävästi koko ajan. Näennäisenä yhteensattumana he olivat juuri valmistaneet yrteistä aurinkoteetä. Laseja tuotiin ulos ja istuimme kaikki nauttimaan joen äänestä, näkymästä värikkäille La Baranca kalliojyrkänteille, jotka olivat aivan takanamme ja herkullisesta, janon sammuttavasta aurinkoteestä.

Katsellessani Meadowia ja hänen tyttäriään paistattelemassa Amman läsnäolon autuudessa tiesin, että hänen toistuvat pyyntönsä saada juotavaa olivat vain olleet hänen tapansa tuoda meidät tähän paikkaan, jotta Meadowin rukoukset Jumalallisen Äidin tapaamisesta jonakin päivänä tulisivat täytettyä. Vuosien saatossa tulin näkemään, että tämä oli Amman tapa. Sen sijaan, että olisi tehnyt suorasukaisia julistuksia, jotka olisivat paljastaneet hänen kaikkitietävyytensä, hän esitti tarvitsevansa jotakin pientä. Tai hän keksi jonkin tekosyyn järjestää sellaisia tapahtumia, että hänen lastensa viattomat rukoukset täyttyisivät, samalla kun hän kätki oman todellisen voimansa. Sri Krishnan elämästä on monta samanlaista tarinaa. Itse asiassa, todistus Amman nöyryydestä on se, että hän näkee usein vaivaa kätkeäkseen kaikkitietävyytensä.

RAASTAVIA HETKIÄ

Olosuhteet huomioon ottaen kaikki sujui hyvin koko ensimmäisen kiertueen ajan. Paitsi silloin kun ei sujunut. Mutta vaikeat hetket olivat virstanpylväitä, isoja koetuksia minulle ja jälkeenpäin ajatellen ne merkitsivät käännekohtia henkisellä tielläni Amman kanssa. Nuo emävirheet lisäsivät tietoisuuttani henkisellä tiellä ja pakottivat minut tekemään asianmukaiset korjaukset.

Eräs tällainen tilanne tapahtui jo kiertueen alussa. Dennis ja Bhakti Guest Orindasta olivat avokätisesti lainanneet meille Westfalia Wolkswagen-pakettiauton, jotta voisimme ajaa Mirandasta Mount Shastaan. Mirandasta San Fransiscoon (lahden alueelle) oli pitkä ajomatka, ja toinen ajoneuvo merkitsi sitä, että Ammalla ja kaikilla muillakin oli vähän enemmän tilaa. Ajomatka Mirandasta Mount Shashtaan oli erittäin upea, mutta mutkitteleva. Ensimmäinen virheeni oli se, etten ollut tarkka valitessani reittiä. Kartalla matka oli kyllä lyhin kahden pisteen välillä, mutta todellisuudessa tie oli kidutusta kaikille. Yli kolmen tunnin kidutus. Kaikki muut paitsi minä, joka olin kuski, kokivat pahoinvointia. Vaikka kaikki halusivat päästä perille niin pian kuin mahdollista, nopeasti ajaminen ei ollut vaihtoehto kaksikaistaisella mutkittelevalla tiellä.

Kilometrien madellessa ohi oma henkinen ahdistukseni kasvoi suorassa suhteessa pakettiauton takaa kuuluvan voihkimisen kanssa. Vannoin itselleni tästä lähtien kysyväni neuvoa tien valinnassa paikallisilta Amman seuraajilta. Sillä hetkellä en voinut tehdä muuta kuin keskittyä edessä olevaan tiehen ja yrittää ajaa sujuvasti tuntemattomalla maaperällä. Pahin oli kuitenkin vielä edessä.

Kun vihdoin pääsimme Mount Shastan alueelle, käännyin väärälle ulosmenoväylälle, koska en ollut kirjoittanut tarkasti muistiin ohjeita, jotka henkilö, jonka talossa Amma tulisi majoittumaan, oli antanut. Voi ei. Oli vuoden suurin moka, ettei minulla ollut ollut tarkkaavaisuutta tehdessäni suunnitelmia tälle tieosuudelle? On muistettava ettei silloin ollut sellaisia mukavuuksia kuin kännyköitä hätäpuhelun soittoon. Palasin I-5-väylälle, ja jollakin tapaa onnistuin muistamaan, että piti poistua "Edgewood-Weediin" eikä Mount Shastaan. Kun olin kääntynyt, vastaantuleva auto väläytti ajovaloja minulle, se oli alueella asuva Amman seuraaja, ja hän oli havainnut meidät. Ainakin joku oli valpas! Ohjasin tien sivuun ruohikkoiselle lepoalueelle ja odotin, että kyseinen henkilö kääntyisi ja saisi meidät kiinni.

Silloin Amma alkoi moittia minua: Tiesinkö minne olimme menossa vai en? Miksi en ollut ollut huolellisempi tehdessäni järjestelyjä? En voinut sanoa siihen mitään. Amma oli oikeassa. En ollut ollut tarkkaavainen, enkä ollut kiinnittänyt huomiota yksityiskohtiin. Silloin kun Amma toruu opetuslastaan, hänen sanoissaan on todellista voimaa -universumin voimaa. Tämä voi ravistaa oppilasta sisintä myöten ja jättää syvän muistijäljen. Tämä on tarkoituksellista, sillä hän haluaakin jättää pysyvän jäljen – sellaisen, joka muuttaa henkilön ja tekee hänet tulevaisuudessa valppaammaksi. *Sraddha*-tiedostava valppaus on välttämätön henkiselle etsijälle. Ilman sitä ei voi koskaan edistyä. Kuinka muuten voisi vapautua negatiivisesta toiminnasta, sanoista ja ajatuksista jos ei ole alun alkaenkaan tarpeeksi valpas huomaamaan niitä? Ymmärsin tämän kaiken, mutta osa minusta ei hyväksynyt sitä. Osa minua ajatteli: "Hei! Ei se ole minun vikani. Tällaista tapahtuu."

Ehkäpä siksi etten täysin hyväksynyt Amman opetusta, tapahtui seuraava vanhinko. Siihen mennessä paikalliset olivat ajaneet tien reunakaistalle ja viittoivat minua seuraamaan heitä. Peruutin pakettiauton, kun äkkiä kuului "BÄNG" - olimme osuneet johonkin. Kaikki huusivat kovaan ääneen ja hyppäsivät autosta ulos katsomaan. Pitkän ruohon keskellä oli piilossa noin metrin korkuinen metallitolppa. Takapuskurissa oli iso lommo. Mitä tuo tolppa oikein siellä teki? En tiennyt, mutta mielikuva taipumattomasta teräksestä teki tehtävänsä. Vakaa mieli, vakaa kehitys. Ainakin kykenin oppimaan terästolpalta sen, mitä en voinut opettajaltani. Amma hymyili noustessamme takaisin pakettiautoon. Hän sanoi, ettei minun pitäisi huolehtia; olin parantanut kaikkien matkapahoinvoinnin!

Matkan varrella voi toki eksyä, mutta olisimme välttäneet sen, jos olisin alusta alkaen kiinnittänyt huomiota yksityiskohtiin. Kaiken, kehumisen tai syytösten, hyväksyminen vakaalla mielellä oli minulle toinen oppiläksy. Olin kuumeisesti rukoillut henkisen elämän päämäärään pääsemistä, mutta jotta se voisi tapahtua, minun oli päästävä eroon egostani ja ylpeydestäni. Emme koskaan opi, jos meille aina vain annetaan tikkukaramelleja tekemistämme virheistä.

Kun Amma näki, ettei hänen oppilaansa ollut valpas, ja palasi samaan tilaan hänen osoitettuaan sen, hän teki vain työtään olemalla ankara näiden asioiden suhteen. Amma ottaa opettajan roolinsa vakavasti; mitä enemmän haluamme saavuttaa päämäärän sitä ankarammin hän kitkee negatiivisuuksiamme juuria myöten. Meidän pitää myös tehdä osamme oppilaina yhtä hyvin, olla halukkaita ja vilpittömiä luonteemme muokkauksen suhteen. Jos Amma tuo tietoisuuteemme jotakin korjaamisen arvoista, meidän tulee olla valmiita muuttumaan. Muutoin tuhlaamme vain kaikkien aikaa.

Minusta vaikutti siltä, että Amman kanssa oleminen toi päivänvaloon henkilön sekä parhaat että huonoimmat puolet. Amman läsnäoloa voi verrata puhtaan veden kaatamiseen likaiseen pulloon. Aluksi lika tulee ulos. Ainoastaan sen jälkeen puhdas vesi pysyy kirkkaana. Prosessin loppuun saattaminen voi kestää kauan, riippuen siitä miten paljon likaa pullossa on, jopa useita elämiä. Henkilöllä pitäisi olla sisäistä näkemystä ja armoa ymmärtääkseen mitä on tapahtumassa ja jotta hän voisi kohdata lian ja päästä siitä lopullisesti eroon. Amma tulee täyttämään sen tarkoituksen, miksi tulimme hänen luokseen: hän vie meidät päämäärään pitämällä silmällä oppilaansa harhailevaa mieltä. Mutta kuten on laita huonojen tapojen ja hitaiden oppilaiden suhteen, tarvittiin toinen suuri töyssy tiellä ennen kuin asia selvisi minulle.

Se tapahtui Uudessa Meksikossa. Amma oli tullut Taosiin, ja iltaohjelmassa Harwoodin auditoriossa oli ollut paljon väkeä. Paikka, jossa meidän oli määrä yöpyä sinä iltana, oli Taos Mesassa, eikä henkilö, joka oli tarjonnut talonsa Amman ja ryhmän käyttöön, ollut kaupungissa. Koska minulla itselläni oli tarpeeksi tehtävää illan ohjelman yksityiskohtien hoitamisessa, olin antanut talon valmistelun toisen paikallisen pariskunnan tehtäväksi. Kuitenkin saavuttuamme sinne myöhään yöllä pitkän darshanin jälkeen, kävi selväksi, ettei talo ollut valmis. Sen yön oli määrä olla minulle yksi kiertueen pahimmista.

Ketään ei ollut vastassa saapuessamme. Talo oli pimeä ja lukittu. Mietin olimmeko tulleet väärään paikkaan. Mutta ei, tietä pitkin lähestyi pariskunta, jonka oli määrä valmistella talo.

Helpotuksen tunne oli kuitenkin lyhytaikainen. Kun he olivat päästäneet meidän sisälle taloon, kurkistin keittiöön. Lavuaarissa oli likaisia tiskejä. Viedessäni Amman makuuhuoneeseen säpsähdin kun näin, ettei sänkyjä oltu edes petattu. Taloa ei oltu valmisteltu ottamaan vastaan edes tavallista vierasta, puhumattakaan Jumalallisesta Äidistä. Ei sillä, että nuo asiat olisivat vähääkään häirinneet Ammaa, mutta olin kauhuissani siitä, että olin niin täydellisesti laiminlyönyt velvollisuuteni. Olin jättänyt tekemättä lopputarkastuksen enkä ollut varmistanut, että majoitus oli valmiina. Ei mikään pikkujuttu, mutta asialle oli mahdotonta tehdä mitään kolmelta aamuyöstä. Amma hyväksyi tilanteen sanomatta sanaakaan ja istui alas lukemaan postinsa ja syömään illallistaan.

Amma saattoi nähdä sisäisen tietoisuuden tilani ja huomioi, etten tarvinnut torumista: olin jo oppinut tilanteesta. Tieto siitä, että oma tarkkaavaisuuden puutteeni oli jättänyt Amman käytännöllisesti katsoen ulos kadulle, oli minulle sietämätön. Kuitenkin nuori nainen, joka on sittemmin jättänyt Amman, oli kritiikissään armoton. Minun on myönnettävä, että vaikka olinkin katuvainen, kuunnellessani hänen pistäviä sanojaan pidin yhä kiinni hiukan omasta "Minähän teen vain parhaani"-asenteesta.

Hyvä uutinen oli se, ettei sitä tapahtunut enää uudelleen. Huono uutinen oli se, että seuraava päivä johti epäonnistuneiden päätösten sarjaan, jotka tekivät opetuksesta vielä voimakkaamman. Jätimme taaksemme likaisen, huonosti varustetun talon ja ajoimme kauniille paikalle Lama-vuorelle, noin 24 kilometrin päähän Taosista. Ainakaan tie ei ollut mutkikas, mutta se oli pitkä. Monet ajoivat koko matkan Santa Fehen ja Coloradoon vain tullakseen tähän ohjelmaan Lama-vuorelle, sillä se oli tunnettu rauhallisuudestaan, ja se oli paikka, jossa eräs sufi-mestari oli opettanut ja jossa sijaitsi myös hänen hautansa.

Yhä järkyttyneenä edellisen illan katastrofista, etsin käsiini ystäväni Rita Sutcliffen, kysyäkseni häneltä olisiko Amman mahdollista levätä hänen talossaan aamuohjelman jälkeen. Hän hyväksyi tarjouksen erittäin mieluusti ja kiiruhti takaisin kotiinsa ja jätti väliin upean aamudarshan -ohjelman varmistaakseen, että kaikki olisi täydellistä Ammaa ja ryhmää varten. Tyytyväisenä siitä ettei edellisen illan fiasko toistuisi, en nähnyt sitä, että kun otin asiat omiin käsiini tarkistamatta ensin Ammalta, aiheutti tämä toisen sokean pisteen, joka tulisi aiheuttamaan suurempia ongelmia myöhemmin. Minun olisi pitänyt kertoa Ammalle, että kaupungissa valmisteltiin häntä varten toista taloa, joka olisi lähempänä iltaohjelmapaikkaa. En kertonut, koska kuvittelin tilanteen olevan hallinnassani ja ettei mitään ongelmia ilmenisi.

Puolenpäivän aikaan, kun paljon ihmisiä oli yhä odottamassa darshania, eräs mies lähestyi minua. Hän esitteli itsensä nimellä Richard Schiffman ja sanoi, että Amma oli suostunut tulemaan ennen iltaohjelmaa hänen taloonsa, joka sijaitsi ylempänä vuorella. Vaikka tiesin että Ritan taloa valmisteltiin parhaillaan Amman tuloa varten, kysyin häneltä pääasiassa kohteliaisuudesta hänen paikastaan. Hän kertoi minulle, että se oli pieni vaatimaton mökki, jossa ei ollut juoksevaa vettä. Se sijaitsi ylempänä noin 20 minuutin matkan päässä hiekkatietä pitkin. Voi ei! En todellakaan aikonut viedä Ammaa ja ryhmää sinne edellisen illan tapahtumien jälkeen. Selitin hänelle, että parhaillaan tehtiin muita järjestelyjä ja ettei ollut mahdollista viedä Ammaa hänen mökilleen. Virhe numero kaksi: minun olisi pitänyt tarkistaa Ammalta, mitä hän oli luvannut Richardille.

Aamuohjelma päättyi ja aloimme mutkitella alas Lama-vuorta kohti etelään vievää moottoritietä. Emme olleet ajaneet kahtakaan kilometriä kun Amma kysyi mihin olimme menossa. Kun kerroin hänelle uusista järjestelyistä, hän kysyi minulta miksemme menneet Richardin taloon, eikö hän ollut kerto-nut minulle, että hän halusi levätä siellä? Vastasin kyllä, mutta koska siellä ei ollut juoksevaa vettä ja sinne oli 20 minuutin ajomatka eri suuntaan pitkin hiekkatietä, olin päättänyt että kaupungissa oleva talo oli parempi valinta. Munkki, joka on nyt Swami Purnamritananda oli kääntänyt koko ajan, mutta nyt hän keskeytti. Hän kysyi hiljaa: "Sinä teit mitä, Kusuma?" Toistin lauseeni ajatellen, ettei hän ollut kuullut selvästi. Hän oli hiljaa, koska ei halunnut kääntää mitään niin erottelukyvytöntä.

Amma ei tarvinnut käännöstä tietääkseen mitä oli tapah-tunut, ja edellisillan hiljaisuus olisi ollut tervetullutta balsamia verrattuna nyt saamiini moitteisiin. Kiireessäni korjata edelli-sillan virhettä olin tehnyt suuremman virheen; olin unohtanut sen, mikä oli Ammalle tärkeintä: henkinen kasvu - minun ja muiden. Tiesin kyllä, että Gurun kanssa elämisen tarkoitus on päästä egosta ja rajallisesta yksilöllisyydentunteesta ja että se ei tapahdu tekemällä päätöksiä Gurun puolesta.

Mikä pahempaa, Amma oli luvannut vierailla Richardin talossa ja nyt minä olin estänyt sen ajattelemattomalla toimin-nallani. Hän ei voinut olla helläkätinen osoittaessaan minulle mitä olin tehnyt. Jos jatkaisin tällä tapaa, aiheuttaisin vain lisää ongelmia itselleni ja muille. Amma aikoi kitkeä tuon taipumuksen heti alkuunsa.

Tavallaan oli hyvä, että olin kuskina, sillä jos olisin istunut Amman lähellä ja katsonut häntä, luulen että olisin saattanut kuolla. Oppiläksy osui minuun kuin purkupallo. Amma julisti, ettei hän jatkaisi kiertuetta enää, jos minä olisin siitä vastuussa.

Jonkun toisen pitäisi ottaa vastuu. Kukaan ei hengittänyt. Kun saavuimme perille, talon omistajat juoksivat ottamaan Amman vastaan kauniin kukkaseppeleen kanssa ja viattomasti hymyillen. Yksi munkeista tuli autosta ja selitti, että Amma tulisi hetken kuluttua ja että lopettaisimme keskustelun silloin.

Matelin ulos autosta, seisoin Amman edessä ja kerjäsin häneltä anteeksiantoa. Arvostin Amman vilpittömyyttä Guruna ja toivoin että minusta voisi tulla vastaanottavaisempi oppilas. Jos olen hukkumaisillani mereen, ja hengenpelastaja tulee pelastamaan minut, mitä silloin hyödyttäisi kiivetä hänen päälleen ja huutaa: "Pelastakaa minut!" Antaudut hänen käsiinsä ja annat hänen viedä sinut rantaan. Amma oli pelastamassa minua ja vähin mitä saatoin tehdä, oli antaa hänen pelastaa minut. Vakavana lupasin vastaisuudessa tarkistuttaa Ammalla kaikki kiertueen yksityiskohdat, etenkin jos joku sanoi, että Amma oli luvannut vierailla hänen talossaan.

Todellisen mestarin vihaa voi verrata palaneeseen köyteen. Se näyttää ehjältä, mutta jos siihen koskee, se hajoaa tuhkaksi. Olen usein nähnyt Amman näyttävän vihaiselta yhtenä hetkenä ja heti perään säteilevänä ja nauravana. Tai haukkumassa oppilaitaan ankarasti, vain katsoakseen heitä rakkaudellisesti ja huolehtivasti heti kun he kääntyvät poispäin. Jopa niinä päivinä, oltuani vain muutamia vuosia Amman kanssa, *tiesin* ettei Amma ole koskaan oikeasti vihainen, vaan vain esittää vihaista oppilaidensa hyväksi. Kun hän haluaa oppilaidensa olevan tietoisia tekemästään virheestä, he saavat tuntea sen nahoissaan. Mutta Amma ei takerru mihinkään: kun läksy on opittu tai ainakin otettu vastaan ilman sisäistä vastustusta, asia on loppuunkäsitelty. Hänen näennäinen kiukkunsa katoaa kuin tuulen sammuksiin puhaltama kynttilänliekki. Se voi näyttää hurjalta, mutta eikö äidin tarvitsekin torua lapsiaan, jotta he olisivat valppaampia ja tarkkaavaisempia, eivätkä he tekisi vielä suurempia virheitä tulevaisuudessa? Itse asiassa Amman moitteet, hänen äidinrakkautensa pehmentäminä, on tuottanut ryhmän vanhempia opetuslapsia, jotka ovat yllättävän maanläheisiä, helposti lähestyttäviä ja realistisia omien puutteidensa suhteen. Jopa kaikkien näiden vuosien jälkeen he yhä kykenevät nauramaan itselleen.

YLEVIÄ HETKIÄ ETELÄISILLÄ KALLIOVUORILLA

Jotenkin sain voimaa jatkaa kierteen mukana. Mitä vaihtoehtoja minulla muka olisi ollut? En voinut märehtiä omia virheitäni. Tarkoitus olikin, etten joutuisi niiden uhriksi uudelleen. Rukoilin sitä, että minusta tulisi sellainen, että voisin kiittää Ammaa siitä, että hän osoittaa minulle missä voin kehittyä, enkä vastustaisi hänen opetuksiaan. Mutta se ei ollut helppoa. Egoa on hankala häätää, kun se kerran on tehnyt olonsa mukavaksi.

Eräs nuori nainen, joka myöhemmin lähti ashramista, oli tunnettu suuresta rakkaudestaan, omistautumisestaan ja uhrautuvaisuudestaan Ammaa kohtaan. Kuitenkin ne, jotka tunsivat hänet hyvin, olivat myös kipeästi tietoisia hänen emotionaalisesta epäkypsyydestään ja perustelemattomasta, teräväkielisestä kritiikistään, jota hän jakoi muille jopa vasten kasvoja. Hän oli itsepäinen, kyvytön ottamaan vastaan kritiikkiä omista heikkouksistaan ja vaikutti haluttomalta ottamaan tarvittavia askeleita kehittyäkseen. Hän oli omituinen yhdistelmä joustamattomuutta ja antaumuksellisuutta. Mutta miksi vastustaa muutosta? En halunnut olla sellainen, se vain jarruttaisi edistymistäni tiellä. Sitä paitsi oli kivuliasta ja noloa toistaa samaa virhettä yhä uudelleen ja uudelleen.

VIERAILULLA HANUMANIN TALOSSA

Tarvittiin vain yksi ylimääräinen pysähdys saattamaan minut takaisin raiteilleni. Koska olimme yhä Taosin alueella, olin kertonut tarinoita erityisistä paikoista, joista Hanuman-temppeli oli suosikkini. Amma tuli hyvin eloisaksi ja vaati, että tekisimme mutkan ja osoittaisimme kunnioitusta Hanumanille, Ramajumalan suurimmalle palvojalle. Joten ajoimme temppelille ja pysäköimme tekemättä siitä numeroa. Amma meni rukoushuoneeseen ja istui hiljaa sen keskellä. Valkoisesta marmorista tehty *murti* (jumaluutta esittävä patsas) oli peräisin Jaipurista ja esitti Hanumania lentämässä ilman halki pitäen olallaan nuijaa ja kädessään Raman sormusta. Hanumanin kasvot kuvastivat antaumusta ja rauhaa. Amma istui katsellen hänen kasvojaan selvästi iloisena.

Elämää suurempi, kaksi tonnia painava patsas oli mestariteos. Se seisoi upean näköisellä laajalla alttarilla, joka oli täynnä kukkia, messinkisiä *puja*-tarvikkeita, palavia kynttilöitä ja *prasad*-kulhoja. Jotenkin sana oli levinnyt, ja ihmisiä ilmestyi paikalle kuin tyhjästä. Munkit toivat harmoniumin ja *mridangamin* (kaksipuolinen rumpu), ja Amma alkoi laulaa. Hän lauloi *Sri Rama Jaya Raman, Sita Ram Bolin* ja lopetti *Mano Buddhyahamkaralla.* Hän antoi darshanin noin 30 onnekkaalle paikalla olijalle ja lähti sitten temppelistä yhtä hiljaa kuin oli tullutkin.

SANTA FEN CHARMIA

Schmidtin perhe oli erityinen jo ensitapaamisestamme alkaen, kun järjestimme ensimmäisen "Päivä Amman kanssa"-videoesityksen heidän kodissaan vuonna 1986. Steve oli arvostettu asianajaja ja Cathy (nyt Amrita Priya) oli musiikinopettaja. He ovat eräitä maanläheisimpiä, ahkerimpia ja iloisimpia ihmisiä, joita olen koskaan tavannut. Heidän lapsensa Sanjay ja Devi olivat suloisia ja tiedonhaluisia. Heidän savitiilitalossaan, joka sijaitsi Santa Fen luonnonpuiston kukkuloilla oli huone, jossa noin 20 ihmistä saattoi istua mukavasti. Huomasin heti, että energia oli hyvin rauhallinen ja että he olivat meditoineet paljon. Tämä oli sama perhe, joka oli juuri ennen esikiertuetta spontaanisti soittanut minulle Bostoniin tehdäkseen lahjoituksen. En ollut lainkaan yllättynyt, kun Amma eräänä aamuna kurkisteli huoneisiin heidän talossaan. Se oli merkki siitä, että jotakin kosmista oli kehitteillä. Hän kutsui meidät kaikki suureen, avoimeen olohuoneeseen ja kysyi voisimmeko ripustaa sinne verhon pienen temppelin luomiseksi. Cathyn ja Steven kasvojen ilmeet kuvastivat puhdasta riemua.

Aloitimme välittömästi: poistimme suuren Kachinanukkekokoelman tulisijan reunalta, siirsimme huonekaluja ja valitsimme täydellisen tuolin Ammalle istuimeksi. Sana levisi ja seuraavana iltana heidän tontilleen saapuneelle väenpaljoudelle piti järjestää sekä paikoitus- että istumatilaa. Muistan katsoneeni Steven reaktiota joitakin kertoja illan aikana; hän näytti olevan yhä enemmän ihmetyksen ja autuuden tilassa. Cathy oli mitä ystävällisin emäntä. Hän ei lakannut palvelemasta ihmisiä ennen kuin heidän kaikki tarpeensa oli täytetty, tapa joka jatkuu yhä tänäkin päivänä.

Muutaman vuoden sisällä heidän tontillaan tulisi sijaitsemaan Uuden Meksikon Amma-keskus. Se on yhä yksi niistä Amman ulkomailla sijaitsevista ashrameista, joka on tunnettu useista pitkäaikaisista palveluhankkeista, kuten Amman keittiöstä, joka ruokkii kodittomia, ja meditaation opettamisesta vankiloissa. San Ramonin ashramin tapaan Santa Fen Amma-keskuksella on myös kiinteä yhteys Äiti Luontoon, joka ilmenee luomuvihannesten viljelynä, aurinkovoimalla toimivana kasvihuoneena sekä yhteisölle järjestettyinä työpajoina, jotka käsittelevät vihannesten viljelyä aavikkoisen vuoriston ekosysteemissä.

KESÄPÄIVÄN TASAUS, 1987

Kesäkuun 21. päiväksi oli järjestetty erityisohjelma Pot Creekjoen varrella sijaitsevalle niitylle,Taosista itään päin. Tontin omisti paikallinen taiteilija Jameson Wells, joka oli veistänyt mustasta graniitista nelisärmäisen patsaan, joka oli hänen näkemyksensä Kali-jumalattaresta. Tilaisuus julistettiin "Jumalallisen Äidin juhannusjuhlaksi." Olimme maalanneet seitsemään neliönmuotoiseen laattaan kuhunkin punaisen kolmion, ja niihin keskelle pisteen edustamaan seitsemään *chakraa* (kehon energiakeskuksia). Ne oli sijoitettu riviin, ja patsas sen pääksi. Perhe oli virittänyt keltavalkoisen kangaskatoksen auringonsuojaksi, mutta paikalle oli saapunut niin paljon väkeä, ettei polttavaa keskipäivän aurinkoa päässyt mihinkään pakoon. Seitsemän chakran asetelma ei riittänyt Ammalle, ja hän pyysi kaikkia ahtautumaan katoksen alle niin tiukkaan kuin mahdollista ja pyysi heitä sen sijaan visualisoimaan Jumalalliseen Äidin sisimmässään. En tiennyt sitä silloin, mutta tämä oli Devi pujan (Jumallisen Äidin palvontameno) alku. Siitä tuli myöhemmin Atma puja (Itsen ylistys), joka on ohjelmassa yhä tänäkin päivänä Intian ulkopuolella ennen Devi Bhavan alkua.

Amma keskusteli munkkien kanssa hetken sillä aikaa kun paikalla olijat järjestäytyivät uudelleen parhaansa mukaan katoksen alle. Amma selitti, että lausuisimme Devin 108 nimeä perinteiseen tapaan vastaten mantroihin kuorossa. Hän neuvoi meitä tekemään rituaalin mielessämme. Hän sanoi että *manasa puja* (mielessä tehty jumalanpalvelus-rituaali) saattaa olla ulkoista palvontamenoa voimakkaampi, jos se suoritetaan antaumuksella ja innolla. Munkki lausuisi ensimmäisen nimen ja me toistaisimme *Om para shaktyai namaha* -kumarran korkeinta voimaa Jumalallisen Äidin muodossa. Samalla tekisimme eleen oikealla kädellä kuin ottaaksemme kukan sydämestämme Deville. Tämä kuvaannollinen ele edusti sydämen antamista jumalalliselle. Amma mainitsi myös, että jos joku ei halunnut kuvitella Jumalallista Äitiä, he saattoivat sen sijaan kuvitella jonkin ihanteen, kuten maailmanrauhan tai Luontoäidin. Kuten Amma aina sanoi: "Usko omaan Itseesi ja etene tielläsi."

Kaikki olivat kiinnittäneet paljon huomiota käännökseen ja harjoittelimme yhdessä Amman johtaessa Om para-saktyai namaha -vastausta useita kertoja samalla koordinoiden kuviteltua sydämen lootuskukan ojentamista. Se oli hyvin runollista, spontaania ja selkeää; seremonian jälkeen mieliala oli ylevöitynyt. Kukaan ei ollut koskaan kokenut vastaavaa, minä mukaan lukien. Sitten Amma lauloi muutaman bhajanin - *Kali Durge Namo Namah, Para Shakti Param Jyoti*- ja antoi kaikille darshanin. Iltapäivä kului autuaallisesti, ja pian oli aika hyvästellä tämä kaunis yhteinen tilaisuus, jonka jälkeen monet seurasivat Ammaa Madisoniin muutamaa päivää myöhemmin.

MAHTAVA MADISON

Unohtumattomat esikiertueen aikaiset hetket Madisonissa olivat valmistaneet näyttämöä Amman suurenmoiselle ensimmäisen vuoden ohjelmalle siellä. Majoittuisimme Lawrencen perheen 24 hehtaarin maatilalle aivan Madison ulkopuolella sijaitsevalla metsikköalueelle. Sinne meneminen tuntui monella tapaa siltä kuin olisimme menneet tapaamaan vanhoja ystäviä. Ja sitä he olivatkin; Barbara Lawrence oli Swami Paramatmanandan ensimmäinen hathajoogan opettaja ja oli antanut hänelle hänen ensimmäisen Bhagavad Gitansa yli 20 vuotta sitten. Hänen tyttärensä Rasya, joka asuu nykyisin Amman luona Intiassa, muistaa äitinsä sanoneen nuoresta joogaoppilaastaan: "Hänestä tulisi hyvä munkki." Heidän pelloillaan kasvoi sinimailasta, ja Amma kehui vaahterapuiden majesteettista kauneutta. Lawrencen viime vuosisadan vaihteesta olevasta navetasta tulisi muutamaa päivää myöhemmin pidettävän Devi Bhavan temppeli. Tusinoittain väkeä osallistui siivoustalkoisiin, ja kun navetan ovet heilahtivat auki tarmokkaan siivousoperaation jälkeen, Devi Bhavan sanomattoman kauniit kulissit vetivät vertoja korkeuksiin kohoaville vaahteroille.

Myös Madisonista kotoisin olevat Mary La Mar ja Michael Price antoivat Amman pitää ihanan päivädarshan ohjelman tilavassa talossaan. He olivat toinen niistä perheistä, jotka olivat ottaneet minuun yhteyttä Bostonissa lahjoittaakseen rahaa, ollessani esikiertueen aikana ahdingossa. He olivat luontevan lämpimiä ja ystävällisiä ihmisiä ja pitivät huolta kaikista, jotka olivat tulleet tapaamaan Ammaa. Michael ja Mary edustivat täydellisesti keskilännen kuuluisaa vieraanvaraisuutta.

Rakkauden ylitsevuotavuus tämän "sydänmaan" pysäkin aikana toi usein kyyneleet silmiini. Sufi-yhteisö järjesti yhden Amman ohjelmista "Taivaan porteilla" ja voin vieläkin muistaa "Jaya"-ryhmän laulavan sydämensä kyllyydestä. Yksi niiden perheiden lapsista, jotka tulivat vuoden 1986 ensimmäiseen videoesitykseen, oli tuolloin kahdeksanvuotias. Vinay on nyt asunut Amman ashramissa Intiassa useita vuosia ja käyttää kaiken aikansa ja luovan energiansa "Embracing the World" -järjestön parissa. Tämä on Amman mittavien hyväntekeväisyyshankkeiden maailmanlaajuinen verkosto.

ENSIMMÄISEN USA:N KIERTUEEN LOPPUHETKET

Tarinat ensimmäiseltä USA:n kiertueelta voivat jatkua loputtomiin, mutta säästän ne seuraavaan osaan. Amman ja hänen lastensa ilo olla yhdessä oli sen jatkuva sävel; niin monen ihmisen elämään tuotu syvä sisäinen kauneus sai heissä aikaan paljon muutoksia. Nyt oli tullut Amman aika lentää Pariisiin saattaakseen loppuun ensimmäisen maailmankiertueensa viimeisen vaiheen. Tämä osuuden viimeinen ohjelma oli Conneticutissa Devan-perheen kotona.

Minulle se oli tuskallista. Olin selvinnyt kiertueesta minimaalisella budjetilla. Kaikki tarpeet oli tyydytetty mutta nyt viimeinen pennikin oli käytetty. Minulla ei ollut paluuviisumia Intiaan. Amma kehotti minua jatkamaan kiertuetta Eurooppaan, mutta tiesin ettei se olisi mahdollista.

Aamulla selitin yhdelle munkeista, että menisin jonnekin töihin maksaakseni velkani, kuten olin luvannut ja että minun oli täytynyt luopua oleskeluviisumistani voidakseni palata Yhdysvaltoihin suunnittelemaan kiertuetta. Minulle ei ollut tarjoutunut tilaisuutta kertoa Ammalle näitä yksityiskohtia kaiken sen hullunmyllyn keskellä. Lisäksi se olisi joka tapauksessa vain pilannut hyvän mieleni. Olin tehnyt tietoisen valinnan järjestelyjen vuoksi, se oli uhraus jonka olin halunnut tehdä, jotta kiertue toteutuisi. Täyttymykseni oli siinä, kun näin Amman yhdessä lastensa kanssa. Miksi huolehtia siitä nyt? Olin varma siitä, että kuuden kuukauden kuluttua pääsisin takaisin Intiaan Amman luokse. Sillä välin olisi paljon järjesteltävää koskien seuraavan vuoden kiertuetta, jonka Amma oli jo vahvistanut.

Kun Amma kuuli munkeilta mitä oli tapahtunut, hänellä oli toinen ajatus. Hän kutsui minut istumaan hiljaa vierelleen. Amma pyysi minua kertomaan tarinani kourallisele paikalle jääneitä ihmisiä. He olivat jääneet paikalle näiden parin päivän ajaksi hyvästelläkseen Amman. Hän sanoi, että minun olisi tärkeää kertoa tarinani ja antaa sitten tapahtua sen mitä tapahtuisi. Joten tein niin.

Istuimme pienessä ympyrässä ja kerroin tarinani. Kuinka tärkeää minulle oli ollut tuoda Amma lastensa luo. Kuinka Amma oli tapaamisemme jälkeen muuttanut omaa elämääni sanoinkuvaamattoman paljon ja että halusin sitä myös muille. Kerroin myös sen, että Amman tuominen Yhdysvaltoihin oli kasvattanut omaa sitoumustani henkiseen elämään, kun olin nähnyt miten paljon tarvittiin valaistunutta mestaria opastamaan meitä totuuteen. Puhuin enintään 10 tai 15 minuuttia, pitäen katseeni maassa koko ajan. En kestänyt nähdä, miten paikallaolijat reagoisivat. Lopetettuani kumarsin ihmisten kehälle ja nousin ylös pahoitellen. Huomasin joidenkin pyyhkivän kyyneleitä poskiltaan. Välittömästi he kutsuivat minut San Fransiscon alueelle vieraaksi koteihinsa ja lupasivat auttaa miten vain voisivat. He halusivat osallistua seuraavan vuoden valmisteluihin ja olivat valmiita aloittamaan hyvin lyhyellä varoitusajalla.

Eräs heistä lähti heti tekemään järjestelyjä, jotta voisin matkustaa heidän perheensä kanssa. Kun menin Amman huoneeseen kertomaan hänelle mitä oli tapahtunut, hän oli odottamassa minua tarjoilemaan ateriansa. Näytin onnettomalta, ja Amma kysyi kujeilevasti: "Miksi niin surullinen?" Sanoin: "Koska Amma on lähdössä." Amma vastasi heti: "Minne?" Amma sanoo aina, että siellä missä on rakkautta, ei ole välimatkoja. Olin usein kokenut sen todeksi sisimmässäni mutta sillä hetkellä tuntui lohduttomalta nähdä Amman lentävän pois, tietämättä milloin voisin "nähdä" hänet jälleen.

8. LUKU

Virran mukana

Pääsin takaisin Intiaan paljon odotettua nopeammin. Sen jälkeen kun Amma oli lähtenyt Eurooppaan, lensin takaisin San Fransiscoon eräiden Amman seuraajien mukana. Tarkoituksenani oli ansaita tarpeeksi rahaa maksaakseni velkani takaisin mahdollisimman pian ja voidakseni viettää mahdollisimman paljon aikaa Amman seuraajien kanssa sekä pitääkseni yllä Amman kiertueen herättämää innostusta. Perustimme M.A. - keskukseen ensimmäisen satsang ryhmän, joka kokoontuisi viikoittain Hari Sudhan (Tina) kotona Berkeleyssä.

Ilta alkoi videonpätkällä Amman ensimmäiseltä kiertueelta. Sitten lausuimme Lalita Sahasranamasta valitut 108 Jumalallisen Äidin nimeä. Olimme kesän ajan toistaneet niitä Amman kanssa. Sitten lauloimme bhajaneita noin tunnin ajan ja lopetimme 15 minuutin hiljaisella meditaatiolla. Jälkeenpäin pidettiin nyyttikestit ja monet jäivät paikalle vielä kuulemaan tarinoita Ammasta ja esittämään kysymyksiä. Ihmisiä saapui joka puolelta San Fransiscon lahden alueelta viikoittain pidettävään satsangiin Berkeleyssä. Joskus he kutsuivat minut pitämään satsangeja koteihinsa Marinissa, Orindassa, eteläiselle Bay-alueelle tai San Franciscoon. Se oli välittömän innostuksen aikaa; kaikki halusivat varmistaa sen, että Amma tulisi seuraavanakin vuonna. Ennen pitkää kaikkiin näihin paikkoihin muodostui omat viikoittaiset satsang-ryhmänsä.

Suunnittelemastani työpaikasta ei koskaan tullut mitään, sillä velkani maksoivat eräät ihmiset, jotka ehdottomasti halusivat

pysyä nimettöminä. Minulle annettiin myös lippu Intiaan
paluuta varten. Oli Amman armoa, että kaikki tapahtui tällä
tavoin ja otin sen kiitollisena vastaan. Elokuun puolessavälissä
olin taas Amman kanssa. Sadhana ja kodikas majani Kalarin
vieressä olivat kuin vanhat ystävät, toivottamassa minut takaisin
kotiin.

AMMAN 34. SYNTYMÄPÄIVÄJUHLA

Intiassa on tapana viettää syntymäpäivää henkilön syntymäkuu-
kauden syntymätähden päivänä. Näin ollen vietimme Amman
34. syntymäpäivää lokakuun kymmenentenä. Amman synty-
mätähti Kartika oli taivaalla, ja melkein valmiin Kalitemppelin
rukoushalli oli täyttynyt tuhansista ihmisistä, aivan kuten Amma
oli ennustanut. Kuinka Amma oli osannut alkaa Kalitemppelin
rankentamisen juuri oikealla hetkellä vuonna 1986? Tällainen
yksittäinen seikka hämmästyttää aina minua?

Juhlan aikana lausuttiin ensimmäistä kertaa *pada pujan*
(Gurun jalkojen peseminen) aikana "Mata Amritananda-
mayi Astottara Sata Namavali" eli Amman 108 nimeä. Ne
oli kirjoittanut eräs ashramin vanhempi asukas, elinikäinen
brahmachari (selibaatti munkki) ja tunnustettu runoilija Ottur
Namboodiri. Tuona päivänä valkeni uusi aikakausi Amman
ja hänen lastensa elämässä. Alkuvuosien yksityisyyden aika
oli selvästi ohi. Vaikka Amma oli sama puhdas sielu kuin aina
ennenkin, piti huolta lapsistaan ja toi rauhaa ja iloa jokaiselle
hänen luoksensa tulleelle, hän oli nyt enemmän kuin koskaan
ennen koko maailman Äiti.

KIERTUEELLA AMMAN KANSSA

Amma ja yhä kasvava määrä ashramin asukkaita alkoivat
matkustaa laajemmin Intiassa, aluksi joka puolella Keralaa ja

Tamil Nadua. Minibussi ei enää riittänyt, ja meille lahjoitettiin suurempi bussi. Marraskuussa matkustimme Amman ensimmäiselle vierailulle Mumbaihin. Istuessani Amman takana tunti toisensa ja päivä toisensa perään tarkkailin hiljaa miten hänen jumalallinen olemuksensa toi kauneutta kaikkien niiden kasvoille, jotka kävivät hänen rakastavassa sylissään. Ihmettelin hänen kestävyyttään. Ohjelman loputtua Amma kiiruhti hänelle varattuun huoneeseen ja alkoi vielä lukea postiaan, tavata paikallisia järjestäjiä tai opastaa neuvon tarpeessa olevia ashramilaisia. Amman väsymätön iloisuus oli ehtymätön.

Jokainen meistä auttoi jollakin pienellä tavalla, mutta kukaan ei pysynyt Amman tahdissa mukana. Kun oli kuuma, saatoin istua tuntikausia heiluttamassa viuhkaa ja yritin samalla saada Amman juomaan vettä. Sen lisäksi pidin käsillä puhdasta kasvopyyhettä. Kun minä itse olin valmis lepäämään koko päivän kestäneen Darshanin loputtua, Amma saattoi hypätä odottavaan autoon vieraillakseen kymmenessä talossa ennen auringon nousua. Hän loi ympärilleen koko ajan naurua ja iloa, mutta samalla hän tarkkaili oppilaidensa mieltä korjatakseen virheitä. Amma oli myötätunnon valtameri, sekä lavalla että sen ulkopuolella.

Kaikki ohjelmat Intiassa olivat hyvin järjestettyjä ja monet ihmiset saattoivat tavata Amman ensimmäistä kertaa. Opin joitakin tärkeitä yksityiskohtia seuraamalla Ammaa hänen antaessaan neuvoja paikallisille järjestäjille: Anna jokaisen ihmisen aina auttaa omalla tavallaan, älä koskaan lähetä ketään pois, toivota uudet ihmiset aina hymyillen tervetulleeksi ja ota selvää, ovatko kaikki saaneet ruokaa ja leposijan. Palattuamme Keralaan monet alkoivat tehdä pyhiinvaellusmatkoja ashramiin, ja kaikki Kalitemppelin huoneet ja temppelin rukoushalli täyttyivät saman tien kun ne valmistuivat.

ITSETUTKISKELUA

Olin palannut Intiaan kolmen kuukauden turistiviisumilla, ja marraskuussa minun pitäisi anoa kolmen kuukauden lisäaikaa, mikä tavallisesti tuolloin myönnettiin. Saatoin vain toivoa, että ulkomaalaisten rekisteröintivirasto oli antanut minulle anteeksi ja että olisin taas heidän suosiossaan. En kestänyt ajatusta lähdöstä 90 päivän kuluttua. Tämän takia jokainen päivä oli kuin lahja enkä pitänyt mitään itsestäänselvyytenä. Joka ilta yritin tutkiskella itseäni ja nähdä puutteeni selkeästi. Olinko ollut kärsivällinen? Olinko ollut ystävällinen? Olinko ollut tarpeeksi tarkkaavainen ja toistanut mantraani jatkuvasti. Nämä olivat olleet ongelma-alueitani kiertueen aikana. Olinko tehnyt *archanan* oikealla asenteella? Jos en, niin tekisin sen uudelleen ennen nukkumaanmenoa. Olinko voinut auttaa jotakuta, edes jollakin pienellä tavalla? Olinko muistanut luontoäitiä ja tehnyt jotakin hänen hyväkseen? Oliko sydämeni tänään lähempänä Ammaa? Näin Amma oli neuvonut minua kiertueella ja tiesin, että se oli yhtä tärkeää kuin juomavesi.

Eräs nuori nainen, joka ei ole enää ashramissa, tuntui olevan kateellinen minulle, mutta yritin antaa sen olla vaikuttamatta itseeni. Palvelutyöni oli lahja rakkaudelle ja halusin tietoisesti välttää sitä, ettei oma ylpeyteni vaikuttaisi siihen. En halunnut joutua hänen kanssaan vastakkain. Olin nähnyt, että hän saattoi tehdä elämän vaikeaksi estämällä sellaisten ihmisten pääsyn Amman lähelle, jotka eivät olleet hänen suosiossaan. Oli väistämätöntä että viha, kateus, ylpeys ja toisten arvosteleminen tulivat pintaan Amman läheisyydessä; nehän olivat juuri niitä negatiivisuuksia, joista halusimme päästä eroon! Itsetutkiskelu auttoi minua näkemään oman osuuteni eri tilanteissa ja korjaamaan ne. Kun puhuin Amman kanssa näistä hiillostavista tilanteista, hän sanoi minulle, että minun velvollisuuteni oli itseni kehittäminen. Miksi huolehtia siitä, mitä joku toinen teki tai ei tehnyt. Amma teki tämän asian hyvin selväksi. Amma vertaa henkisessä yhteisössä elämistä ja siellä syntyviä tilanteita kivimyllyyn. Kivien terävät särmät hioutuvat myllyssä toisiaan vasten, jonka jälkeen jokainen kivi on hioutunut täydellisen sileäksi.

UUSI SEVA

Amma oli vaihtanut sevaani. Ruoanlaiton sijasta editoin nyt uusia englanninkielisiä kirjoja. Ensimmäinen niistä oli Amman elämänkerta. Sitä seurasi *Lapsilleni*, johon oli koottu Amman sanontoja eri aiheiden mukaan jaoteltuina. Autoin myös Swami Paramatmanandan *On the Road to Freedom* -kirjan editoimisessa. Sen lisäksi lähetin kuukausittain M.A. –keskukseen uutta materiaalia *Amritanandam*-lehdelle sekä uusimman numeron kannen, jossa oli Amman kuva. He kopioivat nämä ja lähettivät edelleen noin sadalle tilaajalle. Kirjoittaakseni juttuja lehteen, kysyin Ammalta voisinko esittää hänelle kysymyksiä ja äänittää hänen vastauksensa. Jokainen numero oli pullollaan viisautta, suloisuutta ja huumoria. Amma oli puhdasta satsangia, mitä tuli henkisen viisauden esittämiseen ja hänen puheensa syntyivät vaivattomasti nykyhetkessä. Ei ollut mitään välikäsia, vain pelkkä Amma, ja tämä jatkuu vielä tänäkin päiväni.

"AMRITANJALI" –SARJA

Kaikki bhajanit äänitettiin improvisoidussa studiossa, joka oli tehty pieneen taloon. Tämän oli rakentanut eräs hollantilainen jo alkuaikoina, ja talo sijaitsi nykyisen Vishuddi- ayurveda klinikan paikalla, ashramin pohjoisen sisäänkäynnin vieressä. Äänieristys tehtiin mahdollisuuksien mukaan, ja sivuhuoneeseen oli sijoitettu äänitystä varten nauhurit. Jopa jo tuolloin Amma saattoi istua nauhoittamassa viikon tai kahden ajan! Hän ja koko ashram hänen mukanaan syventyivät siihen täysin. Ilmapiiri oli uskomattoman sähköinen istuessamme tunti toisensa perään laulamassa Amman kanssa. Noin kolmen vuoden aikana äänitettiin 10 osaa bhajaneita alkuperäiseen Amritanjali-sarjaan. On vaikea uskoa, että tähän mennessä (vuonna 2012) Amma on äänittänyt yli tuhat laulua 35:llä kielellä!

Kaseteista saatavat tulot auttoivat Ammaa aloittamaan hyväntekeväisyyshankkeita köyhille ja vähäosaisille, mikä on hänen elämänsä keskeinen päämäärä. Nämä kauniit äänitykset Amman ja ashramilaisten laulamina antoivat Amman seuraajille mahdollisuuden kuunnella Amman voimallisia bhajaneita silloinkin kun he eivät olleet ashramissa. Niissä oli mukana myös hänen opetuksensa. Ne muistuttivat kuulijaa tavasta päästä päämäärään. Kuka tahansa laulut kirjoittikin, kaikki niistä saatavat tulot menivät ja tänäkin päivänä menevät hyväntekeväisyyshankkeiden käynnistämiseen. Sellaisia olivat mm. ilmainen lääkintäapu ja ensiapuklinikka, köyhien opiskelijoiden stipendit, ja läheisessä kaupungissa sijaitsevan, taloudelliseen ahdinkoon joutuneen orpokodin ja siellä olevien 500 lapsen pelastaminen.

MINUN LAULUNI

Uusia lauluja ilmestyi kaiken aikaa. Koska ashramin ilmapiiri oli niin suotuisa antaumuksellisten laulujen tekemiseen, musiikin virralle ei ollut loppua. Jatkoin laulujen kirjoittamista aina silloin tällöin, mutta olin liian ujo laulamaan. Eräänä iltana Amma nousi ylös ja lähti kuljeskelemaan Kalarista kesken laulujen. Poispäin kävellessään hän pyysi jokaista laulamaan. Kun minun vuoroni tuli, kumarruin harmoniumin soittajan puoleen ja kuiskasin: "Iswari Jagad Iswari." Se oli ensiesitykseni monta vuotta sitten esitetyn "Rain, rain, go away" jälkeen. Kun alkutahteja soitettiin, kokosin itseni ja pistin peliin kaiken antaumukseni ja keskittymiseni mitä vain kykenin.

Olin laulanut tätä laulua niin usein matkustaessani maailmankiertuetta järjestämässä, että sen viisi säettä olivat syöpyneet muistiini. Kaikki lauloivat toiston kuorossa, mutta säkeet minä yksin. Miten autuaallista olikaan laulaa Amman laulu! Vuosia myöhemmin sain selville, että Amma oli istunut lähistöllä kotitalonsa rappusilla ja kysynyt: "Kuka laulaa?", ja hänen kanssaan istunut henkilö vastasi: "Kusuma." Siihen Amma oli sanonut: "Mutta sinähän sanoit, ettei hän osaa laulaa!"

iswari jagad -iswari paripalaki karunakari
sasvata mukti dayaki mama
khedamokke ozhikkanne

Oi Jumalatar, Oi maailmankaikkeuden Jumalatar,
Oi kaiken ylläpitäjä, Oi armon ja ikuisen pelastuksen
antaja vapauta minut kaikesta surusta...

VUODEN 1988 USA:N KIERTUETTA SUUNNITTELEMASSA

Helmikuussa oli aika palata Yhdysvaltoihin valmistelemaan Amman toista kesäkiertuetta. Amma oli 12 muun paikan lisäksi hyväksynyt kutsut kahteen uuteen paikkaan: Coloradon Boulderiin, missä Swami Paramatmanandan sisko asui, ja New Hampshiren Templeen, missä Jani ja Ganganath McGillillä oli luontaishoitola.

Amma oli myös hyväksynyt ehdotukseni meditaatioretriittien pitämisestä joissakin paikoissa, joten oli paljon suunniteltavaa. Tänä vuonna ei tarvittu esikiertuetta, mutta nyt menisin etukäteen kuhunkin paikkaan ja tapaisin siellä olevia ihmisiä suunnitellaksemme Amman 1988 USA:n kiertuetta. Kiertäisimme yhdessä etsimässä ohjelmahalleja ja mahdollisia retriittipaikkoja. Mitä olikaan vuosi Amman kanssa saanut aikaan? Tietäessäni mitä Amman toinen vierailu tarkoitti, synnytti se minussa todellisen innostuksen yhteisen päämäärän eteen.

TULKOON MITÄ TULEE

"Päivä Amman kanssa"-esitys oli suunniteltu jokaiseen kaupunkiin, ja minä valmistin hyväntekeväisyysillallisen, jotta saisimme rahaa kiertuetta varten. Joskus paikalliset muusikot ja esittävät taiteilijat järjestivät hyväntekeväisyysnäytöksen, tai sitten taiteilijat ja eri alojen ammattilaiset pitivät kaikessa hiljaisuudessa huutokaupan ja lahjoittivat näin taidettaan tai palveluitaan. Ne ihmiset, joilla oli varaa, lahjoittivat rahaa.

Lahjoituksia ei pyydetty. Jos ihmiset kysyivät lahjoittamisesta, kerroin lyhyesti Amman ashramista Intiassa ja jo toimivista hyväntekeväisyyshankkeista. En kokenut tarpeelliseksi selittää enempää. Vielä nykyisinkin suuressa ohjelmahallissa saattaa olla vain kaksi pientä lahjoituslaatikkoa. Usein esitetty kysymys olikin: "Mihin voi antaa lahjoituksen?" Siitä ei ole koskaan tehty julkisesti näkyvää.

Olin keksinyt ajatuksen painattaa kirjekuoria Devi/Atma puja-seremoniaan, joka pidettiin joka kaupungissa Amman ohjelman viimeisenä iltana. Se oli vastaus niille monille ihmisille, jotka olivat pyytäneet hiljaista tapaa lahjoittaa jotakin Amman vierailun päätteeksi. Amman ohjelmat eivät olleet maksullisia, ja retriitit olivat edullisia; osallistujat maksoivat vain kolmen päivän majoituksesta ja ruoasta. Jopa tänäkin päivänä, ylihintaisten henkisten seminaarien aikakautena, Amman retriitit ovat yhä kohtuuhintaisia.

Hari Sudhan ja Suneetin kanssa

Selvisin kaikesta niukalla budjetilla ja jollakin tapaa kaikki kulut, kuten hallien vuokrat, ruoka, vaatimattomat tiedotuskulut ja matkat, katettiin aina lahjoituksilla. Amman sanat: "Älä pyydä mitään ja kaikki tulee itsestään," toteutuivat aina.

PADA PUJA JA ARATI

Lisäsin kaksi perinteistä rituaalia jokaisen päivän ohjelmaan: Amman jalkojen pesun hänen saapuessaan halliin ja *aratin* (palavan kamferin liikuttaminen jumaluuden edessä) iltaohjelman lopuksi. Amma ei ollut kovin halukas tähän, mutta suostui lopulta kun vaatimalla vaadin sanoen, että hänen lapsensa olisivat hyvin onnellisia, jos saisivat tilaisuuden ilmaista rakkautensa ja antaumuksensa. Aratissa käytettiin yksinkertaista messinkivatia ja Amman jalkojen pesuun käytettiin myös yksinkertaisia messinkisiä tai teräksisiä astioita.

Selostin näihin antaumuksellisiin seremonioihin liittyvät vaiheet vieraillessani eri kaupungeissa. Minusta tuntui siltä, että jokaisen Amman lapsen pitäisi saada halutessaan tällainen mahdollisuus, joka toisi heitä väistämättä lähemmäksi Ammaa. Ne olisivat elinikäisiä muistoja. Pidimme kaiken yksinkertaisena, mutta taustalla oleva syvällisempi merkitys selitettiin, ja kaikki saivat tilaisuutensa.

Nämä samat rituaalit tehdään yhä Amman maailmankiertueilla, ja ne ovat tuoneet paljon iloa Amman seuraajille. Rakkauden tiellä, käytettäessä rakkaudellisia palvontamenoja saadaan aikaan jatkuva rakastetun (jumaluuden/gurun) muistaminen, joka lopulta vei meidät ykseyden tilaan. Guru ei tarvitse meidän palvontaamme. Amma sanoo usein, että aurinko ei tarvitse paistaakseen kynttilän valoa. Myöskään Jumala ja guru eivät tarvitse meidän palvontaamme. Palvomme omaksi eduksemme, sillä se puhdistaa mieltämme ja vie meidät lähemmäksi omaa todellista luontoamme. Teot jotka herättävät rakkauden ja kunnioituksen gurua ja gurun edustamaa totuutta kohtaan, ovat puhdistavia ja luovat syvän siteen. Se on kaikkein olennaisin asia rakkauden tiellä.

1988 KIERTUEEN VAPAAEHTOISET JÄRJESTÄJÄT

Vaikka kiertueella ei ollut virallista henkilökuntaa, oli kuitenkin olemassa ryhmä innokkaita ihmisiä, jotka olivat valmiita auttamaan valmisteluissa koko kesän ajan niin monella paikkakunnalla kuin kykenivät. Tina ja Nancy, joista oli sittemmin tullut Hari Sudha ja Suneeti, tulivat itärannikolle saakka ja auttoivat monen muun asian lisäksi ohjelmahallien ja Devi Bhava –temppelin koristelemisessa.

Ron Gottsegen Carmelista ei aikonut jäädä paitsi yhdestäkään kiertueen ohjelmasta. Hän alkoi auttaa äänentoistolaitteiden kanssa; äänittämällä ja miksaamalla. Ron oli valmis tekemään kaiken tarvittavan, olipa se lounasvihannesten osto kaupasta, Amman ja munkkien kuljettaminen halliin ja takaisin tai matkatavaroiden kuljetuksen koordinointi lentokentällä. Hän oli hyväntuulinen, ja hänen kanssaan oli helppo työskennellä. Hänen hiljainen huumorintajunsa ja käyttäytymisensä sai Amman ratkeamaan naurusta monta kertaa matkan varrella. Meillä oli kaksi vapaaehtoista autonkuljettajaa, Scott Stevens ja Raman Ericson, jotka ajoivat maan halki kuljettaen tarvikkeita punaisessa Chevy pick-up autossa, jonka kylkeen oli maalattu 'Om-Zia' symboli. Auton oli ystävällisesti antanut käyttöömme Sheila Guzman vuoden 1988 USA:n kiertueen ajaksi.

Om-Zia symboli ansaitsee maininnan, sillä se oli Amman varhaisten kiertueiden tunnus ja on jälleen alkanut saavuttaa suosiota rukouslippujen ja teepaitojen koristeena. Symboli oli saanut alkunsa eräästä ideasta, jonka olin saanut esikiertueen tuhansien kilometrien ajomatkoilla. Halusin Amman länteen tuloa koskevaa tiedotusta varten sellaisen logon, jossa itä kohtaa lännen. Zia on pyhä symboli Uuden Meksikon Zuni Pueblointiaaniheimolle. Symboli edustaa aurinkoa, elämän antajaa. Siitä lähtee neljään suuntaan neljä sädettä, jotka edustavat neljää vuodenaikaa, neljää vuorokaudenaikaa, neljää ilmansuuntaa ja neljää eri elämänvaihetta: syntymää, nuoruutta, vanhuutta ja kuolemaa. Larry Kelley ehdotti, että auringon keskelle laittaisimme sanskritinkielisen Om-symbolin, joka on luomakunnan alkuperäinen äänne.

KOTIA ETSIMÄSSÄ M.A.KESKUKSELLE

Kaikkein suurin vuoden 1988 kiertueen poikima edistys oli Amman siunaama hanke löytää alue, jolle voitaisiin perustaa asutettu meditaatiokeskus. Amma suostui tähän sen vuoksi, että näin voitaisiin kohottaa sellaisten Amman luokse tulleiden etsijöiden henkisyyttä ja rauhaa, jotka asuivat ja työskentelivät kaukana Intian ashramista. Se olisi hänen siellä elävien ja työskentelevien lastensa ja hänen luokseen ohjausta hakemaan tulleiden henkisten etsijöiden hyväksi. Hän pyysi minua jäämään heinäkuun puolivälissä päättyneen kiertueen jälkeen ja auttamaan sopivan sijainnin löytämisessä. Amman ensisijainen ohje oli, että valitsemassamme paikassa luonnon pitäisi olla tärkeä elementti.

Paikan hakemista varten perustettiin komitea. Ron Gottsegen, Steve Fleischer, Bhakti Guest ja minä aloimme ajella ympäri aluetta kiinteistönvälittäjän kanssa. Harkitsimme useiden eri paikkojen välillä, mutta oli yksi, joka vaikutti heti olevan ylitse muiden, ja se oli toiminnassa oleva karjatila San Ramonin Crow Canyonissa. Ensivaikutelmat ovat monesti pysyviä. Näkymä useista, vieri vieressä sisääntulotien varrella seisovista, jykevistä eukalyptuspuista toi mieleeni kuvan odottavista ihmisistä pitelemässä arati-vateja, jotka valaisivat hyväenteisesti Amman tietä hänen saapuessaan Intian ohjelmiin. Tunsin vuorenvarmasti, että tämä oli täydellinen paikka Mata Amritanandamayi-keskukselle (M.A. Center) Yhdysvalloissa. Kolme muuta komitean jäsentä tunsivat samoin. Päätimme soittaa Ammalle. Kesti jonkin aikaa kuvailla paikka ja kaikki yksityiskohdat puhelimessa munkille, joka käänsi ne. Hän soittaisi meille takaisin. Kului jonkin aikaa ja puhelin soi. Amman lyhyt vastaus ei olisi voinut olla selvempi. Jos olimme varmoja asiasta, niin Amma antaisi sille siunauksensa. Piste. Hän muistutti meitä myös siitä, että keskus perustettaisiin, ei Amman, vaan maailman hyväksi.

Meille jäi selvitettäväksi enää sellainen pikkuseikka, että miten voisimme saada toimintaluvan meditaatiokeskukselle maanviljelyyn keskittyneessä laaksossa. Williamson-pykälä suojeli koko Crow Canyonin aluetta ja tämä laki salli vai hyvin rajoitettuja toimintamuotoja tällä alueella. Naapurustoa tutkiessani panin merkille, että siellä oli paljon karjatiloja, hevostalleja ja taimitarhoja. Lähellä sijaitsi poikakoti, mutta se oli ainoa poikkeus muuten karja- ja maatilavaltaisella alueella.

Meditoidessani eräänä iltana sain idean. Ympäristötieteiden yliopistotutkintoni pohjalta ajattelin: "Miksi emme muuttaisi karjatilaa luomutilaksi, joka olisi esimerkkinä kestävään kulutukseen keskittyneestä elämäntavasta kaupunkialueella?" Tämä olisi koulutuskeskus, jonka ytimenä olisi meditaation harjoitus. Green Gulch Zen keskuksella Marin Headlandsissa oli samantapainen meditaatiokeskus. Jo seuraavana aamuna soitin Lynn Lanierille, joka nykyisin tunnetaan Brahmacharini Rema Devinä. Hänellä on maisemasuunnittelun tutkinto Berkeleyn yliopistosta Kaliforniassa. Teimme yhdessä Crow Canyonin tonttia varten yleissuunnitelman, joka voitaisiin esittää julkisessa kokouksessa Alamedan kunnanvaltuustolle tarvitsemamme luvan saamiseksi. Viikkojen huolellisen suunnittelutyön jälkeen olimme valmiita. Puin päälleni lappuhaalarit, etsin käsiini vanhat cowboy-bootsit ja hatun, ja niin pieni ryhmämme lähti kokoukseen.

Laatimamme muodollinen ehdotus käsitti noin 20 sivua. Ehdotuksessa esitettiin hedelmätarhan ja laajan vihannespuutarhan perustamista, josta saataisiin tuloja myymällä tuotteita paikallisille ravintoloille. Kasvihuone tuottaisi taimia ja kukka- ja yrttitarha edistäisivät luonnonmukaisia torjuntamenetelmiä ja tuottaisivat raakamateriaalia juhlapäivinä myytäviä koristeseppeleitä varten. Mehiläistenhoito, hillojen ja marmeladien tuotanto, yrttivoiteiden ja salvojen valmistus, idylliset meditaatioretriitit, ilmainen opastus luomuviljelyyn, ja yhteisön palveluhankkeet olivat kaikki osana ehdotusta. Puolen tunnin esitykseni jälkeen vallitsi hiljaisuus. Sen jälkeen eräs kunnanvaltuutetuista sanoi: "No, tuota, olemme varmaankin saaneet vastaukset jo kaikkiin mielessämme olleisiin kysymyksiin."

Yksi kokoukseen ehkä ehdotustamme vastustamaan tulleista naapureista pyysi vain, että luopuisimme mehiläistarhauksesta. Tämä saattaisi vaikuttaa haitallisesti ratsastustoimintaan, jos mehiläiset alkaisivat käydä hevosten tai ratsastajien kimppuun. Tämä myönnytys luvattiin heti, ja kunnanvaltuuston jäsenet hyväksyivät yksimielisesti luvan annettavaksi M.A. Keskuksen toimintaan Crow Canyonissa. Kaiken kaikkiaan asian käsittely kesti alle 10 minuuttia. Ja niin M.A. Center sai kodin nöyrän, nimettömänä pysyvän henkilön avokätisen lahjoituksen ansiosta. Kaikkein ensimmäiseksi soitimme Intiaan kertoaksemme Ammalle hyvät uutiset.

SAN RAMONIN ASHRAM - PYHIINVAELLUSKESKUS

Aamupäivän darshanohjelmat pidettiin keskuksessa, mutta illan bhajan-ohjelmat pidettiin vielä siellä täällä ympäröivällä alueella. Vuoden sisällä olimme valmistaneet maaperän kunnollisen hallin rakentamiseksi ja pian Amma tulisi pitämään kaikki ohjelmansa siellä. Jo 25 viiden vuoden ajan tuhannet ihmiset ovat tulleet San Ramonin ashramiin saamaan sen rauhallisessa ympäristössä Ammalta siunauksen ja lohdutusta ja tekemään lukemattomia tunteja epäitsekästä palvelutyötä ohjelman sujumiseksi ja alueella sijaitsevien hyväntekeväisyyshankkeiden hyväksi. Lisäksi he antavat myös materiaalista tukea Amman hankkeiden tukemiseksi Intiassa. Siellä tehtyjen suurten uhrausten ja rukousten ansiosta Amma on jopa julistanut San Ramonin ashramin pyhiinvaelluskeskukseksi, pyhäköksi ja turvapaikaksi.

Alkuperäinen, vaatimaton 30 puun hedelmätarha on kasvanut yli kahdeksan hehtaarin viljelykelpoiseksi ja yhä laajenevaksi maisema-alueeksi. Sieltä ovat löytäneet paikkansa kukkatarhat, kasvimaat, kasvihuone ja aurinkopaneelit. Siellä järjestetään permakulttuuriin liittyviä työpajoja kannustamaan yhteisöä toimimaan yhteydessä luontoon, maapallon luonnollisen harmonian palauttamiseksi. M.A. Keskus on käynnistänyt lukuisia palveluprojekteja, ja lukemattomat ihmiset ovat hyötyneet Amman henkisistä opetuksista osallistumalla palvelutyöhön, puhumattakaan itse avun vastaanottajista.

VUODEN 1988 USAN KIERTUE

Kiertue sujui mukavasti vuonna 1988, ja suunniteltuja pysäkkejä oli lopulta yli 20. Sana oli kiertänyt edellisen vuoden jälkeen, että jos Amma tulisi jälleen, sitä ei pitäisi jättää väliin. Yhä enemmän ja enemmän ihmisiä tuli tapaamaan Ammaa ja saamaan hänen siunauksensa. Jokaisella on erityinen tarinansa kerottavanaan siitä, kuinka on tavannut Amman. Nämä ovat tarinoita hetkistä, jotka ovat muuttaneet ihmisten elämää, jokainen niistä. Jälleen unelmani toteutui nähdessäni kaikkialla ympärilläni rakkauden ylitsevuotavuuden.

Olimme kaikki oppimassa rakkauden tietä jumalalliselta rakkaudelta itseltään. Amma on pysyvästi korkeimman ykseyden tilassa, jolloin oma rakkautemme herää spontaanisti hänen läheisyydessään. Olimme tehneet paljon töitä, ajatelleet Ammaa päivin ja öin tuodaksemme hänet luoksemme ja nyt hän puolestaan sytytti rakkauden lampun sydämissämme. Ammaa kohtaan tuntemamme rakkaus heijastui takaisin tuhatkertaisesti. Menneisyydessä tunsimme vain maallista rakkautta, rakkautta, joka on itsekästä ja usein sydäntä särkevää.

Prema tai korkein rakkaus, on meissä piilevänä unitilassa ja herää silloin, kun tapaamme suuren sielun kuten Amman. Tällöin tunnemme ylitsevuotavaa iloa. Siksi valaistuneen sielun tapaaminen on niin muuntava kokemus. Jos innostuksemme jatkuu ja päätämme lähteä henkiselle tielle, kehitymme valtavasti pysyessämme hänen läheisyydessään.

Voimme tietenkin tehdä henkisiä harjoituksia yksinkin, mutta ne eivät tuota tuloksia yhtä nopeasti. Monet meistä voivat joutua harhaan mestarin ohjauksen puuttuessa, ja saatamme ajatella, että voimme valaistua itseksemme tai että olemme jo valaistuneet. Sillä, että Amma matkusti niin kauas tapaamaan lapsiaan, pitääkseen heitä kädestä ja ohjatakseen heitä rakkauden tiellä, oli valtava vaikutus heidän elämäänsä. Koin suurta iloa saadessani katsella heissä tapahtuvia muutoksia.

Kokkasin paljon vuoden 1988 kiertueella, etenkin kahdessa retriitissä. Amma tuli henkilökohtaisesti pilkkomaan vihanneksia ilta-ateriaa varten. Hän jakoi sitten ensimmäisen retriitin toisena iltana illallisen, joka pidettiin kaikkien riemuksi punapuumetsässä Mirandassa! Tästä on tullut suosittu perinne, joka on jatkunut Amman retriiteissä tähän päivään saakka. Nyt monet matkustivat ympäri maata Amman ohjelmiin, joten apua oli enemmän tarjolla hallien valmistelussa ja siivouksessa. Tosin meillä ei vielä ollut pysyvää vapaaehtoista henkilökuntaa, joka olisi taannut avun jatkuvuuden. Koska minä allekirjoitin hallien vuokrasopimukset, niiden avaimet olivat minun hallussani, ja minä myös avasin hallin ovet ennen ohjelmaa. Minun vastuulleni jäi myös tarkistaa, että halli oli suljettu kunnolla iltaohjelman jälkeen. Joinakin iltoina, jos darshan ohjelma jatkui myöhään ja hallissa oli aikarajoitus, Amma itse johti hallin siivousta ja kirjakojun tuotemyyntitavaroiden sekä äänijärjestelmän pakkausta.

Kiertueen lähestyessä loppuaan Amma hyväksyi kutsun kahteen uuteen kaupunkiin. Los Angeles ja Maui lisättiin listaan, jossa oli 15 muuta paikkakuntaa, jotka olivat jo hänen vuoden 1989 kiertueaikataulussaan. Kiertueen tiiviin ohjelmaaikataulun lisäksi Amma lentäisi sen jälkeen suoraan Euroopan kiertueelle, mikä nyt oli kasvanut siten, että se sisälsi Lontoon, Pariisin ja Zürichin sekä uusina maina Saksan ja Hollannin.

SUURI MUUTOS

Koko vuosi meni silmänräpäyksessä ja nyt oli jo vuosi 1989. Vietin aina vain vähemmän aikaa Amman kanssa Intiassa, sillä Amman kiertueet tarvitsivat yhä enemmän etukäteiskoordinointia. Minulla oli kuitenkin onni olla Amman kanssa hänen ensimmäisellä vierailullaan New Delhiin ja Kalkuttaan. New Delhin Brahmastanam-temppelin vihkimistilaisuus on siitä kallisarvoisena muistona. Samalla kun minua vedettiin poispäin Intiasta, oli ilo nähdä miten monet länsimaalaiset tulivat Intiaan viettämään aikaa Amman kanssa. Heidän kasvonsa alkoivat loistaa rauhaa, jota saa vain henkisistä harjoituksista. Monet henkiset etsijät eri puolilta maailmaa liittyivät ashramiin luopuakseen maailmasta ja omistautuakseen epäitsekkäälle palvelutyölle Amma gurunaan. Oli selvää että Jumalallinen Äiti oli yhteydessä lapsiinsa.

Amman energiataso vaikutti aina olevan tilanteen tasalla ja ylittävän sen hetken tarpeet. Amman kanssa matkustaessani ja keskustellessani hänen kanssaan jokaisen ohjelman jälkeen siitä miten kaikki sujui, ihmettelin jatkuvasti Amman mielen täydellistä levollisuutta. Mikään ei kuluttanut hänen energiatasoaan, mikään ei häirinnyt häntä, ja hän pursui enegiaa ja valppautta. Uuvuttava kiertueaikataulu jatkui Intiassa ja ulkomailla, mutta Amma oli aina täysissä voimissaan. Meillä, hänen lapsillaan, oli vaikeuksia pysyä perässä! Kun nyt katson vanhoja kiertueaikatauluja, näen niissä ohjelman toisensa perään ilman lepopäiviä, alkaen toukokuun puolivälistä heinäkuun puoleenväliin ja sitten Eurooppaan! Jos yritin pistää väliin yhden vapaapäivän, jotta Amma voisi levätä, hän huomasi sen ja järjesti jotakin muuta tilalle.

Nyt oli varmaa, että maailmankiertueet tapahtuisivat vuosittain, joten jäljelle jäi vain kaiken sovittaminen yhteen. Tarvitsin nyt retriittejä varten tupla-reseptit, ja ohjelmahallit kasvoivat isommiksi. Äänentoistojärjestelmään lisättiin kaksi uutta kaiutinta. Upouusi raskaansarjan nelivetoinen Chevy avolavafarmari lahjoitettiin kiertuetavaroiden kuljettamiseen ympäri maata. Amma todellakin halusi minun osallistuvan Euroopan kiertueelle ja sain vihdoin tilaisuuden nähdä Amman ohjelmat Schweibenalpessa ja Zürichissä, kahdessa paikassa, joissa olin esittänyt "Päivän Amman kanssa" vuonna 1986.

Valmistamassa San Ramonin ashramia Amman
ensimmäistä vierailua varten, 1988

YKSI KOSKETUS

Eräs mielenkiintoinen tilanne sattui vuoden 1989 USA:n kiertueella pakettiautossa. Ajoin Ammaa ja ryhmää New Yorkista Bostoniin Devi Bhavan päätyttyä New Yorkin ytimessä sijaitsevassa Pyhän Johanneksen katedraalissa. Siellä oli ollut valtavasti väkeä ja oli lähestulkoon auringonnousun aika, kun nostin kytkintä lähteäksemme jalkakäytävän vierestä. Oli alkanut pisaroida ajaessani äkkikäännösten ja tietyömutkien kautta pois kaupungista kohti Bostoniin päin menevää siltaa. Tämä vaati paljon keskittymistä, eikä meillä ollut opasta. Olin opetellut ulkoa reitin kaupungin keskustan läpi ettemme joutuisi eksyksiin. Kuulosti siltä kuin takapenkillä olisi ollut käynnissä Amman ja munkkien kesken mielenkiintoinen keskustelu, joten pyysin kakkoskuskiani, Swami Purnamritanandaa kääntämään.

Kuulosti siltä, että yksi munkeista kysyi Ammalta olisiko tarpeen jatkaa tähän tapaan, matkustaen samoihin paikkoihin vuosi toisensa perään. Amma lopettaisi pian tämän kolmannen maailmankiertueensa, joten eikö nyt voitaisi jäädä pysyvästi Intiaan? Amma voisi pitää ohjelmansa Intian ashramissa, ja nyt kun niin monet hänen henkisistä lapsistaan olivat vihdoin tavanneet hänet, he aivan varmasti tulisivat Intiaan. Oliko Amman todellakin tarpeellista pitää vuosittain yllä näin raskasta aikataulua.

Amma vastasi välittömästi: "Poikani, voit mennä takaisin ashramiin meditoimaan, jos haluat. Mutta Amman elämä on vain tätä varten. Jos Amma koskettaa jotakuta edes kerran, se muuttaa heidän elämänsä lopullisesti. Vaikka he tulisivat Amman luo vain kerran, se riittää. Amman *sankalpa* on halata niin monta ihmistä kuin mahdollista tässä maailmassa. Amma ei tule lopettamaan ennen viimeistä hengenvetoaan." Autossa vallitsi syvä hiljaisuus. Kuului vain tuulilasinpyyhkimien rytmikäs ääni tuulilasia vasten. Ja niin kävi, että tämän Amman koskettavan viestin myötä kilometrit suorastaan sulivat altamme pois ajaessamme itään kohti Bostonia.

NEW HAMPSHIREN AMMA-KESKUS

Heinäkuussa 1989 Amman kiertue lähestyi loppuaan itärannikolla Jani ja Ganganath McGillsin luontaisparantolassa, Templessä New Hampshiressa. Siitä tulisi pian New Hampshiren Amma-keskus. Janilla oli ihana yhteys Ammaan jo heidän ensi tapaamisestaan saakka vuonna 1987, ja hän on aina auttanut USA:n kiertueella tähän päivään saakka. Heidän perheensä teki kaiken voitavansa, olipa kyseessä sitten itärannikon retriitin järjestäminen heidän keskuksessaan tai heidän vanhan maalaismaisen tallinsa siivoaminen Devi Bhava-darshania varten viikkokausia ennen Amman tuloa.

Luulen myös, että Mc Gillin perhe oli erityisellä tavalla siunattu sen vuoksi, että he saivat olla maailman ainoat Amman seuraajat, jotka ovat koskaan viettäneet kotinsa tilavassa meditaatiohuoneessa Guru Purnima -juhlan Amman kanssa. Koska tämä hyväenteinen täysikuun päivä oli juuri USA:n kiertueen lopussa, mutta ennen Amman Eurooppaan lähtöä, heillä oli kunnia isännöidä kouralliselle ihmisiä tämä opetuslapselle kaikkein pyhin päivä.

Toinenkin suuri asia tapahtui heidän kodissaan. USA:n kiertue oli ohi, ja kaikilla oli kiire valmistautua Euroopan lennolle seuraavaksi päiväksi. Amma oli antamassa minulle ohjeita seuraavan vuoden kiertuetta varten, sillä minä jäisin Yhdysvaltoihin tehdäkseni esivalmistelut vuodelle 1990 ennen paluutani Intiaan. Tämä oli aika, jolloin Amma hyväksyi uudet paikkakunnat seuraavan vuoden ohjelmaan ja antoi minulle uusia ideoita.

UUSIA IDEOITA...

Tämä vuosi ei eronnut muista, mutta kukaan ei olisi voinut arvata mitä rakkaalla Ammallamme oli mielessään! Hän neuvoi minua matkustamaan uusiin paikkoihin, ei kaupunkeihin vaan uusiin maihin! Minun pitäisi mennä Kanadaan, Japaniin ja Australiaan järjestämään ensimmäiset ohjelmat. Ajattelin: "Hyvä on, mutta emme tunne ketään noista maista." Nyökkäsin silti epäröimättä suostumukseni. Amman ensimmäinen maailmankiertue oli tapahtunut tällä tavalla. Kokemusteni mukaan ja Amman siunauksella kaikki on mahdollista. Ei ollut tarpeen puhua liikoja, Amma kyllä näyttäisi tien. Vuoden 1990 USA:n kiertueen suunnittelu kävi sujuvasti, ohjelmaan lisättiin vain yksi kaupunki, Dallas. Suurin haaste oli viiden retriitin järjestäminen seuraavan vuoden kiertueen aikana Mauissa, Los Angelesissa, San Ramonissa, Seattlessa ja Templessä, New Hampshiressa.

Ilman vakituista henkilökuntaa, kännyköitä ja kannettavia tietokoneita, tarvittiin monien halukkaiden ihmisten apua, jotta kaikki saataisiin valmiiksi kesäkiertuetta varten. Käytin suurimman osan ajastani jokaisen yhdeksän eri alueen koordinointiin. Matkustin paikan päälle auttaakseni löytämään oikeat tilat, kokkaamaan hyväntekeväisyysillallisen ja tapaamaan perheitä, jotka majoittaisivat Amman ja munkit. Sinä vuonna retriitit sisältäisivät paljon ruoanlaittoa, ja koska itse olin pääkokki, minun listojeni piti olla nyt valmiit, sillä kiertueen aikana minulla olisi kiire järjestää muita yksityiskohtia. Syyskuun puolessa välissä matkustaminen oli melkein loppu ja olin tyytyväinen siihen miltä asiat näyttivät USA:n kiertueen osalta.

Kanada oli myös järjestymässä mukavasti, sen jälkeen kun olin käynyt tapaamassa erästä perhettä Vancouverissa. He olivat tavanneet Amman Seattlessa toukokuussa. He olivat haltioissaan siitä että Vancouver olisi osana seuraavan vuoden kiertuetta ja että he voisivat majoittaa Amman ja hänen ryhmänsä kotiinsa. He alkoivat heti suunnitella Amman ohjelmaa. Heillä oli myös muita perhetuttuja, jotka olivat kiinnostuneita auttamaan. Kaikki hienon ohjelman ainekset olivat valmiina Vancouverissa. Nyt saatoin kiinnittää huomioni sinne, missä sitä todella tarvittiin.

RUBIKIN KUUTIOT

Sinä syksynä ollessani San Ramonissa suuri osa ajatuksistani koski Japania ja Australiaa. Halusin Amman käyvän siellä matkalla Yhdysvaltoihin, jotta säästäisimme rahaa lentolipun hankinnassa. Sama kymmenen kaupungin "maailmanympärilippu" oli yhä saatavilla hyvään hintaan ja niinkin etelään kuin Australiaan pääsi pienellä lisähinnalla. Tämä tekisi mahdolliseksi Amman menon sinne. Se tarkoitti sitä että ohjelmapäivät pitäisi sijoittaa kiertueen alkuun toukokuulle. Tämä ei jättänyt paljon ylimääräistä aikaa, sillä olin toivonut voivani viettää muutaman kuukauden Amman luona Intiassa. Minulle jäi noin kolme kuukautta aikaa suunnitella kahden uuden maan ohjelmat.

Amma oli antanut minulle kaksi uutta Rubikin kuutiota, ja niiden nimet olivat Australia ja Japani. Minulla oli vain yksi osoite Australiassa, nainen nimeltä Patricia Witts Sidneystä. Hän oli käynyt tapaamassa Ammaa kuluneena vuotena Keralassa. Japaniin meillä ei ollut yhtäkään kontaktia. Esittelykirjeen kirjoittaminen Patricia Wittsille oli yksinkertaista, jopa helppoa. Esittelin itseni ja kerroin hänelle, että Amma tulisi Australiaan tulevana toukokuuna. Tulisin vierailulle Sydneyhin heti uuden vuoden jälkeen tekemään järjestelyjä. Voisinko mahdollisesti tavata hänet silloin ja järjestää yksi tai kaksi videoesitystä Sidneyssä? Voisiko hän auttaa minua siinä? "Kyllä, se olisi aivan ihanaa," Patricia kirjoitti takaisin. Se riitti poistamaan huoleni

Australian osalta joksikin aikaa. Kun pääsisin sinne, Amman armo virtaisi, kuten aina.

Japani oli aivan toinen tarina. Aloitin kirjoittamalla muutamaan meditaatiokeskukseen ja erilaisille filosofisille ryhmille, joita löysin kirjojen takana olevista listoista Shambala-kirjakaupassa, Telegraph Avenuella Berkeleyssä. Edes jonkinlaisen vastauksen toivossa kirjoitin jopa "One Straw Revolutionin" perustajalle, luomuviljelijälle, jolla oli henkisiä ideoita luonnosta. Ei mitään vastausta. Ajoin koemielessä jopa San Franciscoon, missä tutkin japanilaista kaupunginosaa. Kuljin katuja ylös alas, kävin pienissä liikkeissä ja kahvioissa, luin ilmoitustauluja. Japantownin virrassa kulkiessani eräässä hämärässä kirjakaupassa tapasin yhden henkilön, joka oli kiinnostunut meditaatiosta. Puhuimme Ammasta ja kerroin hänen Japaniin suunnitellusta kiertueestaan. Tunsiko hän ketään, joka voisi olla kiinnostunut? Oliko hän kiinnostunut? Kyllä, kyllä, hän vastasi. Ajoimme takaisin San Ramonin ashramiin, jotta hän voisi katsoa Amman videon ja saisi tietää lisää Japaniin suunnitellusta vierailusta. Hän oli hyvin liikuttunut ja soitti siltä istumalta muutaman puhelun Japaniin ja yritti löytää minulle jonkin kontaktin.

Hän näki paljon vaivaa, mutta turhaan. Hän ei voinut tehdä paljoakaan sen enempää. Oli kauan aikaa siitä, kun hän oli asunut Japanissa. Hän antoi minulle kuitenkin joidenkin tuntemiensa ihmisten osoitteita Tokiossa. Hän sanoi, että voisin kirjoittaa heille ja yrittää sitä kautta. Tämä ei ollut paljon, mutta se oli kaikki mitä minulla oli.

Tein sitten niin, että kirjoitin yhteensä viisi kirjettä. Oli joulukuun alku vuonna 1989. Joka päivä tarkistin M.A. Keskuksen postin, olisiko Japanista tullut vastausta. Ei mitään. Tiesin, että aika oli käymässä vähiin. Lippuni Tokioon oli tammikuun 9. päivä. Lentäisin sieltä Australiaan tapaamaan

Patrician tammikuun 18. päivä. 27. päivänä lähtisin Malesiaan etsimään ohjelmapaikkaa siellä, sitten takaisin kotiin Amman luokse helmikuun 8. liittyäkseni Amman pohjois-Intian kiertueelle. Toivoin todellakin varanneeni tarpeeksi aikaa.

Koitti uusi vuosi ja siinä se. Ei mitään. Minun pitäisi lähteä Tokioon tyhjin käsin keskellä talvea. Viisi vuotta sitten olin tullut Yhdysvaltoihin järjestämään Amman ensimmäistä vierailua, mutta minulla oli ollut perhe ja ystäviä tukenani. Koin yllättäen täydellistä takertumattomuuden tunnetta. Minulla ei ollut mitään ideoita. Ei ollut jäljellä enää muuta mahdollisuutta kuin pakata pieni matkalaukku ja rukoilla. Vuodatin kyyneleitä Japanin puolesta.

SAN RAMONIN ASHRAM
7.1.1990

Mikä suurenmoinen, ihmeellinen päivä! Japanista oli tullut kirje! Se oli nuorelta japanilaiselta naiselta nimeltään Masako Watanabe Tokiosta. Se oli yksinkertainen kirje, jonka sisällä oli hassun näköinen luottokortti. Hän kirjoitti:

> *Rakas Kusuma,*
> *Sain kirjeesi ja se mitä teet, kuulostaa*
> *mielenkiintoiselta.*
> *Mukana on puhelinkortti, jotta voit soittaa minulle*
> *kun saavut Naritan lentokentälle.*
> *Terveisin,*
> *Masako Watanabe*

Se riitti minulle. Tuntui oudolla tavalla siltä, että Amman Japanin ohjelma oli varmistettu tuolla yksinkertaisella kirjeellä. Kaupungissa (tai maassa!) tarvittiin vain yksi ihminen Amman

189

armon virtaamiseksi; Patricia Australiassa ja Masako Japanissa. En ollut koskaan ennen nähnyt puhelinkorttia. Saatoin vain tuijottaa sitä ihmeissäni ja kiittää Ammaa siitä, että hän toimi niin uskomattomilla tavoilla. Sydämessäni tunsin, että kaikki oli raiteillaan.

TOKIO

Ja niin olikin. Soitin Masakolle kahden päivän kuluttua saapumisestani. Hän tuli hakemaan minut Shinjukon esikaupunkialueelta ja vei asumaan omaan, pikkuruiseen, 15 tatamimaton asuntoonsa, keskelle ruuhkaista Tokiota siksi ajaksi, kun järjestelin Amman ensimmäistä vierailua. Hänen englanninkielen taitonsa oli virheetön ja tulimme heti toimeen keskenämme. Hän oli ollut vaihto-oppilaana Amerikassa lukioaikanaan, mikä ironista kyllä, oli syy siihen miksi hän oli lähettänyt minulle puhelinkortin. Hän oli halunnut harjoitella Amerikan englantia jonkun sellaisen kanssa, joka oli kirjoittanut niin epätavallisen kirjeen! Hän ei vielä tiennyt, että hänen kohtalonaan oli olla Amman ensimmäinen kääntäjä Tokiossa ja että hän tulisi työskentelemään rinnan Tokion Women's Gollegen Koizumisanin kanssa Amman ensimmäisen ohjelman isännöimiseksi toukokuun 18-20. päivä vuonna 1990. Seuraavana vuonna Amma lähetti Brandon Smithin (nyt Brahmachari Shantamrita) järjestämään toista Japanin vierailuaan. Hän on sen jälkeen jatkanut Amman palvelemista hänen Japanin keskuksessaan sekä muissa paikoissa ympäri maailmaa.

SIDNEY JA MELBOURNE

Sidneyhin saapuminen oli helpotus. Tuntui siltä, kuin kaikki olisi mahdollista Japanin vaikeuksien jälkeen. Patricia Witts oli erittäin mukava keski-ikäinen äiti, jolla oli kolme lukioikäistä lasta ja liikeyritys. Pidimme upean videoesityksen hänen kodissaan Chatsworthissa ja toisen lähistöllä olleella ohjelmapaikalla. Sen jälkeen hän, kuultuaan todellisesta tarpeesta, alkoi hiljaisella ja käytännöllisellä innokkuudella lämmetä ajatukselle Amman ensimmäisen Sidneyn ohjelman emäntänä olemisesta. Olihan hän kuitenkin käynyt Amman kotona Keralassa, joten miksei hän nyt vastaisi vieraanvaraisuuteen. Ei ollut aikaa hukattavaksi, joten ajelimme ympäriinsä etsimässä halleja Chatsworthin alueella, lähellä Wittsien perheen taloa, missä Amma tulisi majoittumaan.

Patricialla oli myös joitakin kontakteja Melbournessa, ja niinpä hankimme minulle bussilipun etelään, jossa järjestäisin saman videoesityksen. Minut kohtasi siellä viehättävä ryhmä kypsiä henkisiä etsijöitä, jotka olivat jo viettäneet vuosia meditoiden, käyden satsangeissa ja tehden pyhiinvaelluksia erilaisten intialaisten opettajien kanssa. He isännöivät videoesityksen. James Conquest, Eugenie Maheswari Know ja Campbell McKellar olivat kaikki siellä sinä iltana ja jatkavat yhä tätä palvelutyötään majoittamalla Amman Melbournen M.A. Keskuksessa. Vietettyäni kymmenen toiminnantäyteistä päivää etsien halleja, näyttäen videoita, pitäen kokouksia ja esittäen USA:n kiertueen listoja, jokainen Australiassa tapaamani henkilö oli valmis tekemään sen mitä tarvittiin Amman ohjelman eteen toukokuussa. Joten, kun minun tuli aika lentää takaisin Intiaan, tuntui siltä että kaikki oli jämäkästi valmiina Amman toukokuun Australian kiertuetta varten.

9. LUKU

Syksy 1990

Tarangayita apime sangat samudrayanti
Vaikka ne (negatiiviset taipumukset) alkuun alkavat vain
laineina, niistä tulee kuin valtameri.

Narada Bhakti Sutras, Säe 45

Olin matkustellut viisi vuotta yhtäjaksoisesti ympäri maa-
ilmaa järjestämässä Amman ohjelmia. Palvelustani oli
tullut minulle ainoa sadhana, ja Amman kanssa vietettyjen
alkuvuosien kaunis tasapaino oli pelkistynyt shraddhan puut-
teeseen; meditaatio, satsang ja itseopiskelu olivat pudonneet
pois kuin kuihtuneet lehdet kuivuneesta oksasta. Sen lisäksi
olin antanut joogaharjoitukseni ja sanskritinkielen opiskeluni
joutua lähestulkoon olemattomalle sijalle elämässäni. Minulla
oli kiire palvella. *Eläen ja hengittäen Ammaa kaiken aikaa*, ei
syytä huoleen, ajattelin egoistisesti ja päästin varomattomasti
menemään henkisten harjoitusteni ytimen.

Ajoittaiset negatiiviset ajatukset alkoivat häiritä minua.
Aluksi ne vain ajelehtivat mieleni lävitse kuin tasaisesti suriseva
hyttysen ininä. Aliarvioin niiden kasvavan voiman enkä kiin-
nittänyt niihin huomiota, siirsin ne syrjään mieleni pimeisiin
sopukoihin. Mutta ne palasivat takaisin. Äkkiä aloin nähdä vikaa
kaikissa ympärilläni olevissa. Joku henkilö oli ärsyttävä, toinen
laiska tai vapaaehtoistyöntekijä tuli myöhässä ja stressaannuin
siitä. Nuori nainen, joka lopulta lähti järjestöstä, sama jonka
kanssa olin ollut niin varovainen hänen kateutensa suhteen,

vaikutti minusta tekopyhältä. Hän antoi ihmisten liehitellä itseään Amman lähelle pääsemiseksi ja sitten selän takana haukkui heitä. Vaikka hän oli niinkin rakastettu ja arvostettu, hän saattoi manipuloida tilanteita ja olla hyvinkin hallitseva. Kaikki nämä asiat kasaantuivat ja tekivät minut vihaiseksi.

Nämä näennäisesti mitättömät ajatukset ja tilanteet alkoivat pikkuhiljaa lisääntyä ja myrkyttää näkemystäni. Negatiiviset ajatukset ovat tällaisia: jos emme kiinnitä niihin huomiota, ne vähän kerrassaan tuudittavat meidät itsetyytyväisyyden olotilaan ja muodostuvat negatiiviseksi mielentilaksi. Aika pian kaikki käsityksemme asioista suodattuvat negatiivisen mielentilan läpi. Ennen kuin arvaammekaan olemme jääneet loukkuun oman negatiivisuutemme kierteeseen, suistuneet sen syövereihin ja tehneet huonoja valintoja yksi toisensa perään. Hukumme omien valintojemme väistämättömiin seurauksiin.

Kuten Sri Krishna erehtymättömästi varoittaa Arjunaa Bhagavad Gitan toisen luvun säkeissä 62-63:

Dhyayato visayanpumsah sangastesupajayate
Sangatsanjayate kamah kamat krodho'bhijayate

Kiintymyksestä aistinautintoihin nousee takertuminen.
Takertumisesta syntyy halu, halusta nousee viha.

Krodhad bhavati sammohah sammohat smrti vibhramah
Smrti bhrams'ad buddhinas'o buddhin asat pranas'yati

Vihasta tulee harha; harhasta muistin menetys,
muistin menetys tuhoaa erottelukyvyn; erottelukyvyn tuhoutuessa henkilö tuhoutuu.

Vuonna 1990 olin päätynyt itseni aikaansaamaan rämeikköön. Olin emotionaalisesti niin tyhjä negatiivisen ajatteluni vuoksi, nääntynyt koska en saanut noita ajatuksia ulos rinnastani, fyysisesti niin väsynyt jatkuvasta matkustamisesta ja henkisesti kuivettunut henkisten harjoitusten puutteesta etten nähnyt vaaran vaanivan. En tehnyt yritystäkään hakeakseni kenenkään henkisesti vanhemman ystäväni tukea, vaikka he olivat olleet minulle niin tärkeitä ja aina rinnallani kaikissa vaikeuksissa. Kaikista pahinta oli se, etten uskoutunut edes Ammalle. Sen sijaan typerä ylpeys siitä, että muiden ei pitäisi saada tietää mielenkuohuistani, johti minut tietämättäni vaaralliseen tienhaaraan. Sanalla sanoen egostani, mistä olin halunnut päästä eroon, oli sen sijaan tullut läheisin uskottuni. Mitä enemmän sydämeni sulkeutui, sitä enemmän eristäydyin Ammasta. Synkät ajatukseni elivät omaa elämäänsä, ja pian oli kulunut vuosi itseaiheutetussa epätoivossa ja sisäisessä ristiriidassa. Muut elivät mitä parhainta aikaa: ohjelmat levisivät ympäri maailmaa; Amerikka, Kanada, Eurooppa, Australia, Singapore ja Japani olivat avanneet sydämensä ja käsivartensa Ammalle. Minä raukka olin kääriytynyt pienelle sykkyrälle omaan itsesääliini.

Näin jälkeenpäin ajateltuna tiedän, että muut katselivat sivusta miten vuoteni kului kivuliaasti. Jotkut kertoivat minulle myöhemmin, että minua ei voinut lähestyä eikä kukaan päässyt tunkeutumaan rakentamani muurin läpi. En kuunnellut mitään, en päästänyt ketään lähelle, en edes Ammaa. Lopulta heikentyneessä tilassani himo nosti ruman päänsä ja nielaisi minut kokonaan. Se pureskeli minut ja sylkäisi ulos jollekin toiselle maaperälle, kauas Ammasta. Aloin nähdä levottomia unia, fantasioita täydellisestä suhteesta, täydellisestä elämästä, mitä tahansa, jotta pääsisin pakoon sitä ironiaa, jonka vangiksi olin jäänyt: minulla oli kaikkea, mitä olin rukoillut. Palvelin Ammaa täydellä kapasiteetilla, mutta olin kadottanut halun päästä päämäärään. Olin menettänyt nöyryyteni, tasapainoni ja päämääräni.

Itsepäinen luonteeni suisti minut huonoihin valintoihin, jotka yhäkin vaikuttavat elämääni, vaikka voin nyt viimein nähdä syvän harmonian sen kaiken alla. Se osa tuli kuitenkin myöhemmin. Paljon myöhemmin. Nyt oli syytösvaihe. Itse asiassa aloin hienovaraisesti syyttää muita siitä mitä minulle oli tapahtumassa. Silloin kun alamme ulkoistaa sisäisen prosessimme syyttämällä muita omasta surkeasta tilastamme, olemme päässeet harhan huipulle. Se on "minä raukka"- syndrooma anabolisilla streroideilla vauhditettuna. Se vie meitä alaspäin nopeammin kuin New Orleansin rannikolle iskenyt pyörremyrsky. Brutaali, armoton mielentila joka ei säästä ketään, lopulta ei edes itseään. Tuho, joka seuraa totuuden, *tat tvam asi*, "You are That - Sinä olet Se," unohtamista on hirveä. Koko henkiseltä elämältämme putoaa pohja. Syleilemme sitä, mikä pitäisi torjua ja torjumme sen, mitä eniten tarvitsemme.

Otetaanpa esimerkiksi viha, kauna, suitsimaton ego ja omahyväisyys, pistetään sekaan vähän itsesääliä ja paljon itsepäisyyttä, ja katastrofin ainekset ovat kasassa. Kaikki mikä sai alkunsa sellaisista vähäpätöisistä pikkuasioista, kuten loukatuista tunteista ja tunteesta, että olin väärinymmärretty tai että minua ei arvostettu, kärttyisyydestä ja äkkipikaisuudesta muiden ihmisten suhteen tai heidän arvostelemisestaan, ilkeydestä ja epärehellisyydestä, kasaantui. Sitten, kuten lilliputit kaatoivat Gulliverin, nämä tunteet lopulta valtasivat minut kokonaan.

Vasta vuosia myöhemmin kykenin näkemään, kuinka vääristynyt näkemykseni oli. Sen sijaan että olisin tarkaillut omia vikojani, etsin niitä jakuvasti muista. En ollut käsittänyt miksi Amma sieti sellaista käytöstä ympärillään. Myöhemmin ymmärsin, ettei se ole siksi että hän hyväksyisi sen vaan siksi että se toimii kuin kivimylly: hiomme toinen toistemme teräviä särmiä pois. Tällaista on usein yhteisössä eläminen. Minun piti oppia olemaan arvostelematta muita, kun itselläni oli vaikeuksia päästä eroon omista huonoista ominaisuuksistani. Olisin voinut yrittää enemmän pitää silmällä Gurua enkä antaa jonkun näennäisesti Ammaa lähellä olevan pilata näkymääni. Toisten syyttäminen ongelmista, joita olivat aiheuttaneet oma voimakas tahtoni, ylimielisyyteni ja vihaisuuteni, oli helpompaa kuin itsetutkiskelu. Nämä kaavamaiset syytökset ja projisoinnit, liitettyinä jo vuoden ajan käymistilassa olleeseen vihamielisyyteen, saivat aikaan täydellisen myrskyn.

Joskus meillä ei ole tarpeeksi kypsyyttä oppia henkisiä opetuksiamme arvokkaalla, lempeällä tavalla ja näin oli selvästikin minun suhteeni. Syyskuussa 1990, saatuani valmiiksi kaikki esivalmistelut vuoden 1991 USA:n kiertuetta varten jätin aikataulun ja suunnitelmat työpöydälleni San Ramonin ashramissa. Järjestin kolmireikäiseen kansioon huolellisesti eri paikkakuntien yhteyshenkilöt kautta maailman, mukaan lukien viiden vuoden kiertuesuunnitelmien yksityiskohtaiset muistiinpanot, retriittisuunnitelmat, reseptit jne. ja jätin ne pöydälleni yhdessä v.1991 USA:n kiertueen yleissuunnitelman kanssa. Minulla ei ollut aikomustakaan antaa Amman kiertueen jäädä tyhjän päälle, vain koska itse olin. Lähtiessäni toimistosta sanoin eräälle läheisyydessä töitä tehneelle asukkaalle: "Pöydälläni on jotakin sellaista, jota tulette tarvitsemaan." Hyvästeltyäni paikasta vastuussa olevan munkin sanoen että "tarvitsin taukoa", pakkasin pienen omaisuuteni siskoni autoon ja ajoin pois. Niin jätin Amman. En sanonut juuri mitään hänelle, joka oli merkinnyt kaikkein eniten elämässäni, joka oli antanut minulle kaiken mitä tarvitsin. Se oli häpeällinen, huonoenteinen päätös elämäni kultaiselle vaiheelle.

RAKAS PÄIVÄKIRJA...

Ensimmäinen merkittävä tekoni San Ramonin ashramista lähtöni jälkeen, oli kirjoittaa päiväkirjaani kaikki se, minkä olin ajatellut menneen vikaan. Olin ajanut Mendocinon rannikkolle, joka sijaitsee pohjoisessa Kaliforniassa. Muistan katselleeni laskuveden hiljaista virtaamista Point Mendocinon suistoon. Tämä näkymä tarjosi rauhoittavan hengitystauon. Suolainen merivesi sekoittui makeaan ja sai aikaa moninaista elämää. Vietin 30-vuotissyntymäpäiväni joen rannalla ja ajoin sitten itään, takaisin Uuteen Meksikoon, missä kaikki oli alkanut. Onnistuin saamaan töitä ravintolasta ja paikan missä asua. Johonkin nurkkaan tunkemani päiväkirja joutui pian kadoksiin ja unohdetuksi.

Aloin seurustella. Suhde päättyi katastrofiin. Hautasin kaikkein arvokkaimmat muistoni. En yrittänyt ottaa yhteyttä Ammaan tai hakea hänen ohjaustaan; en käynyt läheisessä Santa Fessä toimivassa satsang -ryhmässä. Tavallaan lakkasin kommunikoimasta oman sydämeni kanssa. Rakensin linnoituksen oman pääni ympärille, pitääkseni poissa kaikki itseäni koskevat syyttävät ajatukset, jotta voisin tehdä mitä halusin. Elin nuo kuukaudet kuin millään ei olisi ollut mitään merkitystä. Kukaan ei voinut sanoa minulle mitään, enkä olisi halunnut mitään kuullakkaan.

Vaikka tämä oli itseaiheutettu tauko, niin omituista kyllä, jatkoin mantrani toistamista, kuin jokin osa minusta olisi nähnyt, miten henkinen elämäni rapautui ja kieltäytyi antamasta periksi. Ehkäpä se oli alitajuinen pelko siitä, että unohtaisin mantrani enkä koskaan löytäisi tietäni takaisin Amman luo. Vaikka olin pilaamassa elämääni, syvällä sisälläni, heikon sykkeen lailla, tunsin yhä rakkautta Ammaa kohtaan ja toivoin, että hän antaisi minulle anteeksi ja pelastaisi minut. Vuosi kului jollakin tapaa.

Oli kevätsiivouksen aika seuraavana vuonna 1992 kun löysin päiväkirjani siltä päivältä, jona olin lähtenyt. Istuin alas lukemaan sitä ja olin järkyttynyt: melkein jokaisen valituksen peusolemus oli syytös jotakin toista kohtaan! Monet kärsimistäni tilanteista olivat saaneet alkunsa omista teoistani, omasta vääristyneestä näkemyksestäni. Sinä hetkenä kykenin näkemään totuuden selkeästi. Yhtäkkiä oli vaikea hengittää ja kyyneleet alkoivat virrata kasvojani pitkin. Tuntien vastenmielisyyttä itseäni kohtaan istuin tyrmistyneenä paikallani pitkän aikaa.

Silloin päätin jotakin. Tunne oli niin raju ja voimakas, että kävelin ulos Taos Mesaan ja keräsin sylintäydeltä kuivunutta salviaa, kaivoin kuopan ja sytytin tulen. Se leimahti liekkeihin heti, kuten salvia tekee, ja siinä paikassa poltin päiväkirjani. Tein vahvan päätöksen, oikeastaan valan, että olisin rehellinen itselleni. Kirjoittaisin listan, erilaisen listan. Tämä ei koskisi muita ihmisiä, vaan itseäni. Sinä iltana oivalsin, että onnellisuus on valinta eikä lahja jonka joku antaa meille. Ja oivalsin, että todellinen parantuminen tapahtuu vasta sitten kun lopetamme muiden syyttämisen ja alamme antaa itsellemme ja muille anteeksi.

Takaisin päin katsoen näyttää siltä kuin olisin ollut vain muutaman lyhyen askeleen päässä päivästä, jona löytäisin tieni takaisin Amman syliin. Pandoran lippaalla on kuitenkin hassu tapa olla sulkeutumatta enää sen jälkeen, kun se on avattu. Henkisinä etsijöinä ja ihmisolentoina me olemme outo sekoitus vapaata tahtoa ja kohtaloa. Edellistä on helppo toteuttaa, jälkimmäistä vaikea manipuloida. Jos tieten tahtoen haluamme tarpoa omaa polkuamme, voimme olla varmoja siitä, että universumi järjestää tiellemme lisää karmisia vuosia ennen kuin kehä kaartuu takaisin sinne, minne sen haluamme.

Siinä pisteessä aloin toden teolla itkeä. Itkin sieluni syvyyksistä Ammalle, että hän pelastaisi minut, kalastaisi minut pois siitä mutalammikosta mihin olin itseni upottanut. Että hän antaisi minulle vakaumuksen voimaa palata. Etten unohtaisi sitä, että koskaan ei ole liian myöhäistä palata henkiseen elämään. Olin kärsinyt tarpeeksi tietääkseni että Amman henkiset opetukset olivat aitoja. Kukaan muu ei koskaan voisi rakastaa minua niin puhtaalla rakkaudella kuin Amma. Hänen armonsa olisi legendojen ainesta. Kuinka olin saattanut unohtaa sen, miten Amma paransi spitaalisen Dattanin? Kuinka olinkaan voinut joutua niin *mayan* - illuusion lumoihin; väliaikaisen, kimaltelevan maailman harhaan?

Keräsin rohkeuteni ja päätin mennä ja 'kohdata musiikin', kirjaimellisesti. Lupasin itselleni, että jonakin kertana osallistuisin illan bhajan-ohjelmaan sen kesän USA:n kiertueella. Ollakseni rehellinen, olin hermostunut ja pelkäsin nähdä Amman. Kuinka hän reagoisi? Mitä kaikki muut sanoisivat? Mitä jos se olisikin kamalaa? Vaikka tämä sisäinen kamppailu jatkuikin, niin suoraan sanoen siinä tilanteessa minua pelotti enemmän olla menemättä!

Olin Berkeleyssä 10-vuotisluokkakokouksessa, kun halu nähdä Amma tuli vastuttamattomaksi. Olin kertonut joillekin entisille opiskelutovereilleni ajastani Amman kanssa, sillä kukaan heistä ei ollut vielä tavannut häntä. He olivat aika turvallinen yleisö, jonka kanssa saatoin jakaa muistojani - kunnes eräs ystävä sanoi: "Hei, Amma on kaupungissa. Mennään ohjelmaan!" Vatsaani kouristi pariin otteeseen ja siellä lepatteli myös muutamia perhosia. Olinko valmis? Oliko se niin yksinkertaista?

Vain mennä ohjelmaan? Mennä katsomaan Ammaa! Aivan kuten sadat muutkin ihmiset sinä iltana myös me menimme.

BERKELEY 1992

Kannunir kondu nin padam kazhurkam
katyayani ni kaivitalle...

Kyyneleilläni pesen jalkasi, oi Katyayani,
mutta älä hylkää minua...

Amritanjali, Osa yksi

Ohjelmapaikka sattui olemaan lähellä entistä toimintapaikkaani, Berkeleyn kampusta, missä olin järjestänyt useita Amman ohjelmia. Teoriassa saatoin rentoutua. Mutta en voinut. Kävellessäni ovesta sisään ja halliin, olin täysin hermostunut. Sitten kaksi ensimmäistä ihmistä, jotka näin etäältä kävelemässä minun suuntaani olivat Swamiji ja Brahmacharini Nirmalamrita, vanha ystäväni ensimmäisestä videonäytöksestä vuodelta 1986. Tätä on vaikea uskoa, mutta juoksin hallista ulos häntä koipien välissä. Olin valmis tapaamaan Amman, mutta en rakkaita veljiäni ja sisariani. Olin niin hermostunut siitä miten he reagoisivat. Voitko kuvitella yllättyneen ilmeen opiskelutoverini kasvoilla, kun hän kääntyi ja näki olevansa yksin? Juostuaan minut kiinni hän kysyi: "Mikä sinulla oikein on? Luulin, että halusit tulla tapaamaan Ammaa. Miksi juoksit ulos?"

Keksin jonkin ontuvan selityksen ja lähdimme, vaikka hän olikin vähän ärsyyntynyt siitä, että olimme joutuneet ajamaan pitkään ruuhkaisessa liikenteessä päästäksemme ohjelmaan ajoissa, vain lähteäksemme saman tien. Sinä iltana tein inventaarion sisäisestä tilastani. Ehkä en ollutkaan niin valmis tapaamaan Ammaa, kuin olin luullut. Miksi niin voimakas tunnereaktio vanhoja henkisiä ystäviäni kohtaan?

Päätin, että tarvittiin enemmän valmistautumista ja lisää itsetutkiskelua ennen kuin voisin mennä Amman luo. En kuitenkaan päässyt pälkähästä niin helpolla. Seuraavana päivänä, myöhään iltapäivällä ystäväni tuli kylään ja itse asiassa sanoi vahvana periaatteenaan minulle, että menisimme Amman ohjelmaan halusinpa sitä tai en. Hän ei halunnut puhua siitä sen enempää, joten voisin yhtä hyvin mennä autoon. Ajomatkalla sinne toistin mantraani hullun lailla. Nyt asiat olivat todella saamassa odottamattoman käänteen, minulle täysin hallitsemattoman. En voinut tehdä muuta kuin antautua tilanteelle. Kävely sisään halliin oli tällä kertaa helpompaa. Kuvittelin vain näkymättömäksi tekevän viitan päälleni ja annoin ystäväni viedä minut halliin istumaan sinne minne hän halusi. Käänsin katseeni lattiaan, että en menettäisi hermojani.

Bhajanit olivat uskomattomat; ne rauhoittivat minua enemmän kuin mikään koskaan ennen. Ennen pitkää tunsin olevani autuaassa, tervetulleessa rentoutuneisuuden tilassa ja saatoin hengittää jälleen. Kun aratin viimeinen säe hiipui ja loppurukousia lausuttiin, tunsin lempeän käden olallani. Se oli toinen suosikkiniystäväni, brahmacharini Rema Devi San Ramonista. Iso hymy kasvoillaan hän näytti aivan enkeliltä. Hän otti käteni ja vei minut kaikkien ihmisten ohi Amman luo.

En koskaan tule unohtamaan sitä hetkeä. Tuntui siltä, kuin kaikki huoneessa olijat olisivat lakanneet hengittämästä samaan aikaan. Amma katsoi ylöspäin, silmämme kohtasivat ja puhkesimme molemmat kyyneliin. Amma veti minut syliinsä ja piteli sitten pitkän aikaa mitä rakastavimmassa halauksessa. Hän päästi minut ja katsoimme jälleen toisiamme silmiin. Sitten nauroimme ääneen ja itkimme vähän lisää. Swamiji ja swami Paramatmananda, Ron, Steve Fleischer ja Bhakti olivat kaikki tulleet lähelle Amman tuolia. Kaikista loisti niin paljon rakkautta minua kohtaan, etten voinut edes ajatella sitä. Se oli kuin olisi uinut ylitsevuotavassa astiassa, josta valui jumalallista rakkautta joka suuntaan.

Ystäväni oli vähän hämmentynyt niin suurista tunteista. Myöhemmin sinä iltana, kun olimme lähdössä hallilta, hän sanoi: "En ole koskaan nähnyt niin paljon rakkautta elämässäni. Nuo ihmiset rakastavat sinua niin paljon. Olet todella onnekas. Olet heille todella tärkeä. " Minulla ei ollut siihen sanoja. Olin niin täysin nöyrtynyt kokemuksesta että egoni muuri murentui kerros kerrokselta.

Vaikka välimatka kilometreissä ja vuosissa mitattuna oli vielä pitkä ennen kuin viimein palaisin asumaan Amritapuriin, ja vaikka olen tehnyt monia virheitä etenevällä tielläni Amman kanssa, voin todella sanoa, että siitä hetkestä lähtien en ollut koskaan enää sydämessäni "poissa" Amman luota. Sen jälkeen kun kohtasimme uudelleen sinä iltana Berkeleyssä ja vaikka minulla oli yhä monia erilaisia kamppailuita käytävänä, olen ollut syvästi onnellinen ja sisäisesti ravittu yhteydestäni ikiaikaiseen äitiin, Mata Amritanandamayihin. Olen ikuisesti kiitollinen siitä, että tuon puhtaan armon valo paistoi minuun jälleen.

10. LUKU

Meren syvyyttä mittaamassa

Kuinka voisimme mitata valtamerta? Voimmeko selittää sen mysteerin? Sen laajuuden, sen syvyyden? Ne lukemattomat elämänmuodot, jotka elävät sen mittaamattomissa syvyyksissä? Meidän välineillämme ei ole mahdollista suorittaa näin valtaisaa tehtävää. Eikö riitä, että kuvailemme merta parhaamme mukaan: sen suolaisuutta, sen arvoituksellisia, kuun vetovoiman aikaansaamia vuoroveden vaihteluita jne. Voimme kokeilla vettä isovarpaallamme, voimme kuvailla ja keskustella kaikesta siihen liittyvästä, mutta lopulta itse kunkin pitää päättää haluaako kokeilla itse, miltä tuntuu sukeltaa mereen? Haluaako kastua? Haluaako oppia uimaan?

Meren kannalta ei ole mitään eroa sillä, hyppääkö yksi ihminen siihen ja saa selville sen ihmeet tai jos toinen tulee pois, turhautuneena ja rohkeutensa menettäneenä. Miljoonat ihmiset saattavat uida, purjehtia tai kalastaa joka päivä. Se ei häiritse merta. Se ei muutu siitä, uivatko jotkut siellä tai toiset eivät. Se on olemassa kaikkia varten, miten tahansa hyödynnämmekin sitä. Valtameri jatkaa olemassaoloaan, kuten se on tehnyt aikojen alusta saakka. Samaa voidaan sanoa gurusta. Kuka voi käsittää gurun valaistumisen täyteyttä. Kuka voi kuvailla sitä? Oman rajallisen havainto- ja arvostelukykymme ja tarkkanäköisyytemme lisäksi ei ole mitään empiiristä koetta, jolla voitaisiin todistaa gurun valaistuneisuus. Lopulta, kuten merenkin tapauksessa, gurun itseoivaltaneen tilan täsmällinen mittaaminen ei ole tärkeää. Meidän on itse päätettävä, mihin päämäärään tähtäämme omassa ohikiitävässä elämässämme.

Mikä on se, mikä vetää toisia meistä henkiseen elämään ja toisia taas ei? Miksi jotkut päättävät etsiä henkisen oppaan ja toiset vastustavat jo ajatustakin sellaisesta? Tähän on monta vastausta; monet itsestään selviä, toiset enemmän piilossa olevia. Kuitenkin useimmat ihmiset, sekä köyhät että rikkaat, voivat olla yhtä mieltä siitä, että elämämme läpi kulkee murheen lanka. Tyhjyyden tunne ja kipu saavat meidät haluamaan enemmän, ikävöimään jotakin syvempää ratkaisua kaikkeen. Jotkut saattavat hakea sitä henkisistä kirjoista, luennoista ja opettajista, yrittäen saada joitakin vastauksia, vähän rauhaa ja onnea. Toiset yrittävät turruttaa kivun ja kadottavat itsensä huumeisiin, alkoholiin tai huonoihin ihmissuhteisiin. Jotkut masentuvat oman elämänsä ja maailman tilaan, kyvyttöminä elämään onton kivun kanssa, jota he eivät voi ymmärtää.

Valtava määrä ihmisiä kautta mailman tarpoo elämässään eteenpäin tyytyen siihen mitä on, eläen elämänsä tapahtumat kuin kellon heiluri, joka heiluu surun ja onnen välillä. Jokainen meistä kehittää oman ainutlaatuisen tapansa kokea elämää, olemmepa siitä tietoisia tai emme.

Oletetaanpa että kuulumme ensimmäiseksi mainittuun ryhmään ja inspiroidumme jostain lukemastamme tai siitä mitä olemme kuulleet tai nähneet gurussa. Tällöin saatamme mennä vähän pidemmälle. Saatamme harkita käyttävämme enemmän aikaa oppiaksemme meditoimaan, yrittää harjoittaa hathajoogaa, tai osallistua henkiseen retriittiin. Löydämme lohtua ja ymmärrystä, kun käännymme henkisyyden puoleen. Ja jos olemme onnekkaita, tapaamme todellisen mestarin, kuten Amman. Sillä hetkellä sielu tietää, että se on saapunut suuren sielun, *Mahatman* läheisyyteen. Silloin alkaa kamppailu sielun ja egon välillä, ja siitä hetkestä käynnistyy köydenveto henkisen kohtalon ja vapaan tahdon välillä. Elämään muodostuu dynaaminen jännite itsen löytämisen ja itsen harhaantumisen välille. Valaistuneen mestarin kohtaaminen toimii katalysaattorina nopeuttaen henkistä heräämistä.

Uskon että kun kerran on tavannut mahatman, siltä tieltä ei ole enää paluuta. On enää vain kysymys siitä, miten nopeasti haluaa kulkea eteenpäin. Me itse päätämme siitä. Suuri sielu pysyy kärsivällisesti heränneessä tilassaan. Mestariin ei vaikuta millään tavalla se päätämmekö itse mennä vai tulla. Me olemme niitä, joilla on jotakin voitettavaa, ei toisinpäin.

On olemassa muinainen perinne, joka jatkuu tähän päivään saakka: tie itseoivallukseen. Etsijä luo siteen guruun, joka vie hänet vapautukseen, yli elämän ja kuoleman kiertokulun. On olemassa paljon henkistä kirjallisuutta, sekä ikivanhaa, että uutta; Upanishadit, Puranat, Bhagavad-Gita ja niiden selitykset, jotka valaisevat guru-oppilassuhteen kaikkia osa-alueita ja yksityiskohtia, joita henkinen polku sisältää. Nämä kirjalliset lähteet eivät ole vain jonkun mielikuvitusta tai arvailuja, vaan ne ovat sellaisten henkilöiden kirjoittamia, jotka ovat kulkeneet tien ennen meitä ja saavuttaneet inhimillisen tietoisuuden huipun: vapautumisen puhtaan ykseyden tilaan.

Gurun sitoutuminen oppilaaseen on ehdoton ja erehtymätön. Guru opettaa sellaisella tavalla, että ego ja itsekkäät halut muuttuvat. Oppilaan henkinen herättäminen on opettajan ainoa päämäärä. Lukemattomat sielut ovat kulkeneet tämän tien, etsineet henkisiä mestareita ja tehneet mitä oli tehtävä, sulauttaakseen itsekeskeisen tietoisuutensa, lopulta voittoisasti, suureen ykseyteen. Mutta tämä ei ole heikkohermoisille; tien kulkemiseen ja siihen, että jatkaa kulkemista yhä syvemmälle olemassaolon mystereihin, tarvitaan vahvaa mieltä. On paljon enemmän niitä, jotka ovat epäonnistuneet kuin onnistuneet, etenkin tällä kyynisyyden aikakaudella, jota elämme tänä päivänä. Meidän tulee tarkkailla gurua ennen kuin antaudumme hänelle. Meidän tulee olla täysin tyytyväisiä hänen kykyynsä ohjata meitä. Sitten kun olemme päättäneet hyväksyä mestarin ja seurata hänen tietään, meidän ei pitäisi enää jatkaa hänen arviointiaan tai guru ei voi viedä meitä Itseoivallukseen.

KUHERRUSKUUKAUSI

Palasin Amman luo USA:n kiertueella 1993; hän otti minut vastaan avoimin käsivarsin. Ohjelmat olivat kasvaneet, ja vapaaehtoisille oli käytössä oma pakettiauto. Minut otettiin hyväntahtoisesti mukaan. Vaikka olikin vaikeaa kohdata kaikki se minkä olin jättänyt taakseni, vanhat ystävät tervehtivät minua kiertueella kautta maan, ja me nauroimme yhdessä elämämme itseaiheutetuille hölmöyksille.

USA:n kiertueen lopussa palasin Uuteen Meksikoon ja tein järjestelyt mennäkseni takaisin Intiaan Amman luo. Kaipasin jälleen henkistä elämää; en halunnut menettää tilaisuuttani. Amma oli kaikin tavoin niin anteeksiantava ja rohkaiseva. Yksi ensimmäisistä asioista mitä hän sanoi minulle juuri paluuni jälkeen, istuessamme hänen huoneessaan oli, että menneisyys on mitätöity shekki. Minun täytyi jättää se taakseni, eikä hautoa sitä. Muutoin en pääsisi eteenpäin. Amma ei syyttänyt minua lainkaan. Hän piti minut lähellään, vaikka nyt oli paljon enemmän ihmisiä kilpailemassa hänen huomiostaan.

Kaikki olivat iloisia nähdessään minut. Amman isä Sugunanandan Acchan itki nähdessään minut ensimmäistä kertaa. Hänen leveä hymynsä sanoi kaiken tarvittavan, hän ravisti päätään mitä rakkaudellisemmalla tavalla ja sanoi äänellä, joka oli täynnä hellyyttä: "Kusumam, Kusumam." Kaikki yhteisön vanhimmat jäsenet, monet heistä nyt brahmacharya-vihkimyksen saaneina keltaisissa vaatteissaan antoivat minun tietää omalla hiljaisella, pehmeällä tavallaan, että he olivat onnellisia saadessaan minut takaisin. Oli useita uusia asukkaita, jotka eivät edes tunteneet minua ja tuntui hyvältä tehdä sevaa heidän kanssaan, niin sanotusti tuntemattomana.

Oli vaikeaa päästä takaisin vanhaan rytmiin, tasapainoon ja harjoituksiin kiinni. Oivalsin kuinka helppoa on purkaa jotakin, mutta sen uudelleen rakentamisessa on paljon suurempi työ. Oli hätkähdyttävää nähdä, kuinka paljon vahinkoa entinen intoni päästä päämäärään oli kärsinyt. Niinpä päätin palata perusteisiin, yrittää saada takaisin kadottamani viattomuuden. Amma kannusti meitä aina omaksumaan aloittelijan asenteen. Oliko se todella mahdollista?

Jotta voisi seurata rakkauden tietä, pitää rakastaa ensin itse tietä! Suurin kohtaamani este oli kyvyttömyyteni antaa itselleni anteeksi ja uskoa jälleen itseeni. Päätin siis aloittaa siitä. Aloin jälleen tehdä samoja antaumuksellisia harjoituksia, jotka olin niin varomattomasti sysännyt syrjään, jotta ajatukseni, tekoni ja puheeni palaisivat jälleen rauhan ja tyyneyden tilaan. Olin aina nauttinut mantrani toistamisesta ja Jumalallisen Äidin, rakkaan Ammani, kasvojen mietiskelystä. Olin aina kokenut niin paljon täyttymystä, voidessani antaa energiani, lahjani ja älyni epäitsekkääseen palveluun muiden hyväksi. Sydämeni suli kuullessani Amman antaumuksellista laulua, joka kutsui minua korkeuksiin. Rukoukseni tulivat jälleen sydämestäni: *"Amma, pelasta minut, ohjaa minut takaisin armoon!"*

Hitaasti mutta varmasti muistini totuudesta palasi. Henkinen muistinmenetykseni laantui ja arvostelukykyni hyvän seuran suhteen palasi. Saatoin nähdä joitakin omista takertumisistani ja pysyä tässä tietoisuudessa, yritin seurata sivusta tunteiden myllerrystä sisälläni, sen sijaan että olisin jäänyt niihin kiinni. Vain kerran tämän ajanjakson aikana joku sanoi jotakin negatiivista, joka todella vaikutti minuun. Hän odotti tilaisuutta lähestyä, kun olin yksinäni ja sanoi: "Miksi oikein vaivauduit tulemaan takaisin? Miksi et vain nauttisi elämästäsi ja jättäisi kaiken tämän kertakaikkiaan taaksesi?" Olin liian järkyttynyt vastatakseni. Hän oli tunnettu syvästä antaumuksestaan Ammaa kohtaan, mutta samanaikaisesti ei ollut kovinkaan mukava kulissien takana. Ironista kyllä, hän oli sama nainen, joka päätyi itse lähtemään ashramista. Muistutin itseäni pysymään kaukana hänestä, vaikka se ei useinkaan ollut mahdollista.

Hän antoi minulle vastuun vapaaehtoistyön koordinoinnista seva-tiskillä ja löysin itseni välittömästi uudelleen paistinpannulta. Pärjäsin ulkoisesti; sevakoordinaattorina oleminen oli helppoa verrattuna kiertueiden järjestämiseen. Sisäisesti minulla kuitenkin oli vaikeaa. Henkisen elämän palasten yhteen kokoaminen vaatii aikaa ja voimia. Saatoin nyt nähdä, miten ensimmäiset loiskahdukset ja räpiköimiset sukeltaessani henkiseen elämään olivat ihania ja hilpeitä hetkiä. Kun sitten etenemme tiellä, joudumme käymään läpi useita kovia opetuksia ja kipeitä kokemuksia. Tämän ei ehkä pitäisi olla niin yllättävää. Kuinka paljon uhrauksia ja ponnisteluja vaaditaankaan lääkäriksi tai tietyn alan tohtoriksi valmistumiseen? Henkisyys ei loppujen lopuksi ole yhtään vähemmän vaativa tie kuin akateeminen oppiala. Suurempana kysymyksenä kuitenkin kangasti mielessäni: oliko minusta siihen?

Ymmärsin pian, että minun itseni oli pidettävä intoa yllä, oppia läksyni ja muuttua. Jos en voinut pitää yllä innostusta päämäärää kohtaan, silloin Amman ympärillä Niagaran putousten lailla virtaavasta, loppumattomasta armosta ei olisi hyötyä. Armo on meidän otettavissamme samassa mitassa kuin ponnistelemme sen eteen. Todellisen mestarin kuten Amman osuudessa ei ole puutteita, useammin kyse on epäröivän oppilaan horjuvista askelista polulla.

OMAA SITOUMUSTANI MITTAAMASSA

Eräs parhaista ystävistäni, Nancy Crawford, silloin nimeltään Suneeti ja myöhemmin Brahmcharini Nirmalamrita, oli muuttanut Intiaan ja ryhtynyt nunnaksi ashramissa. Olimme työskennelleet yhdessä kaikilla kiertueilla, etenkien retriittien suunnittelussa, alkaen vuodesta 1986. Suneeti oli ollut tutkijana Berkeleyn yliopistossa Kaliforniassa, siinä samassa Luonnonvarojen instituutissa, josta olin valmistunut, ja meillä oli paljon yhteistä. Aina silloin kun meillä oli vapaata aikaa, olimme nauttineet hienoista, henkisyyttä ja elämää ja kuolemaa koskevista keskusteluista. Vaikka hänellä oli paljon ystäviä, olin ollut hänelle isosisko ja uskottu hänen varhaisina vuosinaan Amman kanssa. Nyt asiat olivat päinvastoin, ja minä puolestani hain inspiraatiota hänen vakaudestaan ja vahvasta päättäväisyydestään pyrkiä henkiseen päämäärään.

Oppiessani tuntemaan hänet USA:n kiertueilla tiesin, että hänellä oli ollut syöpä, ei vain kerran vaan kahdesti. Hänellä oli kiehtova näkemys siitä. Molempina kertoina hän oli käynyt läpi perinteiset lääketieteelliset hoidot: täyden kemoterapian ja säteilyhoidon, täydet kärsimykset ja täyden toipumisen. Hän sanoi itse, että todellisen muutoksen oli saanut aikaan asenteen ja elämäntavan muutos. Syövän uusiutuminen oli tuonut hänet henkiselle tielle. Suneeti oli selvittänyt suhteensa kuolemaan. Hän tiesi, miltä syöpä tuntui hänen kehossaan eikä hän ollut sen suhteen naiivi. Oli hyvin todennäköistä, että se palaisi kolmannen kerran. Hän kävi vuosittain tarkastuksessa, varmistaakseen että oli terve ja syövästä vapaa. Hän ei uskonut selviävänsä siitä kolmatta kertaa. Hän ei pohtinut sitä, mitä se tarkoittaisi vaan hyväksyi sen vakaalla mielellä.

Pian paluuni jälkeen, meillä oli asiasta vakava keskustelu. Hän kertoi minulle, että hänen suurin toiveensa oli palvella Ammaa viimeisellä henkäykselläänkin ja elää täyttä luostarielämää. Hän sanoi, että jos syöpä palaisi, hän olisi mieluummin Amman lähellä ja palvelisi häntä elämänsä viimeiseen hetkeen saakka. Hän oli ajatellut asian valmiiksi. Vaikutti siltä kuin hän olisi tehnyt sanattoman sopimuksen, että jos hän tuntisi syövän kasvavan jälleen kehossaan, hän antaisi sen kasvaa eikä tuhlaisi rahaa kalliisiin, hyödyttömiin hoitoihin. Henkisen elämän keskeyttäminen kolmannen kemoterapian ja säteilyhoidon vuoksi heikentäisi häntä varmasti niin paljon, ettei hän voisi jatkaa valitsemallaan tiellä Amman kanssa. Vaikka hän ottaisikin hoidot, hän tiesi ettei hän luultavasti selviäisi kolmannesta kerrasta. Minä sain nyt puolestani häneltä yhtä paljon inspiraatiota kuin hän oli saanut minulta. Hänen omistautumisensa Ammalle ja henkiselle tielle oli vankkumaton.

Eräänä iltapäivänä istuessani Suneetin huoneesa Kalitemppelin parvekkeella kysyin häneltä suoraan: Mitä jos syöpä palaisi kolmannen kerran ja hänen pitäisi valita? Valitsisiko hän pitkän, uuvuttavan ja epävarman hoidon vai halusiko hän elää niin pitkään kuin mahdollista omilla ehdoillaan, tietäen että jotakin tapahtui hänen kehossaan. Kumman hän valitsisi? Mikä olisi hänen valintansa? Hetkeäkään epäröimättä, hän sanoi, että hän valitsisi jälkimmäisen.

Hän jatkoi mietteliäästi hymyillen ja selitti, että uusi elämä, jonka hän oli saanut tavattuaan Amman ja muutettuaan Intiaan oli hänelle kaikki kaikessa. Hän rakasti Jumalaa niin paljon, ja hän halusi palvella guruaan ja kanssaihmisiään koko sen ajan mitä hänellä oli jäljellä. Hän ei uskonut selviävänsä syövästä kolmatta kertaa. Hän ei halunnut pilata jäljellä olevaan aikaansa Amman kanssa, sillä pitkät hoidot olisivat niin lamaannuttavia. Hän ei halunnut olla siinä kunnossa hyvästellessään Amman. Keskustelumme jälkeen minun oli kysyttävä itseltäni, oliko minulla samanlaista uskollisuutta ja selkeyttä?

ELÄMÄÄ ASHRAMISSA 1990-LUVULLA

Ensimmäiset länsimaalaiset perheet olivat tulleet ashramiin ja oli ilo nähdä lasten juoksentelevan ympäriinsä ja leikkimässä Amman kanssa aina tilaisuuden tullen. Oli Priya ja Krishna Unni Los Angelesista; Sarada ja Manju Kanadasta; Sudha ja Gemma Seattlesta; Aparna ja Manohari Uudesta Meksikosta; Santosh Itävallasta sekä Sridevi ja Anandi Saksasta. Nämä perheet olivat eräänlaisia edelläkävijöitä, jotka onnistuivat kasvattamaan lapsensa, tekemällä samalla itse vapaaehtoista palvelutyötä ja omistamalla elämänsä henkisyydelle luostariympäristössä. Näiden lasten elämä oli erityisellä tavalla siunattu heidän saadessaan varttua Amman jumalallisessa läsnäolossa.

Länsimaalaisia vierailijoita varten perustettiin oma toimisto, joka otti vastaan ja majoitti vierailijat, joita tuli tasaisena virtana. Minua pyydettiin auttamaan siellä ja esittelemään ashramia. Länsimaalaisen ruoan kanttiini oli aloittanut toimintansa, ja maailman joka kolkasta saapuvat ihmiset täyttivät sen. Ram's Bazaar-kirpputori ja käytettyjen tavaroiden kauppa perustettiin orpokodin tukemiseksi. Niihin aikoihin tuli kaikenmaalaisia ihmisiä elinikäisiksi asukkaiksi ja tuolloin länsimaalaisten asukkaiden keskuudessa vallitsi into oppia henkistä elämää.

Amma on maailman helpoimmin lähestyttävä ja saavutettavissa oleva guru. Hän vastaa jokaiselle antaen tarkat ohjeet siitä miten heidän tulee edistyä henkisessä elämässään. Tämä on jatkunut tähän päivään saakka. Amma istuu lukemattomia tunteja darshanhallissa ottamassa jokaisen henkilön vastaan halaamalla ja antamalla ohjeita. Tai hän istuu Arabianmeren rannalla meditoimassa ja antamassa satsangia. Amma ei ole koskaan ollut erillään hänen ympärilleen muodostuneesta henkisestä yhteisöstä. Hän on osa sitä, aina tuon mehiläispesän keskellä, ohjaten ashramin toimia, pitäen tärkeitä kokouksia ja keskusteluja, jotka ovat avoimesti kaikkien nähtävillä ja kuultavissa.

Kuka tahansa voi tulla Amman lähelle halattavaksi ja jäädä hänen läheisyyteensä niin pitkäksi aikaa kuin heidän sielunsa tarvitsee hoivaa. Kuka tahansa voi kysyä Ammalta kysymyksen tai kertoa hänelle ongelmansa. Ei ole mitään henkilökohtaista sihteeriä, joka toimisi välikätenä Amman ja hänen seuraajiensa välillä. Kuinka ylentävää onkaan, että jossain päin maailmaa on löydettävissä vielä sellaista puhdasta ja ehdotonta rakkautta.

LÄHDEN JÄLLEEN

Amma otti minut mukaan kaikille kiertueille Intiassa ja ulkomailla. Hän jopa pyysi minua hoitamaan äänentoiston Mauritiuksella ja Reunionin saarilla keväällä 1994. Ongelma oli siinä, etten saanut takaisin kadottamaani halua päämäärää kohtaa. Minun oli luotava Amma-maailmani uudelleen, eikä tämä sujunut hyvin, koska olin takertunut menneeseen. Alitajuiset odotukset joita minulla oli ollut, kun aloitin elämäni uudelleen Amman kanssa Intiassa, eivät täyttyneet, mutta miten ne olisivat voineetkaan. Alkuvuosien vapaa pääsy Amman luo oli estetty. Seva-koordinaattorina toimiminen oli tekosyy siihen, että en pitänyt kiinni tiukan aikataulun mukaisesta sadhanasta. Aloin vertailla itseäni muihin ja ajatella, että minä olin vilpitön ja että he olivat tekopyhiä. Itsetutkiskelustani oli tullut pinnallista, se oli menettänyt teränsä ja siitä puuttui kärkevyys. Aloin uida hyvin vaarallisissa vesissä.

Odotukset, omahyväisyys ja tuomitsevaisuus edeltävät tyytymättömyyttä. Vasta vuosien jälkeen saatoin myöntää sen, mutta lopulta minun täytyi kohdata se: en enää rakastanut sadhanaa, kaikki tuntui tasaiselta ja ankealta. Olin syvästi pettynyt itseeni sen vuoksi, että innostukseni kulkea henkistä tietä oli kuivunut. Kaikkialla ympärilläni oli esimerkkejä omistautumisesta ja epäitsekkyydestä, mutta oma elämäni tuntui siltä kuin se olisi ollut vain tyhjä kuori entisestään. Kaikki ne varhaisten Amman kanssa vietettyjen vuosien lupaukset ja intensiteetti olivat haihtuneet ilmaan. Rohkeuden puute ja levottomuus kasvoivat. Ihmiset alkoivat jälleen käydä hermoilleni. Pysyin erillään niistä, joiden puoleen olisin voinut kääntyä santsangin toivossa. Sisäisesti olin jälleen tuuliajolla, mutta pidin itseni kiireisenä tekemällä *sevaa,* välttelin varoittavia merkkejä ja pysyttelin yhä kauempana Ammasta. Vaara väijyi ympärilläni joka puolella.

Yksi henkisen elämän suurimpia sudenkuoppia on se, kun annamme mielemme alkaa syyttää muita. Olemme hukassa kun annamme keskittyineisyytemme harhailla päämäärästä ja kiinnittyä johonkin negatiiviseen muissa ihmisissä. Tämä huono tapa on henkisen elämän vihollinen; se on kuin söisi pienen annoksen myrkkyä päivittäin, kunnes sitä on kertynyt niin paljon että menehdymme.

Miksi syyttää opettajaa oppilaalta puuttuvasta sitoumuksesta? Mikä oli alkuperäinen syy gurun valintaan? Se että olimme varmoja hänen kyvystään ohjata meitä ja koska halusimme ohjausta! Oppilaana oma velvollisuuteni oli esittää epäilyni Ammalle, mutta jälleen olin pelkuri. Vuonna 1996 pakkasin laukkuni ja lähdin, tällä kertaa lopullisesti. 🪔.

11. LUKU

Ei koskaan liian myöhäistä

LÄHDÖN SYYTÄ POHTIMASSA

Ihmismieli on hassu asia. Lopulta ei voi mitenkään järkevästi selittää, miksi se vie meidät johonkin toiseen paikkaan, kuin minne olimme ajatelleet menevämme. Ei ole mitään helppoa, kätevää selitystä sille, miksi jätin Amman. Oliko se kaikkien pieleen menneiden asioiden summa? Kun menetämme kiintopisteemme ja mielen tyyneytemme, kaikki on mahdollista. Kun minun oli vieläkin vaikeaa ymmärtää ensimmäistä lähtöäni Amman luota, kuinka olisin voinut käsittää miksi lähdin toisenkin kerran? Kutsu sitä karmaksi, itsekkyydeksi, mayan voimakkaaksi harhaksi tai Kurukshetran veren tahrimaksi taistelukentäksi, missä Krishna lauloi Bhagavad-Gitan Arjunalle: Negatiivisuuden juoksuhiekasta on vaikea päästä pois.

Ajatellessani asiaa takaisin päin kaikkien näiden vuosien jälkeen, mieleni tekee verrata tätä atomiin. Atomin keskiössä on sen ydin. Elektronit ovat järjestäytyneet erilaisiksi kiertoradoiksi ytimen ympärille. Jos Amma oli ydin vuosina 1983-1990, niin minä oli yksi elektroneista, joka kiersi kehää ydintä lähimpänä olevalla kiertoradalla. Siellä on valtava sitova voima, joka pitää elektronin kiertoradallaan. Kuvitellaanpa sitten, miten eletroni alkaa vaappua ja erkanee hieman radaltaan. Olisi vain ajan kysymys, milloin se sinkoutuisi pois, kykenemättömänä pysymään vakaassa kurssissa ytimensä ympärillä. Tällöin se joutuisi kauempana olevalle kiertoradalle, yhä kiertäen ydintä, mutta nyt vähemmän sitovalla voimalla ja hitaammin. Olettakaamme, että elektroni haluaisi hypätä kiertoradalta toiselle, takaisin lähemmäksi ydintä. Takaisin "hyppäämiseen" tarvittaisiin silloin valtava määrä energiaa. Samaan tapaan fissioon, atomin halkaisemiseen tarvitaan vähemmän energiaa kuin fuusioon, yhdistämiseen. Asioiden hajottamiseen tarvitaan paljon vähemmän energiaa kuin niiden kokoamiseen ja yhdessä pitämiseen.

Näin oli myös minun kohdallani. Olin ollut tiiviillä kiertoradalla Amman kanssa, mutta negatiiviset taipumukseni olivat aiheuttaneet riitasointuja polullani. Olin vuosien 1990-1996 aikana saattanut itseni ulompien kiertoratojen takamaille, jossa ytimen vaikutus harhailevaan elektroniin on vähäisempi. Vaikka yritinkin hypätä takaisin paikalleni lähempänä olevalle kiertoradalle tullessani ashramiin vuosiksi 1993-96, yritykseni ei onnistunut.

Asetin henkiselle elämälle liian monia ehtoja enkä nähnyt sitä, että minun olisi antauduttava siihen, mitä henkisellä elämällä oli tarjottavana minulle, eikä toisin päin. Onnistuin pääsemään joitakin kertoja ydintä lähempänä olevalle kiertoradalle, mutta kun riitasointuinen värähtely alkoi jälleen ei tarvittu paljoakaan siihen, että jouduin jälleen ulommalle kiertoradalle, jopa kauemmaksi ytimestä kuin edellisellä kerralla. Siltä etäisyydeltä elektronit voivat joutua niin kauaksi alkuperäisestä atomista, johon ne kuuluivat, että toinen läheisyydessä oleva ydin saattaa voimallaan vetää niitä puoleensa omalle kiertoradalleen. Elektronin mahdollisuudet päästä takaisin alkuperäiseen asemaansa atomin sisällä ovat lähes mahdottomat; "hyppyyn" tarvitaan mittaamattoman paljon energiaa. Kutsutaan tuota mittaamatonta määrää vaikka "armoksi."

Palattuani ensimmäisen lähtöni jälkeen takaisin Amman luo 1990-luvulla, olin asettanut omat ehtoni henkiselle tielle.

Sen pitäisi olla sellaista tai tällaista, kuten ennenkin. Entisen läheisyyteni ansiosta minun pitäisi saada olla Amman kanssa milloin vain halusin. Elämä ei kuitenkaan toimi sillä tavalla. Kun nämä toiveet eivät täyttyneet, luovuin leikistä. Yritin palata henkiseen elämään mutta yritykseni ei ollut "oikeaa yrittämista," lainatakseni buddhalaista sanontaa. Olin yrittänyt muokata tietäni oman rajallisen käsitykseni mukaiseksi, sellaiseksi mitä sen pitäisi olla, sen sijaan että olisin luopunut omista ideoistani ja antanut henkisen tien uudistaa minut. Se on vähän kuin jos ylipainoinen menisi vaatekauppaan mielessään tietyn näköiset vaatteet, mutta koska ei ollut laihtunut, mikään ei sopisi. Sitten hän lähtisi vaatekaupasta suutuksissa, koska vaatteet eivät sopineet. Perustelin itselleni, että olin yrittänyt, mutta en voinut myöntää itselleni sitä, etten ollut yrittänyt oikealla tavalla.

Ensimmäinen lähtöni johtui suurelta osin oman tasapainoni puutteesta henkisellä tiellä, negatiivisesta mielentilasta, mihin olin itse itseni saattanut. Kun jätin Amman toisen kerran, johtui se siitä, ettei henkinen tie ollut täyttänyt odotuksiani. Luovuin siitä nyt kokonaan ja tuntui siltä, että lopullisesti. Olin tehnyt tietoisen valinnan tyytyä vähempään. Olin menettänyt näkemykseni itsestäni henkisenä etsijänä. Rakkaus päämäärään oli kuivunut ja henkisestä elämästä oli tullut mekaanista. Kirjoittaessani tätä nyt nämä vaikuttavat helposti korjattavilta pikkuseikoilta. Olin kuitenkin antanut niiden pahentua. Egomme on se, joka aiheuttaa suurta vahinkoa henkisellä tiellä; aluksi se murentaa guru-oppilassuhteen ja sitten tuhoaa etsijän ja hänen tiensä välillä olevan siteen. Ego tulee tietoiseksi omasta mahdollisesta nujertumisestaan ja hyökkää pelastamaan oman nahkansa! Mikä alun perin alkoi pikkuseikoista kasvoi suunnattomiksi esteiksi, sillä aliarvioin ne enkä ollut riittävän huolellinen siinä, että olisin välittömästi käsitellyt niitä. Pienikin tuuliajo on korjattava heti kun kuljetaan henkistä polkua. Amma puhuu usein liikemiehestä, joka laskee tilit joka ilta nähdäkseen kuinka paljon hän on tehnyt voittoa tai kuinka paljon hän on hävinnyt. Henkisten etsijöiden pitää tehdä samoin, päivämme ei saisi päättyä ennen kuin olemme tehneet tämän. Muutoin oikealla kiertoradalla pysyminen ja henkisellä tiellä jatkaminen gurun kanssa tulee olemaan hyvin vaikeaa. Meidän on vaalittava rakkautta päämäärää kohtaan hinnalla millä hyvänsä ja päivittäin pitää yllä tarkkaavaista tietoisuutta (srahddha) sen suhteen miten olemme edenneet tiellämme.

Jotkut saattavat kysyä, että jos Amma on kaikkivoipa, niin miksei hän pelastanut minua? Amman opetustavan kauneus on siinä, että hän ei pakota mitään. Amma sanoo aina: "Sitten kun kukka on valmis avautumaan, se avautuu." Ruusunnuppua ei voi avata väkisin, jotta voisi nauttia sen tuoksusta. Yksi tärkeimmistä henkiseltä etsijältä vaadittavista ominaisuuksista on kärsivällisyys. Opimme kärsivällisyyttä vain kärsivälliseltä opettajalta, joka rakastavan äidin tapaan kasvattaa lapsiaan. Samaan tapaan Ammalla on valtameren kaltainen kärsivällisyys, ja hän antaa kunkin etsijän edistyä omaan tahtiinsa. Tämä on yksi niistä seikoista, jotka todistavat Amman opetusmenetelmän suuruudesta.

Siispä olin omillani. Vuodesta 1983 lähtien kun tulin Amman luo ensimmäisen kerran toiseen lähtööni saakka vuonna 1996 "urapolkuni" oli ollut henkinen etsintä. Nyt olin ottanut munani siitä korista, ja pistänyt ne maailman koriin. Jopa tuolloin tiesin, ettei mikään koskaan voisi tulla lähellekään sitä, mitä olin kokenut Amman kanssa noiden 14 vuoden aikana, mutta ehkäpä ongelmani oli siinä, että minun piti vain oppia tyytymään vähempään. Laskemalla odotuksia voisin ehkä saada vähän väliaikaista onnea irti maailmasta sen sijaan, että asettaisin riman niin korkealle että jäin aina sen alapuolelle. Olin antanut henkiselle elämälle neljä lisävuotta, olin yrittänyt ja täysin eponnistunut. Ehkä jonakin päivänä ymmärtäisin kaiken, mutta sillä hetkellä en halunnut olla liian ankara itseäni kohtaan, ei ollut mitään syytä pieksää kuollutta hevosta. Yrittäisin pelastaa joitakin elämäni rippeitä lännessä, ilman että epäonnistuisin tällä kertaa. Palasin Uuteen Meksikoon.

Päätin palata takaisin kouluun ja opiskella lääketiedettä. Kaikki tiedeopintoni Berkeleyn yliopistosta olivat vanhentuneet kauan sitten, joten otin lääketieteen alkeiskurssin kunnallisessa opistossa, vain nähdäkseni oliko minulla vielä se, mitä vaadittiin. Samaan aikaan aloin myös ensihoitajan opinnot. Minun piti rahoittaa koulunkäyntini, ja se vaikutti itsessään oivalliselta väliaikaiseksi ammatiksi, jos aioin pyrkiä lääketieteelliseen. Pärjäsin hyvin kaikissa aineissa ja valmistuin ensihoitajaksi. Minusta tuli myös apulaisopettaja Uuden Meksikon yliopiston humanistisessa tiedekunnassa. Tällä tavoin kului kaksi vuotta.

ISOÄITINI TALOSSA

Pennsylvaniassa asuva isoäitini oli sairastunut, joten menin kesälomallani sinne pitämään hänestä huolta. Hän oli melkein 92-vuotias, ja hänen kanssaan oli ilo olla. Hänellä oli vasta todettu Alzheimerin tauti, mutta sairaus ei ollut vielä vaikuttanut häneen paljoakaan. Juttelimme entisistä ajoista, ja se toi mieleeni muistojen tulvan vaikeasta lapsuudestani. Mutta nyt kaikki oli hyvin; olin parantunut traumasta Amman avulla. Amma, miten suloinen tuo nimi olikaan. Miksi henkisen elämän piti olla niin hämmentävää! Kyllä, syvällä sisälläni kaipasin häntä. Rakastin Ammaa yhä niin paljon, että sinä iltana itkin häntä, ensimmäisen kerran pitkään aikaan. Olin sulkenut Amman ulkopuolelle, polttanut sillan, en ollut enää henkinen etsijä. Olin nähnyt ja tehnyt sen, mitä tehtävissä oli. Olin vain tavallinen ihminen, tarpomassa tielläni eteenpäin - kaivaten halausta.

Heinäkuun neljäs, itsenäisyyspäivän viikonloppu oli tulossa ja oivalsin, että Amma olisi jossakin lähistöllä, ehkäpä Chicagossa tai jopa Washington DC:ssä. Se oli vain neljän tunnin ajomatkan päässä! Seuraavana aamuna ajattelin kuumeisesti, miten voisin saada selville Amman kiertueaikataulun. Tietenkin menemällä ruokakauppaan ja etsimällä lehtihyllystä käsiini *Yoga Journalin*. Vuodesta 1987 olimme ilmoittaneet kyseisessä joogalehdessä ja todellakin, siellä se oli: vuoden 1998 kiertueaikataulu. Amman Washington DC:n ohjelma pidettäisiin heinäkuun neljännen päivän viikonloppuna. Mikä yhteensattuma.

WASHINGTON, DC

Antamatta mielelleni tilaisuutta vastustaa järjestin isoäitini hoidon, pakkasin laukun ja hyppäsin autooni ajaakseni kohti etelää. Tämä oli täysin spontaani teko, mutta sieluni ei malttanut pysyä paikoillaan halutessaan nähdä Amman ja egoni hävisi tämän erän. Sisälle halliin meno oli helpompaa tällä kertaa. Olin jo tehnyt sen aikaisemmin. Nyt minun oli siirrettävä syrjään paljon häpeää ja katumusta - pieni hinta maksettavana siitä, miten kuninkaallisesti olin käyttäytynyt.

Kukaan ei näyttänyt huomaavan minua tällä kertaa, päinvastoin kuin silloin kun olin käynyt tapaamassa Ammaa Berkeleyssä. Silloin se oli ollut ylenpalttinen kotiinpaluu. Ei, tällä kertaa kaikki oli hiljaista. Liityin darshan- jonoon ja odotin vuoroani kuten kaikki muutkin. Päästessäni lähemmäs tiedostin: "Kusuma on täällä ja on menossa Amman darshaniin," koska saatoin nähdä tuttuja kasvoja näkökenttäni laidalla. Pidin katseeni Ammassa, kunnes hän katsoi minua. Amma hymyili huolehtivasti, hänen kasvonsa hehkuivat rakkautta, ja hän otti minut syliinsä."Kusumam, Kusumam, ponnamol, rakas tyttäreni, rakas tyttäreni..." Molemmilla oli jälleen kyyneleet silmissä, ja Amma piteli minua, huojuen puolelta toiselle, päästämättä menemään. Eräs laulu tuli mieleeni ja lauloin siitä säkeen hiljaa Amman korvaan:

Kannunir kondu nin padam kazhukam,
Katyayani ni kaivitalle...

Kyynelilläni pesen jalkasi,
Oi Jumalatar Katyayani, mutta älä unohda minua...

Amma otti minut vierelleen istumaan joksikin aikaa ja puhuimme. Hän halusi tietää miten voin ja mitä tein nykyisin. Kyllä, lääketieteellinen, oikein hyvä. Isoäidistä huolehtiminen, kyllä, oikein hyvä. Amma ei ollut vähääkään tuomitsevainen, mutta tunnelma oli tällä kertaa erilainen. Vaikka Amman energia tuntui samalta, lähtemällä toisen kerran minä itse olin ylittänyt tietyn rajan. Istuin jonkin aikaa hiljaa mietiskellen, sitten Amma pyysi minua menemään syömään ja kiinnitti huomionsa darshan- jonoon.

Toinen tapaamani henkilö oli Suneeti. Hän oli ilmiselvästi ottanut virallisen nunnavihkimyksen, sillä hän oli keltaisissa vaatteissa! Tunsin sydämessäni valtavaa iloa, katsellessani häntä lähestymässä minua hallin toiselta puolelta mukanaan vanhoja ystäviä. Hän oli säteilevä ja rauhallinen, hän oli brahmacharini Nirmalamrita. Kävelimme yhdessä ravintolaan ja huomasin, että hän oli laihtunut paljon. Muisto menneiltä vuosilta tuli mieleeni. Jokin siinä teki oloni epämukavaksi. Haettuamme ruokamme ja löydettäyämme hiljaisen nurkkauksen juttelimme hetken. Onnittelin häntä koko sydämestäni hänen vihkimyksensä johdosta ja lisäsin, että olin iloinen nähdessäni miten paljon hän rakasti elämäänsä ja miten hän kasvoi henkisesti. Hänen silmänsä olivat kirkkaat ja nyt istuessamme tunsin, miten hänestä lähtevä rauha oli lisääntynyt.

Hänen mielestään lääketieteellinen oli minulle hyvä valinta. Uusi Meksiko oli myös hyvä paikka minulle. Hän tiesi, että se oli nyt kotini, mutta ei sanonut sitä. Hänkään ei ollut vähääkään tuomitseva, vaan oli aidon iloinen nähdessään minut. Tunsin, että nyt oli tilaisuus tiedustella hänen terveydestään. Kyllä hän oli ihan kunnossa. Hän kertoi olevansa väsynyt, retriitin järjestelyistä vastaaminen oli suuri työ. Oli raskasta olla kiertueella, se oli totta. Hän katsoi kuitenkin muualle, kun kysyin oliko hän käynyt vuosittaisissa lääkärintarkastuksissaan. "En oikeastaan." Jätin sen siihen. Tiesin että hänellä oli paljon töitä läpi yön, joten hyvästelin hänet. Meillä olisi ollut paljon puhuttavaa, mutta hetki oli nyt mennyt. Useammat entiset ystävät olivat nähneet meidät ja olivat tulossa tervehtimään. Halasimme nopeasti, katseemme kohtasivat ja erosimme. Sitten hengitys tarkertui kurkkuuni, ja hän oli mennyt. Olin nähnyt jotakin, mutta mitä se oli? Ehkä se ei ollut mitään, vain mielikuvitustani.

Kaikki swamit kävivät tervehtimässä minua ja kysyivät terveydestäni, suunnitelmistani, perheestäni. Tapa jolla he puhuivat oli lämmin ja vilpitön; heidän pehmeä tapansa kosketti sydäntäni. Kuinka paljon heitä olikaan mahtanut loukata, kun olin jättänyt Amman toisen kerran. Kaikkien niiden testien ja koettelemusten jälkeen mitä olimme kokeneet yhdessä, luulen että he olivat aidosti iloisia nähdessään minut ja saadessaan tietää että olin kunnossa. He olivat yhä henkisiä veljiäni ja oli selvää, etteivät he kääntäisi selkäänsä minulle tai tuomitsisi minua ankarasti. Hyvästelin Amman ja ajoin takaisin Pennsylvaniaan. Jostakin

syystä en kestänyt nähdä Devi Bhavaa. Amman näkemisessä
oli jo tarpeeksi sulateltavaa ja siinä, että kohtasin aikaisemman
elämäni niin erilaisilla ehdoilla.

TSEKKAUS, TSEKKAUS, YKSI-KAKSI, YKSI-KAKSI

Aloin toden teolla opiskella lääketieteellisen kokeisiin. Val-
mistautuminen kestäisi noin vuoden. *Yksi vuosi* - ajattelin.
Oli paljon asioita mitä olin tehnyt "yhdessä vuodessa." Mutta
keskittymistäni ei auttaisi se, että harhailisin mielessäni men-
neeseen. Joten en tehnyt sitä. Latina, fysiologia, anatomia,
kemia, biologia...pääni oli pyörällä.

TOUKOKUU

Se oli minulle iso kuukausi. Aluksi minulla oli lääketieteellistä
edeltävien opintojen loppukokeet ja sitten loppukuusta lääketie-
teellisen sisäänpääsytestit. Jos pärjäisin hyvin, voisin alkaa hakea
lääketieteen oppilaitoksiin loppukesästä. Olin jälleen alkanut
toistaa mantraani, itse asiassa jo Washington DC:n jälkeen,
mutta erityisesti viime aikoina. Se antoi minulle suunnattomasti
rauhaa ja keskittymiskykyä. Ei sillä, että koin ansainneeni sen,
mutta nyt purettavanani oli toisenlainen matkalaukku. Ja sitten
puhelin soi.

Se oli Hari Sudha. Hän soitti Berkeleystä. Suneeti-
Nirmalamrita oli palannut Intiasta, mutta uutiset eivät olleet
hyviä. Hän oli sairas, hyvin sairas, ja hän halusi nähdä minut.
Siksi Hari soitti. Voisinko tulla heti? Yritin ymmärtää hetken
kiireellisyyden. Tarkoitan, että olin Uudessa Meksikossa ja
kokeet alkaisivat seuraavalla viikolla ja sitten...tiesin. Tiesin,
miksi hän soitti. Kyllä Hari, tietenkin tulisin. Ole hyvä ja kerro
Suneetille, että alan heti puhelun jälkeen järjestää lentolippua.
Laskin puhelimen ja heräsin toimintaan. Tässä se nyt oli. Hän

oli tehnyt päätöksen, josta olimme puhuneet vuosia sitten ja hän kuolisi nyt. Se oli se, mitä olin nähnyt edellisvuotena, mutta en ollut saanut siitä otetta. Survoin vaatteita reppuun ja ajoin yliopistolle etsimään kemian professoriani. Tunsin Suneetin ja tiesin, ettei minulla ollut paljon aikaa.

Minulla olisi ensiksi kemian kokeet; professori oli toimistossaan. Hän näki minusta heti, että jotakin oli vakavasti vialla ja keskeytti työnsä. "Kyllä, kyllä, tule vain sisään. Mikä hätänä Gretchen? Mitä on tapahtunut?" Kerroin hänelle, että en voisi tulla kokeisiin, sillä paras ystäväni oli parhaillaan sairaalassa Kaliforniassa. "Sehän kuulostaa erittäin vakavalta. Kyllä, tietenkin sinun pitää mennä… Odota vain hetki, niin katson arvosanojasi. Hmmm, olet luokkasi parhaita. Katsotaan, tämä kuulostaa sellaiselta, että sinun pitää mennä. Saat anteeksi tämän kokeen. Älä huolehdi; tähänastiset arvosanasi kyllä riittävät. Toivon että ystäväsi on kunnossa."

Polviani heikotti kävellessäni parkkipaikalle. Albuquerquen lentokentälle oli kahden tunnin ajomatka. Lentoni laskeutui Oaklandiin alkuillasta. Hari Sudha haki minut kentältä ja kertoi kuulumiset: pitkälle edennyt syöpä. Nirmalamrita oli juuri palannut Intiasta saadakseen hoitoa. Lääkäri, joka oli pelastanut hänen henkensä kahdesti, hoiti häntä. Tiesin silti, että Nirmalamrita oli jättänyt vuosittaiset tarkastukset väliin, ehkäpä vuosien ajan. Hän oli viitannut siihen edellisvuonna DC:ssä. Sydämessäni tiesin, että hän oli tiennyt syövän palanneen ja oli valinnut sen toisen vaihtoehdon.

Mennessäni teho-osastolle seuraavana aamuna Nirmalamrita oli selkeästi hyvin sairas, mutta hän säteili rauhaa. Sellaista mitä en ole koskaan nähnyt kenessäkään muussa, paitsi Ammassa. Syöpä oli levinnyt kaikkialle. Ei ollut mitään syytä miksei niinkin älykäs, kaksi kertaa syövästä selvinnyt henkilö kuin

Nirmalamrita, olisi jo pitkään tiennyt sairauden leviämisestä. Pitelin häntä kädestä ja katsoimme toisiamme silmiin. Hän hymyili minulle suloisesti. Emme olleet tavanneet yli vuoteen. Hän oli tyyni ja selkeä, hänen silmiensä valkoiset valopisteet läpäisivät omani. Jälleen Amman silmät. Hiljaisella äänellä kysyin häneltä, oliko hän tiennyt. Hän nyökkäsi myöntävästi. Oliko hän tehnyt päätöksen, josta olimme puhuneet monta vuotta sitten? "Kyllä," hän vastasi heikosti ja puristi kättäni. "Ei ollut syytä tuhlata enempää rahaa. Halusin olla täällä Amman kanssa, sitten kun hän tulee. Se oli suunnitelmani…" Keskeytin hänet ja pyysin häntä säästämään voimansa, jotta hän voisi nähdä Amman muutaman viikon kuluttua. Tiesin jo nämä muut asiat. Sitten hän meni suoraan asiaan. Hän kysyi, miksi olin jättänyt Amman? Terveytenikö vuoksi? Vastasin kieltävästi. Olin kadottanut rohkeuteni, olin lakannut uskomasta itseeni. Olin sallinut negatiivisuuteni pyyhkäistä minut pois. Menisinkö koskaan takaisin? Pysyvästi, ei vain vierailulle? Olin niin tukahduksissani, etten kyennyt puhumaan. Hän sanoi minulle, että se olisi yksi hänen viimeisistä toiveistaan.

Vierailuaika oli päättynyt, oli aika lähteä. Seuraavana aamuna menin takaisin sairaalaan. Ketään ei päästetty teho-osastolle tapaamaan Nirmalamritaa, paitsi läheisimmät perheenjäsenet. Koska minut luokiteltiin "perheeksi," sain luvan mennä. Juuri kun olin saapumassa steriilille osastolle, huomasin Sabarin, yhden Nirmalamritan läheisimmistä ystävistä, joka oli myös selvinnyt syövästä. Hän yritti kiinnittää huomioni. Menin hänen luokseen ja näin miten ahdistunut hän oli. Häntä ei päästetty sisään, mutta hän halusi hyvästellä Nirmalamritan, se oli hyvin tärkeää. Voisinko mitenkään auttaa häntä? Ajattelin asiaa hetken ja sanoin, että antaisin hänelle oman aikani ja kutsuin hoitajan paikalle. Näin Sabari ja Suneeti saivat tavata toisensa viimeisen kerran. Sinä yönä Nirmalamrita sai sydänkohtauksen ja vaipui koomaan. Hän heräsi koomastaan ajoissa ottaakseen vastaan puhelun Ammalta ja poistui tästä maailmasta viikon sisällä. Kun Ammalta kysyttiin Nirmalamritan kuolemasta, hän sanoi että hän oli sulautunut Amman sydämeen ja saavuttanut jumaloivalluksen.

Brahmacharini Nirmalamrita oli saanut viettää aikansa Amman kanssa, ei kemoterapian heikentämänä, vaan palvellen kaikkien Amman ulkomaan retriittien koordinoijana vain muutamaa viikkoa ennen kuolemaansa. Hän sai nauttia 10 vuoden palvelustyöstä, eläen nunnana Amman kanssa Intiassa. Ei kovin huonosti henkilöltä, joka sairasti syövän kolme kertaa. Hän oli tiennyt jo vuosia, että syöpä viimein veisi hänet tästä maailmasta, mutta se tapahtui hänen omilla ehdoillaan. Hän ei olisi halunnut sen tapahtuvan millään muulla tavalla.

Nirmalamritan suosikki Amman sanonnoista oli se, että henkisellä etsijällä täytyy olla samanlainen polttava kaipuu henkiseen elämään kuin palaneeseen taloon jääneellä päästäkseen ulos sieltä. Hän piirteli aina sanskritinkielen tunneilla muistikirjansa marginaaliin liekkejä, kun minä taas lootuksen kukkia ja tanssivia jumalattaria. Hän oli yksi niitä harvoja yksilöitä, jotka elivät täysin Amman opetusten mukaan. Kaikki, jotka tunsivat hänet, ovat tulleet paremmiksi ihmisiksi vietettyään aikaa hänen seurassaan.

KESÄKUUN KUUME

No, tämä todellakin muutti mielialani. Menin takaisin Uuteen Meksikoon ja osallistuin toisiin kokeisiin, mutten tuntenut intoa lääketieteellisen pääsykokeita kohtaan. Voisin osallistua niihin seuraavassa kuussa joutumatta tinkimään aikataulustani liikaa. Joka tapauksessa minun pitäisi saada takaisin opiskeluun kuuluva mielentila ja se ei tulisi onnistumaan juuri tällä hetkellä. Tutkiskelin paljon sieluani; Amma olisi Santa Fessä kesäkuussa ja odotin innokkaasti hänen näkemistään. Amman ohjelma pidettiin Santa Fen luonnonsuojelualueella, temppelissä, jonka Steve ja Amrita Priya Schmidt olivat rakentaneet Ammaa varten ja joka sijaitsi heidän tontillaan. Ei olisi voinut olla kauniimpaa paikkaa Amman uudelleen tapaamiseen: Pinjapuut tuoksuivat muistojen täyttämän temppelin vierellä, ja yläpuolella oli tähtikirkas Uuden Meksikon taivas.

Tulin illan bhajan-ohjelmaan; oli ihanaa kuulla Amman laulavan jälleen. Aratin jälkeen menin ulos katsomaan tähtiä ja tunsin inspiraakasvavan. Menin temppelin taakse ja livahdin lavalle. Amma istui alapuolellani lavan edessä ja antoi jo darshania. Hyvä ystäväni Swarna Iyer soitti harmoniumia ja kiinnitin hänen huomionsa. Kumarruin eteenpäin ja kysyin lupaa laulaa Ammalle. Luulen, että hän oli yllättynyt kahdesta asiasta: olin viimeinen henkilö, jonka hän odotti näkevänsä enkä yleensä koskaan laulanut. Mutta hän suostui ja kysyi, minkä laulun halusin laulaa: *Iswari Jagad-Iswari.* Ja niin lationi uloin laulun Ammalle ensimmäisen kerran sen jälkeen kun olin laulanut sen silloin, monta vuotta sitten, kun hän oli lähtenyt Kalarista ulos kuljeskelemaan eräänä toisena tähtikirkkaana yönä. Laulaessani ensimmäistä säettä Amma kääntyi istuimellaan ympäri katsomaan minua, mutta ei ollut yllättynyt. Hän tiesi jo kuka lauloi:

Iswari jagad-iswari paripalaki karunakari
Sasvata mukti dayaki mama khedamokke ozhikkanne...

Oi Jumalatar, universumin Jumalatar,
Oi ylläpitäjä, armon ja ikuisen vapautuksen antaja
Vapauta minut kaikesta surusta...

Menin Amman darshaniin. Nyt välillämme oli hyvin rauhallinen tunne; voimakas rentoutuneisuus ympäröi minut. Jokin oli mennyt paikalleen. En tiedä mikä, mutta sillä ei ollut väliä. Istuin Amman läheisyydessä pitkän aikaa ja nautin antaumuksellisesta tunnelmasta. Sitten oli aika lähteä, ja menin takaisin pimeään tähtiyöhön.

ALAKULO

Kesän tilaisuus mennä lääketieteellisen pääsykokeisiin tuli ja meni. Olin alakuloinen ja kysyin itseltäni, mitä oikein olin tekemässä. Nirmalamritan suhde Ammaan oli minusta kauneudessaan häikäisevä. Kuinka monet ihmiset olivat tulleet Amman luo ja osanneet käyttää aikansa niin tehokkaasti hyväkseen? Kuinka olin voinut niin täysin antaa periksi, kun elämäni Amman kanssa oli aina ollut niin täynnä lupausta. Amma oli itseoivaltanut mestari; minulla ei ollut siitä epäilystäkään. Uskonpuute itseni suhteen oli nielaissut minut. Ei ollut niin, etten olisi uskonut henkiseen tiehen tai Ammaan. Minulta puuttui usko harjoituksiini Amman läheisyydessä. Olin luopunut leikistä.

Koska olin kerran tehnyt valinnan, kuinka voisin nyt löytää rauhan maailmallisessa elämässä? Pyöritin kysymystä mielessäni. Olin käyttänyt yli kaksi vuotta suunnitellen lääketieteelliseen hakua. Oliko se loppujen lopuksi oikea valinta? Sillä jos se ei ollut, eikö olisi parempi päättää siitä ennemmin kuin myöhemmin. Käydessäni eräänä iltapäivänä läpi keltaisia sivuja eräs ilmoitus pisti silmääni: "Suorita maisterintutkinto St. Johnin yliopistossa, Santa Fessä. " Idän klassikot. Hmm. Sepä mielenkiintoista. Niinpä soitin sinne saadakseni lisätietoja. Kyseessä oli yhden vuoden intensiivinen ohjelma. Kielenä oli joko sanskriitti tai kiina, ja kurssin opetussuunnitelmaan kuului hindulaisuuden, buddhalaisuuden ja taolaisuuden pyhien kirjoitusten opiskelua. Ajoin sinne haastattelua varten, ja minut hyväksyttiin ohjelmaan. Kurssi alkaisi viikon sisällä. Se tuntui rehelliseltä valinnalta; tutkia idän suuria kirjoituksia ja ajatella asioita kunnolla vuoden ajan. Kuinka se olisi voinut olla auttamatta minua juuri tuolloin?

Yksi asia johti toiseen. Minun oli tyydytettävä kalvava epäilys siitä, mitä tekisin elämälläni nyt kun olin jättänyt Amman. Olin siis lähtenyt yhteen suuntaan: lääketieteelliseen oppilaitokseen. Olin sitten säikähtänyt ja mennyt toisaalle, tutumpaan suuntaan, henkisyyteen. Mikä minussa oikein oli vialla? Miksen voinut vain tyytyä siihen, mitä elämällä oli annettavana ja jättää se siihen? Miksi olin niin levoton?

Opiskellessani maisterin tutkintoa varten tapasin mieheni. Ajattelimme molemmat haluavamme lapsia. Tulin raskaaksi hääyönämme. Kun tyttäremme syntyi, soitin taustalla cd-soittimessa "Ananta Srishti Vahinia." Pestessämme hänen päätään ensimmäistä kertaa hoitajan kanssa sairaalassa lausuin samalla vedisiä mantroja. Toisillemme kertomatta mieheni ja minä valitsimme vauvalle nimen. Valitsimme molemmat nimen Mirabai. Mieheni ei ollut kiinnostunut henkisestä hörhöilystäni, mutta lähti siihen kuitenkin mukaan. *Ehkäpä asia muuttuu*, ajattelin itsekseni.

Vein Mirabain Amman siunattavaksi. Mitä Amma olisi voinut sanoa? Hän rakastaa meitä aina kaikesta huolimatta. Silti oli vaikea kävellä ovesta sisään, niin täysin erilaisen valinnan tehneenä. Olin lähtenyt omilleni ja tehnyt mitä itse halusin, ja se todisti minusta enemmän kuin mikään, mitä Amma oli tehnyt. Olin nyt Amman maallikkoseuraaja. Se oli mukava, ehkä minulle paremmin sopiva suhde. Rakastaisin Ammaa etäältä. Miksi sieluni ei siis ollut tyytyväinen? Miksen voinut vain rentoutua ja nauttia elämän tarjoamasta kyydistä?

2007 – EI KOSKAAN LIIAN MYÖHÄISTÄ

Kaikki kävi sinä vuonna niin nopeasti. Äidilläni oli todettu edellisenä vuotena syöpä, ja hän sai siihen hoitoa. Isälläni oli todettu syöpä huhtikuussa, ja hän kuoli äkisti Bostonissa muutamaa kuukautta myöhemmin, ennen kuin ehdin nähdä ja hyvästellä hänet. 19 vuoden Saturnuskauteni päättyi. Avioliittoni oli hajoamassa. Ja niin tulin takaisin Amritapuriin tyttäreni kanssa, näennäisesti siunauttamaan Ammalla isäni tuhkat, mutta suoraan sanottuna, olin saanut tarpeekseni.

Näin viimein valoa. Se oli oikeastaan todella yksinkertaista, mutta oli mennyt vuosia niin että en ollut tajunnut itse pääasiaa. Amma oli täällä keskuudessamme, ja levoton sieluni oli kaivannut hänen tarjoamaansa henkistä matkaa. Rakkautta rakkauden vuoksi, antaumusta siksi, että se oli korkein tunne, sellainen, joka murensi kaikki itseluodut muurit. Olin viimeinkin tarpeeksi kypsä näkemään, että olin itse saattanut itseni erilleen ja vain minä voisin vapauttaa itseni. Ja ettei koskaan ollut liian myöhäistä palata takaisin ja yrittää uudelleen.

Tällä kertaa palasin takaisin iloisena. Tulin takaisin rakkauden suloisuuden vuoksi, jumalallisen rakkauden, mitä en ollut koskaan löytänyt mistään muualta harhaillessani maailmassa. Kaikki nuo vuodet poissa Amman luota maailmassa, jossa oli vain tyhjiä lupauksia. Vain väistämätöntä kuolemaa ja harhaa, materiaalista menestystä ja menetystä, itsekkyyttä ja halua. Palasin henkisen elämän tarjoaman syvemmän, todellisemman tarkoituksen vuoksi. Tulin takaisin täyttääkseni kuolleen henkisen sisareni toiveen. Tulin takaisin todistaakseni itselleni, että minulla oli rohkeutta kohdata ja tehdä se mitä tarvittiin,

jotta saisin asiat jälleen oikealle tolalle. Seisoakseni Amman
ja yhteisön edessä ja kertoakseni heille matkastani pimeyteen
ja tien takaisin löytämisestä. Kasvattaakseni tyttäreni Amman
suurenmoisessa läheisyydessä tietäen, että se on suurin lahja
minkä äiti tyttärelleen voi antaa. Kaikki mitättömät eroavaisuu-
teni eivät merkinneet mitään; minun oli aika nauttia Amman
läheisyydestä ja palvella häntä parhaalla mahdollisella tavalla.
Ilman ahdistusta, ilman odotuksia minkään saavuttamisesta.
Vain silkasta Jumalan lähellä olemisen ilosta ja sen näkemisestä.
Ollakseni täällä kauniissa, inspiroivassa yhteisössä ja palvel-
lakseni koko sydämestäni. Amma on saanut hymyn takaisin
kasvoilleni. Koskaan ei ole liian myöhäistä.

Matka jatkuu

Tätä kirjoittaessani on kulunut viisi vuotta siitä, kun palasin asumaan Amman Amritapurin ashramiin tyttäreni Mirabain kanssa. Viisi upeaa vuotta, jotka vetävät vertoja ja jopa ylittävät varhaisten, Amman kanssa viettämieni vuosien sanoinkuvaamattoman suloisuuden.

Koska minun on täytynyt käydä läpi hyvin vaikea prosessi, voittoisa paluu on sitäkin makeampi. Joskus meidän on kohdattava suunnattomia vaikeuksia henkisellä tiellä ja minun tapauksessani juuri tuo kehityskulku on antanut minulle tänä päivänä tuntemaani syvää iloa. Kuinka voisinkaan katua tätä matkaa? Tekisinkö jotakin eri tavalla, jos se olisi mahdollista? Tietenkin. Kaikista eniten katuisin sitä, jos en olisi koskaan palannut Amman luo! Kaatuminen ei ole ratkaiseva tekijä, vaan ylös nouseminen ja matkan jatkaminen.

Olen oppinut ottamaan kaikki tilanteet Amman prasadina (pyhitetty lahja), enkä vastusta tai torju vaikeita aikoja, jotka oikein sulateltuina vievät minua henkisesti eteenpäin. Amma muistuttaa meitä aina siitä, ettei elämässä ole epäonnistumisia, vaan ne ovat kaikki astinkiviä lopullista voittoa kohden.

Koska olen kulkenut pimeyden läpi, olen sen ansiosta nyt henkisessä elämässäni kypsempi ja maadoittuneempi. Kykenen näkemään, miten varhaiset vuoteni Amman kanssa loivat vakaan pohjan, mille saatoin lopulta rakentaa loppuun saakka kestävän henkisen elämän. Oli välttämätöntä oppia uskomaan itseeni. Se oli tekijä, joka puuttui henkisen tieni alkuvaiheista. Tiedän nyt, ilman epäilyksen häivääkään, että Jumalan palveleminen kanssaihmisissä on se, mitä haluan elämälläni tehdä. Se että tyttäreni on kanssani, on olennainen osa sitä. Se mitä olin parikymppisenä nunnana, ei ole erillään siitä, mitä olen nyt äitinä. Amma sanoo, ettei ulkoinen sanjaasa (maailmasta luopuminen) ole niin tärkeää kuin sisäinen luopuminen, mieltymyksistämme ja vastenmielisyyksistämme irti päästäminen ja toisten asettaminen itsemme edelle. Eläminen siinä ymmärryksessä, että kaikki se, mitä pidämme omanamme on vain väliaikainen lahja Jumalalta ja jättää meidät jonakin päivänä.

Nykyinen elämäni on jatkoa sille matkalle, joka alkoi Kööpenhaminen kirjakaupassa yli kolme vuosikymmentä sitten. Jatkan yhä Jumalallisen Äidin tavoittelua omassa sydämessäni ja hänen palvelemistaan elävässä muodossa, jota kutsumme "Ammaksi." Palvelen häntä tehdäkseni maailman paremmaksi paikaksi; se on todellista Gurun palvelua. Emme koskaan voi tietää, mitä elämä tuo tiellemme, hyvää vai pahaa, sitä emme voi valita. Alkuaikoina Amman kanssa, en voinut koskaan kuvitellakaan kaikkien näiden esteiden tulevan tielleni. Amma kuitenkin opettaa meille, että ratkaiseva tekijä on tapa, jolla suhtaudumme vaikeuksiimme.

Matkustaessani maailmalla uskon ja toivon varassa, tehden kaiken voitavani tuodakseni Amman lastensa luo, saatoin ylittää useita vaikeuksia ja esteitä. Mutta joutuessani vastakkain sisäisen vihollisen, oman negatiivisuuteni kanssa, en selvinnyt yhtä helposti. Molemmat tilanteet tarjosivat haasteita: toinen ulkoisia, toinen sisäisiä. Minun oli löydettävä oikea tapa selvitä molemmista oppiakseni sen, mitä minun oli tarpeen tässä elämässä Amman kanssa. Pyhissä kirjoituksissa sanotaan, että on kolmenlaisia opetuslapsia: niitä jotka oppivat siitä mitä sanotaan, niitä jotka oppivat tarkkailemalla muita ja niitä, jotka oppivat omien kokemustensa kautta. Selvästikin minä kuulun kolmanteen ryhmään.

Olen kokenut todeksi sen, että Amma on aina ja kaikessa kanssani ja että hän ei koskaan luovu toivosta lastensa suhteen. Olen oppinut kaikilla tasoilla sen, ettei todellakaan ole koskaan liian myöhäistä. Elän jälleen henkistä elämää Amman jumalallisessa läheisyydessä, onnellisempana kuin koskaan ennen. Tyttäreni on kanssani ja Amma ohjaa meitä molempia näyttäen, ettei ole mitään niin suurta estettä, että se voisi pysäyttää ikuisesti voittoisan Jumalallisen Äidin.

Haluaisin kertoa vielä yhden tarinan. Kun Mirabai tuli Amritapuriin ensimmäistä kertaa hän oli viisivuotias. Hän sai tietoonsa, että ihmiset saivat mantroja ja hän halusi tietää mikä se oli. Selitin hänelle mantran toistamisen perusidean ja kuinka mantra, huolellisesti toistettuna, voi tuoda meille rauhaa ja viisautta. Hän halusi tietää enemmän ishta devatasta (henkilölle läheinen Jumalan muoto). Muistakaa, että hän oli viisivuotias! Aloin luetella eri jumaluuksia: Jumalallinen Äiti, Jumalallinen Äiti Amman hahmossa, Krishna, Kali Mata, Buddha, Jeesus, Shiva...Kun pääsin Shivaan, hän halusi tietää, oliko hän eläinten nahkoihin pukeutuva jumala. Vastasin myöntävästi ja lisäsin, että hän myös ratsastaa Nandi-härällä Himalajalla. Hän nyökkäsi päätään hyväksyvästi ja sanoi: "Sen minä haluan!" Vau, ajattelin itsekseni, tässä on joku sellainen joka tietää, mitä hän haluaa! Onko vain sattumaa, että hän on lapseni ja tuli niin varhain elämässään Amman luo varttuakseen täällä, koska minulla oli voimakas halu palata takaisin Amritapuriin?

Seuraavana päivänä menimme darshaniin ja hän sanoi Ammalle: "Mantra, please!" Amma nyökkäsi päätään suostumuksen merkiksi ja katsoi häntä tarkkaan. Sitten Mirabai kurkottui Amman puoleen aivan kuin uskoutuakseen hänelle ja kuulin hänen sanovan: "Shiva mantra," kuin varmistaakseen, että Amma tiesi minkä mantran antaa hänelle! Se oli Ammasta ratkiriemukasta ja hän kertoi kaikille ympärillään olijoille, mitä Mirabai oli sanonut. Jäimme ohjelman loppuun saakka ja Mira sai mantra -dikshan jo samana iltana. Tunsin itseni hänen äitinään erityisen siunatuksi. Vaikutti siltä, että hän saisi aikaisen alun henkiselle matkalleen maailman parhaimman Gurun kanssa.

Vuotta myöhemmin, Mirabain ollessa kuusivuotias, olimme odottamassa darshanjonossa kun huomasin että hän kirjoitti lappua Ammalle. Yhdessä kohdassa hän kuiskasi minulle: "Äiti, miten tavataan Amrita Vidyalayam?" Tavasin sen hänelle ja olin hyvin utelias saamaan selville, mitä pikku Miralla oli mielessään. Kun tuli meidän vuoromme mennä darshaniin, hän antoi lapun Ammalle ja Amman vierellä seisova brahmacharini käänsi sen. Amman kasvoille levisi iso hymy ja hän sanoi englanniksi: "Kyllä, kyllä! Hyvä, hyvä!" Omasta aloitteestaan Mira oli kysynyt Ammalta, voisiko hän mennä hänen kouluunsa täällä Intiassa. Ja niin me menimme: ruudullinen koulupuku, nilkkasukat ja kaikki! Aluksi hänen oli vaikea sopeutua, mutta hän ei luovuttanut. Mira käy nyt neljättä vuottaan Amman Amrita Vidyalayam-koulua ja menestyy oikein hyvin kaikista vähintään kolmella kielellä (malayalam, hindi ja sanskrit) tehtävistä kotitehtävistä. Aina kun hän valittaa kouluunmenosta, pyydän häntä menemään Amman luo ja kertomaan hänelle, sillä hehän päättivät asiasta yhdessä.

Tällä rakkauden tiellä oleminen yhdessä tyttäreni Mirabain kanssa on siunaus, joka ylittää kaikki odotukseni äitinä olemisesta. Hän on kasvamassa vahvaksi ja varmaksi itsestään ja pitää minut jatkuvasti varpaillani. Hän opettaa minulle asioita, joita minun on ollut vaikea oppia Ammalta, kuten kärsivällisyyttä, kestokykyä, empatiaa, epäitsekästä palvelua, pyyteetöntä rakkautta, ilman odotuksia antamista, sitä ettei kiinny työnsä tuloksiin ja järkkymätöntä mielenhallintaa. Kaikki nämä ovat ominaisuuksia, joiden kanssa joutuu äitinä tekemisiin päivittäin. Ei niin, etteikö Amma olisi opettanut niitä minulle. Hän ilmensi näitä ominaisuuksia koko ajan, mutta minä vastustin oppimista. On pakko kehittää näitä ominaisuuksia, jos aikoo selvitä vilkkaan lapsen äitinä! Amma tekee loistavaa työtä koko maailman äitinä.

Mikä olisikaan parempi paikka kasvattaa lapsi henkisten arvojen mukaisesti? Hänen Amman ashramissa saamansa ystävät tulevat olemaan elinikäisiä. Aina tilaisuuden tullen he leikkivät hippaa Kalitemppelin edessä sijaitsevan banyan-puun ympärillä. He leikkivät kuurupiiloa aina siihen saakka, kunnes tulee aika juosta istumaan Amman lähelle bhajaneihin.

Vihdoinkin voin nähdä kaikkien matkani mutkien ja käänteiden alla sijaitsevan syvän harmonian. Minulta kesti vuosia työstää opetuksia, jotka joku toinen olisi saattanut oppia päivässä. Tarinani nyt kuitenkin on tällainen, vaikka se olisikin täynnä epäonnistumisia. Olen oppinut olemaan tuomitsematta. Mikä merkitsee eniten on se, että kun pidän Amman kädestä kiinni, hän osoittaa minulle että olen oman onneni seppä. Amma vie minut niin pitkälle kuin olen valmis menemään. Siitä ei ole epäilystäkään.

On totta, että minulla oli siunaus olla välikätenä tuomassa Ammaa maailmalle. On selvää, että olin siunattu, saadessani olla täällä ashramin alkuaikoina ja saada intensiivistä henkistä valmennusta Ammalta. Mutta elettyäni täällä silloin ja nyt, voin sanoa ilman pienintäkään epäilystä, että niiden aikojen sama intensiteetti on saatavilla nytkin, jos sen haluaa. Suhteemme Ammaan on meistä itsestämme kiinni. Se on minulle yhä sama kuin sinä päivänä, jona tapasin hänet. Vain me itse voimme rajoittaa sitä. Se mitä otamme matkallemme mukaan, määrittelee sen miten nopeasti pääsemme päämäärään.

AMRITAPURI TÄNÄÄN

Ashramissa on enemmän ihmisiä kuin koskaan ennen. Se ei kuitenkaan tarkoita sitä, että siellä olisi vähemmän mahdollisuuksia saavuttaa itseoivallus tai että siellä olisi vähemmän henkisyyttä kuin alkuaikoina. Amma on valaistunut mestari ja tämä on hänen ashraminsa. Hänen armonsa virtaa yhtä vuolaasti kuin aina. On meidän tehtävämme avata sydämemme Ammalle. Ja sitten kun sen teemme, Amma tulee juosten. Ammalla on sama loputon kapasiteetti kuin hänellä on aina ollut. Hän viettää tunti toisensa perään seurassamme, ohjaten vaivattomasti tuhansia ja taas tuhansia ihmisiä henkisellä tiellä. Hän on illan lopuksi yhtä raikas ja nauravainen kuin tullessaan halliin aamulla. Hän on aina keskuudessamme; hän saapuu aamupäivällä darshanhalliin eikä mene useinkaan takaisin huoneeseensa ennen kuin seuraavan aamun pikkutunneilla. Hän palaa muutamaa tuntia myöhemmin seuraavan päivän ohjelmaan toistamaan saman.

Amma osallistuu täysillä kaikkeen ashramin elämään kuuluvaan toimintaan. Hän ohjaa innokkaasti meditaatiota, satsangia, archanaa, bhajaneita ja vapaaehtoista palvelutyötä. Kaikkien näiden vuosien aikana en ole nähnyt Amman käyttäneen yhtäkään päivää itseään varten. Ei ole ketään toista henkistä mestaria, joka olisi yhtä helposti tavoitettavissa tai antaisi enemmän omaa henkilökohtaista aikaansa ja energiaansa. Mitä henkiseen elämään tulee, hän tekee kaikesta hauskaa ja suloista. Amma elää elämäänsä täysin avoimesti ja kuka tahansa voi olla henkilökohtaisessa vuorovaikutuksessa hänen kanssaan.

Onko maapallolla ketään toista henkilöä, joka antaisi yhtä paljon itsestään maailman hyväksi? Amma asuu yhä samassa pienessä huoneessa kuin päivänä, jona tapasin hänet. Se sijaitsee ashramin kaikkein meluisimmassa ja keskeisimmässä paikassa, mihin keittiön savupiippu tupruttaa savua. Hänen ikkunastaan ei ole näkymää. Mutta Amma ei salli mitään resursseja käytettävän hänen mukavuutensa eteen. Hän ei ota itselleen mitään, vaan ottaa koko maailman ongelmat hartioilleen samalla antaen rauhaa ja lohdutusta niille, jotka tulevat hakemaan hänen siunaustaan.

SYLEILLEN MAAILMAA

Sillä aikaa kun minulla oli kiire saada itseni kokoon, myös Ammalla oli kiire. Mikä alkoi kourallisella, sitten tusinalla ja sitten muutamalla sadalla johti kymmeniin tuhansiin ja nyt yli 32 miljoonaa ihmistä on kokenut Amman jumalallisen halauksen. Ei ole yhtäkään Amman läheisyydessä aikaa viettänyttä henkilöä, jolla ei olisi erityistä tarinaa kerrottavanaan. Elämässämme on kaksi osaa: "ennen kuin tapasin Amman" ja "Amman taapaamisen jälkeen." Amman suojaisessa sylissä käytyämme elämäämme on tarttunut rauhan, tyytyväisyyden ja hyväntahtoisuuden tuoksu. Kaikki alkaa siitä kun lepuutamme päätämme hänen voimakasta olkaansa vasten. Pyytämättä meiltä mitään, Amma on antanut meille kultaakin arvokkaamman arteen: mahdollisuuden palvella epäitsekkäästi muita, rakkauden osoituksena Jumalaa kohtaan tässä maailmassa, joka niin epätoivoisesti tarvitsee rakkautta.

Tämä täydellinen mestari ja humanitaari on inspiroinut miljoonia toimimaan toisten hyväksi yli 60 maassa. Vain 25 vuoden kuluessa Amma on perustanut laajan maailmanlaajuisen hyväntekeväisyysjärjestöjen verkoston, joka tähtää ihmisten perustarpeiden täyttämiseen missä ja milloin vain mahdollista. Talojen rakentaminen köyhille, stipendejä koululaisille ja ammattikoulutusta maaseutualueiden naisille; lääkintäleirejä Intian syrjäisimmille alueille, välitöntä apua luonnonkatastrofien uhreille ja maailman köyhien elämänlaadun parantaminen puhtaalla juomavedellä. Hän pitää huolta tulevaisuudesta arvoihin perustuvilla nuorisoryhmillä, ympäristönsuojeluprojekteilla ja laajoilla inhimillisiin tarpeisiin perustuvilla tutkimushankkeilla.

Hänen seuraajansa ovat antaneet tälle hyväntekeväisyystyön verkostolle nimen Embracing the World [syleillen maailmaa]. Se on tunnustus hänen epäitsekkäästä toiminnastaan; miten hän halaa jokaista luokseen tulevaa henkilöä elämänsä jokaisena päivänä, käyttäen siihen niin monta tuntia kuin tarvitaan. Hän on moottori, joka antaa voimaa tälle humanitaariselle liikkeelle kylvää myötätunnon siemeniä ympäri maailmaa.

Vuodesta 1987 lähtien Amma on matkustanut kuudelle maailman seitsemästä mantereesta ja 26 maata kautta maailman ovat isännöinneet Amman ohjelmia. Näitä ovat: Australia, Itävalta, Belgia, Brasilia, Kanada, Chile, Suomi, Ranska, Saksa, Irlanti, Italia, Japani, Kenia, Kuwait, Malesia, Mauritius, Alankomaat, Venäjä, Singapore, Espanja, Sri Lanka, Ruotsi, Sveitsi, Yhdistyneet Arabiemiraatit, Englanti ja Amerikan Yhdysvallat. Ranskalle kuuluva Reunionin saari on myös järjestänyt Amman ohjelmia yli 25 vuoden ajan. Sen lisäksi on 38 maata, joissa Amma ei ole vielä käynyt, mutta on lähettänyt oppilaitaan pitämään ohjelmia, tai missä on Ammakeskuksia tai hänen nimeään kantavia palveluhankkeita. Euroopassa: Bulgaria, Tsekkoslovakia, Tanska, Viro, Kreikka, Unkari, Luxemburg, Norja, Puola, Portugal, Slovenia ja Turkki. Etelä- ja Väli-Amerikassa: Argentiina, Columbia, Costa Rica, Haiti, Meksiko, Peru ja Venezuela sekä Aasiassa: Kiina, Hong Kong, Indonesia, Philippiinit, Taiwan ja

Thaimaa. Lisäksi Lähi-idässä: Bahrain, Egypti, Israel, Jordan ja Oseaniassa Fidzi, Guam, Papua-Uusi-Guinea ja Uusi Seelanti sekä Afrikassa Botswana ja Etelä-Afrikka.

Historiankirjoissa ei ole mainintaa yhdestäkään toisesta henkilöstä, joka olisi elänyt kuten Amma, sananmukaisesti syleillen maailmaa. Hänen aktiivinen myötätuntonsa ja kaiken-kattava viisautensa virtaa vuolaasti kuin puhtaan armon koski. Sukupolvien kuluttua ihmiset tulevat lukemaan Ammasta ja saavat muistaa, mitä ovat todellinen uhraus ja aito epäitsekäs palvelu. Kun pysähdyn pohtimaan sitä, miten Amman hyvänte-keväisyystoiminta ja henkinen järjestö ovat kasvaneet siitä kun lähdin Yhdysvalloista 29 vuotta sitten, tunnen itseni nöyräksi saatuani esittää pientä osaa hänen elämäntyönsä kehityksessä. Mietin myös sitä, olemmeko ehkä lähempänä tämän tarinan alkua kuin loppua.

Sanasto

Arati – Rituaalinen palavan kamferin liikuttaminen Jumalan-kuvan tai patsaan edessä. Symboloi Jumalalle tai Gurulle antautumista. Kuten kamferi palaa jälkiä jättämättä, niin myös ego.

Archana – Tietyn jumaluuden 108 tai 1000 nimen toistaminen ääneen tai hiljaa mielessä (esim. Lalita Sahasranama)

Ashram – Henkinen keskus, jossa asuu henkisiä etsijöitä.

Avatar – Jumalan inkarnaatio ihmiskehossa.

Bhajan – Antaumuksellisten laulujen laulaminen tai laulu.

Brahmacharin(i) – Maailmasta luopunut mies tai nainen, joka elää elämäänsä palvellen Jumalaa ja harjoittaen selibaattia ja aistien hallintaa.

Brahman – Korkein, kaikkien ominaisuuksien tuolla puolen oleva totuus; kaikkitietävä, kaikkivoipa, kaikkialla läsnäoleva maailmankaikkeuden perusolemus.

Brahmasthanam Temple – Ainutlaatuinen Amman vihkimä temppeli(t), jossa on nelisivuinen patsas, joka symboloi moninaisuudessa olevaa ykseyttä. Yhdet kasvot kuuluvat elefanttijumala Ganeshalle, joka on esteiden poistaja, toiset kasvot Jumalalliselle äidille, yhdet Shivalle, jota edustaa Shiva-lingam, hahmoa vailla oleva symboli ja neljäs sivu on Rahu, pahansuopa planeetta, jonka vaikutuksia henkilön elämässä voi lieventää tietyillä rituaalisilla palvontamenoilla.

Bhasmam – Pyhä tuhka, kutsutaan myös nimellä vibhuti.

Chakrat – Kehon energiakeskukset.

Darshan – Tarkoittaa sanamukaisesti "näkemistä," mutta tässä yhteydessä pyhän henkilön tapaamista ja hänen siunauksensa vastaanottamista.

Devi Bhava Darshan – Jumalallisen Äidin mielentila. Aika jolloin Amma istuu temppelissä pukeutuneena kauniiseen sariin ja Jumalallisen Äidin kruunuun siunatakseen darshaniin tulijoita. Amma ilmentää silloin ykseyttään Jumalaan Jumalallisen Äidin muodossa selkeämmin.

Diksha – vihkimys

Hari Katha – Jumalan tarina, musiikillinen kertomus pyhimyksen, tietäjän, jumalan tai jumalattaren elämästä.

Ishta Devata – Sananmukaisesti rakastettu jumaluus. Se minkä henkilö kokee meditaationsa kohteeksi tietyn jumaluuden hahmossa.

Japa – Mantran toistaminen, usein 108 mantran sarjana.

Kindi – Seremoniallinen messinkiruukku tai astia, jossa pidetään vettä rituaalin aikana.

Kirtan – Antaumuksellista laulamista.

Kumkum – Punainen jauhe, jota laitetaan otsan keskiosaan kolmannen silmän kohdalle. Erityisen mieluista Jumalan Jumalallisen Äidin olemukselle.

Mahatma – Sananmukaisesti "suuri sielu". Henkilö, joka on jatkuvassa yhteydessä universaaliin Itseen.

Manasa puja – Mielessä tehty rituaalinen jumalanpalvelus.

Mantra – Sanoista tai tavuista muodostettu pyhä, sanskritinkielinen äänne. Toistettaessa puhdistaa ilmapiiriä ja harjoittajansa mieltä.

Mantra diksha – Mantran käyttöön vihkiminen. Pidetään suunnattomana siunauksena saada mantra diksha oivaltaneelta sielulta, joka vihkimisen yhteydessä kyllästää mantran siunauksellaan ja osalla herännyttä tietoisuutttaan

Mantra shakti – Erityisesti Itsensä oivaltaneen sielun, kuten Amman mantraan sisältämä voima.

Maya – Maailmankaikkeuden harha, illuusio, Brahmanin voima

Murti – jumaluutta esittävä patsas

Mridangam – kaksipuolinen rumpu

Pada puja – Seremoniallinen gurun jalkojen peseminen rakkauden ja kunnioituksen osoituksena. Gurun jalkojen ajatellaan edustavan korkeinta totuutta.

Peetham *[piitham]* – Jumaluudelle tarjottu istuin. Yleensä puhutaan Amman tuolista, etenkin Devi Bhava-darshanissa.

Pranam – Gurun tai jumalan kuvan/patsaan edessä kumartaminen kunnioituksen merkkinä.

Prasad – Pyhitetty anti temppelistä tai pyhimykseltä, yleensä ruokaa.

Prema – Korkein rakkaus, jumalallinen rakkaus tai pyyteetön rakkaus.

Rajasic – Aktiivisin kolmesta ominaisuudesta, jotka ovat: tamas, rajas ja sattva.

Sadhana – Mieltä puhdistavat henkiset harjoitukset kuten meditaatio, mantra japa, pyhien kirjoitusten opiskelu, jooga, satsang, epäitsekäs palvelu jne.

Samadhi – Sananmukaisesti kaikkien mielen "liikkeiden loppuminen." Mielen ylittänyt tila, jossa yksilö on sulautunut korkeimpaan Itseen.

Sankalpa – Jumalallinen päätös tai aikomus. Amman yhteydessä tarkoittaa usein sitä, että hän antaa siunauksensa jonkin asian onnistumiselle.

Sannyasa – Muodolliset maailmasta luopumisen valat, jotka tehtyään henkilö käyttää oranssinpunaisia (okran värisiä) vaatteita. Ne edustavat kaikkien halujen pois palamista.

Satsang – Olla yhteydessä Korkeimpaan totuuteen. Myös mahatman seurassa oleminen, henkisen puheen kuunteleminen tai henkinen keskustelu, osallistuminen henkisiin harjoituksiin henkisessä yhteisössä.

Sattvic – Yksi kolmesta ominaisuudesta: tamas, rajas ja sattva. Sattva on puhtauden, valon ja henkisen ymmärryksen ominaisuus.

Seva – Epäitsekäs palvelu, jonka tulokset omistetaan Jumalalle.

Shraddha – usko, tietoisuus, tarkkaavaisuus?

Talam – Laulun tahti tai rytmi.

Tamasic – Yksi kolmesta ominaisuudesta: tamas, rajas ja sattva. Tamas on pimeä, liikkumaton ja laiska ominaisuus.

Tirtham – Pyhitetty vesi. Myös pyhän paikan tai temppelin lähellä sijaitseva lampi tai allas, jossa kylvetään ennen temppeliin menoa.

Vasana – Piilevät ominaisuudet tai mielen hienovaraiset halut, jotka ilmenevät tekoina ja tapoina.

www.ingramcontent.com/pod-product-compliance
Lightning Source LLC
LaVergne TN
LVHW051547080426
835510LV00020B/2883